本书为教育部哲学社会科学后期资助项目"新常态下提升中国经济增长质量的机制与路径研究"（项目号：17JHQ030）、陕西省"高层次人才特殊支持计划"青年拔尖人才项目、西北大学理论经济学学科建设项目的研究成果

新常态下提升中国经济增长质量的机制与路径研究

郭 晗 ◎著

中国财经出版传媒集团

经济科学出版社
Economic Science Press

·北京·

图书在版编目（CIP）数据

新常态下提升中国经济增长质量的机制与路径研究/
郭晗著. -- 北京：经济科学出版社，2024.12. -- ISBN
978 - 7 - 5218 - 6238 - 6

Ⅰ. F124

中国国家版本馆 CIP 数据核字第 2024491UE3 号

责任编辑：朱明静
责任校对：王肖楠
责任印制：邱　天

新常态下提升中国经济增长质量的机制与路径研究
XINCHANGTAIXIA TISHENG ZHONGGUO JINGJI ZENGZHANG ZHILIANG
DE JIZHI YU LUJING YANJIU
郭　晗　著
经济科学出版社出版、发行　新华书店经销
社址：北京市海淀区阜成路甲 28 号　邮编：100142
总编部电话：010 - 88191217　发行部电话：010 - 88191522
网址：www. esp. com. cn
电子邮箱：esp@ esp. com. cn
天猫网店：经济科学出版社旗舰店
网址：http://jjkxcbs. tmall. com
固安华明印业有限公司印装
710 × 1000　16 开　16.75 印张　280000 字
2024 年 12 月第 1 版　2024 年 12 月第 1 次印刷
ISBN 978 - 7 - 5218 - 6238 - 6　定价：88.00 元
（图书出现印装问题，本社负责调换。电话：010 - 88191545）
（版权所有　侵权必究　打击盗版　举报热线：010 - 88191661
QQ：2242791300　营销中心电话：010 - 88191537
电子邮箱：dbts@ esp. com. cn）

目　　录

上篇　理论研究

中篇　经验研究

导　论

一、经济增长质量研究的现状和背景

党的十八大召开以来，中国进入了经济发展的"新常态"阶段，经济增长质量的重要性日益凸显。新常态是中国经济发展中的一个特殊阶段，只有从当前我国经济增长的阶段性特征出发，深刻认识新常态，主动适应新常态，积极引领新常态，才能更加准确地把握当前及今后很长一个时期内经济发展的大逻辑，实现经济结构的不断优化、增长动力的持续转换和发展方式的有效转变，为经济增长质量的提升奠定坚实的基础。党的十八大报告指出，以科学发展为主题，以加快转变经济发展方式为主线，是关系我国发展全局的战略选择。要适应国内外经济形势新变化，加快形成新的经济发展方式，把推动发展的立足点转到提高质量和效益上来。党的十九大报告指出，我国经济已由高速增长阶段转向高质量发展阶段。党的二十大报告指出，高质量发展是全面建设社会主义现代化国家的首要任务。从提高经济增长质量到高质量发展，其中的逻辑主线就是中国经济增长已经从"速度时代"转向"质量时代"，这是中国经济发展新常态下一次重大的战略转变。在新常态下，提高经济增长质量已经成为中国经济发展中需要进一步解决的突出问题。而积极引领新常态，推动以经济增长质量提升为导向的结构性改革，也成为当前和今后一段时期中国经济转型的重点任务。

从经济增长质量的研究现状来看，现有研究主要表现在理论界定和测度评价等方面，具体如下。

1. 关于经济增长质量的理论研究

一是从狭义层面界定经济增长质量。国内学者较早从狭义层面对经济增长质量问题进行了探讨，如王积业（2000）认为经济增长质量主要在于资源利用效率的改进。而刘亚建（2002）将经济增长质量理解为经济效率的同义词，是指单位经济增长率所含有的剩余产品量，在单位经济增长率中投入的资金物质越少，就意味着经济增长质量越高。李变花（2005）认为经济增长质量应该从社会再生产的角度对一定时期内国民经济总体状况及其发展特性进行综合评价，并全面反映经济增长的优劣程度。洪银兴（2010）从投入产出角度对经济增长质量进行界定，认为从产出角度看，经济增长质量表现为单位经济增长率所含剩余产品的多少，若从投入角度看，经济增长质量表现为单位经济增长率中投入资金、物质的多少。姜琛（2012）认为经济增长质量就是经济增长的好坏，提高经济增长质量的目标就是满足人们的物质文化需求。朱子云（2019）则将经济增长质量定义为一个国家或地区在一定时期内的经济活动增长的物质产品和服务产品满足社会扩大再生产和人民大众持续改善生活需要的程度。从这些文献来看，狭义层面的经济增长质量主要强调的是经济增长的效率问题，增长效率的高低直接决定了经济增长质量的水平。

二是从广义层面界定经济增长质量。相对国内的研究人员，早期的苏联学者卡马耶夫（Chimaev，1977）从广义角度指出经济增长质量不仅包含产品数量的增长，还包括产品质量的提高以及一国经济结构的改善。巴罗（Barro，2002）将经济增长质量视为与经济增长数量紧密相关的社会、政治及宗教等方面的因素，例如预期寿命、出生率、环境状况、收入不平等、政治制度以及笃信宗教等，不断发展完善的过程。另外，世界银行 2000 年出版了题为《增长的质量》的研究报告（Thomas et al.，2001），进一步指出增长质量是指构成增长进程的关键性内容，比如机会的分配、环境的可持续性、全球性风险的管理以及治理结构。

随着研究逐步深入，学者开始从更为广泛的角度对经济增长质量进行界定，国内学者一般都强调经济增长质量的广义维度，包括经济效益、经济结构、科技创新、环境资源、产品质量以及收入分配等方面（陈森良和单晓娅，2002；王玉梅和胡宝光，2004；陈海梁，2006；赵英才等，2006；纪淑萍，2006；李延军和金浩，2007；李俊霖，2007；马建新和申世军，2007；黄琴，2010；丁岳维等，2011）。赵英才等（2006）从均衡和可持续发展理论出发，认为经济增长质量的理论内涵应该分为三个层次：一是经济增长质量内涵体现了经济系统的投入产出效率；二是经济增长质量内涵体现了最终产品或服务的质量；三是经济增长质量的内涵体现了环境和生存质量。同样，严红梅（2008）也认为经济增长质量不仅局限于经济方面，还应该包括社会的和谐和环境的改善等诸多因素，比如高质量的经济增长应该具备四个基本特征：增长方式属于集约型增长，增长过程表现出稳定性、协调性和持续性，增长结果带来经济与社会效益的显著提高，经济增长潜能不断得以增强。

中国经济增长质量研究团队（任保平等，2009～2023）承担了国家社会科学基金重大项目、国家哲学社会科学文库项目等项目，并出版了《以质量看待增长：新中国经济增长质量的评价与反思》（2009，中国经济出版社）、《经济增长质量的理论研究与实践探索》（2014，中国经济出版社）、《经济增长理论史》（2014，科学出版社）、《经济增长质量的逻辑》（2015，人民出版社）、《超越数量：质量经济学的范式与标准研究》（2017，人民出版社）、《从经济增长质量到高质量发展》（2022，经济科学出版社），在《经济研究》《经济学家》《经济学动态》《学术月刊》发表70多篇文章，对经济增长质量进行了多方面的理论研究，提出了经济增长质量分析的4个假设条件、8个基本命题和6大伦理原则，从经济增长的效率、结构、波动性、福利变化与成果分配、资源和生态环境代价6个维度建立增长质量的理论分析框架，对经济增长的理论框架、价值判断、利益结构等基本理论问题进行了研究。

2. 关于经济增长质量的测度研究

一是沿着狭义经济增长质量与效益的界定，用经济增长效率作为经济增长质量测度指标，如沈坤荣（1998），李周为和钟文余（1999），杨长友（2000），樊元和杨立勋（2002），戴武堂（2003），郭庆旺和贾俊雪（2005），刘亚军和倪树高（2006），俞安军等（2007），刘帅（2019）等。但郑玉歆（2007）认为这种用全要素生产率来测度经济增长质量的方法存在着一定的局限性。一方面，用全要素生产率评价经济增长质量时，由于没有考虑要素的长期影响以及数据的局限性，可能会产生较大的偏差；另一方面，提高经济增长质量的一个核心命题是实现资源的有效配置，而全要素生产率的增长并不能保证资源的有效配置。

二是广义上从经济、能源与环境等多个方面利用综合考量经济增长质量。大量学者基于宏观视角，利用指标合成考察了广义增长质量，如单晓娅和陈森良（2001）从经济效益、经济结构、科技进步、环境保护、竞争能力、人民生活、经济运行稳定性七个方面构建经济增长质量综合评价统计指标。钟学义等（2001）把衡量经济增长质量的指标概括为三个方面：反映经济增长效率的指标（全要素生产率对经济增长的贡献率、投入产出率、劳动生产率及其增长率、资本生产率、物耗指标、能耗指标等），反映经济增长是否稳定、健康的指标（经济波动情况、通货膨胀率、就业情况、环境污染指标等），反映经济结构及其变动的指标（产业结构、贸易结构、劳动力结构、地区经济结构等）。单晓娅和陈森良（2002）从经济效益、经济结构、科技进步、环境保护、竞争能力、人民生活、经济运行稳定性七个方面构建经济增长质量综合评价统计指标。赵英才等（2006）在经济增长质量理论内涵的基础上，分别从产出效率、产出消耗、产品质量、经济运行质量和生存环境质量5个不同方面分17个指标构造了比较系统、完整的经济增长质量综合评价指标体系。康梅（2006）认为体现在生产资料中的技术进步隐含地放在全要素生产率中度量的方法不能很好地对经济增长质量作出评价。该学者将经济增长的三因素划分为规模增长、硬技术进步和软技术进步，并在此基础上提出投资增长模式下经济增长质量的评价方法。李俊霖（2007）就经济增长质量的有效性、充分性、稳定性、创新性、协调性、持续性、共享性七个维度分别构建了具体的衡量指标，将这些量纲不同的指标进行无量纲化，再根据加权综合原理对这些评价价值进行综合测度，以此评估经济增长质量。吴敬琏（2010）从政府垄断、政绩考核机制、财税制度和要素价格四个方面分析了制约经济增长质量提高的因素。各级政府对重要资源的配置权力、以GDP的增长作为考核各级政府政绩的主要标志、税收以增值税为主、要素价格扭曲共同形成了提高经济增长质量的体制性障碍。石凯和刘力臻（2012）在透析"包容性增长"理念的基础上，从增长效果、增长效益、系统稳定性、民生及福利等方面构建了四维三层综合评价体系。向书坚和郑瑞坤（2012）从经济增长模式转型角度出发，将经济增长质量评价指标体系划分为经济运行质量指数、物质资源运行质量指数、人民生活质量指数和生态环境质量指数。

叶初升和李慧（2014）从发展理念出发将经济增长质量界定为经济增长过程中所蕴含的发展质变即可行能力的提升，提出了经济增长质量的分析模型。随后，以结构方程模型为工具，依据全国样本数据测算了经济增长质量指数。詹新宇和崔培培（2016）以"五大发展理念"为基础构建经济增长质量指标体系，利用主成分分析方法，对中国各省份的创新、协调、绿色、开放、共享进行了估算，并对中国各省份经济增长质量综合指数进行了测度。魏敏和李书昊（2018）从动力机制转变、经济结构优化、开放稳定共享、生态环境和谐和人民生活幸福5个方面综合探讨了新常态下中国经济增长质量提升模式，并据此构建适用于新常态的经济增长质量综合评价体系。朱子云（2019）从经济增长的有效性、经济性、创新性、协调性和负面性5个维度构建了经济增长质量的评价指标体系，认为中国经济增长质量结构呈现内在结构构造的强缺口性、质量因子优化的非齐次性和内在结构运行的不平稳性三大特征。

中国经济增长质量研究团队（任保平等）连续16年出版了《中国经济增长质量系列报告》，在《经济研究》《中国工业经济》《数量经济与技术经济》等权威核心期刊发表多篇论文，对经济增长质量的判断从条件、过程和结果三个层次来讨论，将经济增长质量归纳为三个层次六个维度的内容，合成37个评价指标，构建了经济增长质量指数，利用经济增长质量指数对我国2010年来每年的经济增长质量进行了系统评价和指数计算，同时在区域层面对比分析了东部、东北、中部和西部四大区域的经济增长质量指数，在省份和城市层面计算了各省份和重点城市的经济增长质量指数，从国际比较的视角，分析研究了世界上主要国家的经济增长质量的状态和特征。

3. 对现有研究的评价及进一步突破的空间

从现有文献来看，现有关于经济增长质量的研究，已经回答了经济增长质量的概念内涵、理论界定和质量指数的评价体系等问题，并从经济增长质量的含义与特征出发，提出并建立了经济增长质量分析的假设、基本命题，提出了经济增长质量分析的价值判断。随着中国经济进入新常态，经济发展的禀赋条件和阶段特征都发生了变化，因此，基于中国经济发展的新常态，运用经济增长质量的相关理论和方法研究新常态中的增长潜力开发、新经济与数字经济发展、经济结构转换等重大问题，并提出新常态下提升中国经济增长质量的机制和路径，具有鲜明的时代特征、理论意义与现实意义，而这也是本书力求的突破之点。

二、研究的思路

本书从"理论解释—经验测算—实践路径"的思路出发，主要研究三个层次问题。

首先，从理论层面研究了新常态下中国经济增长质量的理论特征和提升机制。本书将经济增长质量的基础理论和新常态结合起来，具体分析了新常态的理论解释及其禀赋特征的变化，并研究了新常态下提升中国经济增长质量的主要任务和关键问题。在此基础上，研究了新常态下提升中国经济增长质量的创新驱动机制、结构转化机制和路径依赖破解机制。

其次，从经验层面针对新常态下提升中国经济增长质量的经济增长潜力开发、数字经济发展、区域协调发展、经济结构调整等重大问题，从经验实证的角度进行评价和检验，为明确中国提升中国经济增长质量的路径提供依据。

最后，从政策实践层面，依据新常态下中国经济增长质量提升的机制，进一步从发展战略转型、改革取向转型和政策支撑转型三个角度研究了新常态下提升中国经济增长质量的转型路径。

三、研究的内容

本书包括上、中、下三篇共计十四章，主要从新常态下中国经济增长质量提升的理论机制、经验观察和路径转型三个方面对中国经济增长质量提升中的关键性问题进行了研究和探索。其中第一章至第五章为理论机制研究，第六章至第十一章为经验实证研究，第十二章至第十四章为路径转型研究。各部分主要内容如下。

第一章 中国经济增长新常态的理论解释与基本特征。主要研究中国经济新常态的理论解释、新常态阶段要素禀赋特征的变化，以及新常态下经济发展的增长理念、发展目标、产业结构、企业行为、空间布局、要素使用等多方面的变化。

第二章 新常态下提升中国经济增长质量的特征与问题。主要在数量型增长与质量型增长对比的基础上，研究质量型经济增长的特征，新常态下提升中国经济增长质量的重点任务和关键问题。

第三章 新常态下提升中国经济增长质量的创新驱动机制。主要研究新常态下从要素驱动向创新驱动转变的必要性，以创新驱动提升中国经济增长质量的逻辑机理，以创新驱动提升中国经济增长质量的具体内容，从改善供给的视角提出创新驱动提升中国经济增长质量的机制。

第四章 新常态下提升中国经济增长质量的结构转化机制。主要研究新常态下实现经济结构转化的必要性，以结构转化提升中国经济增长质量的逻辑机理，从产业结构转化、区域结构转化、人口结构转化等多个角度研究以结构转化提升中国经济增长质量的具体内容，并进一步提出结构转化提升中国经济增长的机制。

第五章 新常态下提升中国经济增长质量的路径依赖破解机制。主要研究传统旧常态下中国数量型增长的路径依赖的基本特征，中国提升经济增长质量中路径依赖的体制机制约束，破解中国经济增长质量提升中路径依赖的转型路径，并在此基础上进一步提出破解中国经济增长质量提升中路径依赖的机制设计。

第六章 新常态下中国经济增长质量：中国经济增长潜力的测算与分析。基于中国经济增长潜力测算的研究背景与现状，从理论上分析空间异质性在潜在经济增长率测算中的影响，基于面板变系数模型测算中国各地区的要素产出弹性和增长动力特征，并在此基础上测算出中国的潜在增长率变化趋势和各地区的增长特征，提出以弥补省际禀赋结构差距来开发增长潜力的路径。

第七章 新常态下中国经济增长质量：数字经济与实体经济融合。数字经济与实体经济深度融合，能够帮助实体经济延伸产业链条、重构组织模式，实现实体经济领域的要素资源有效整合，推动经济体制改革深化，畅通国内国际双循环。对数字经济与实体经济融合发展的机理进行阐释，运用耦合协调度模型，测算并分析了我国数字经济与实体经济的融合程度。在此基础上，提出数字经济与实体经济融合的现实路径。

第八章 新常态下中国经济增长质量：数字经济与生产性服务业融合。数字经济对经济发展的创新驱动作用，不仅体现在实体制造领域，更体现在生产性服务业领域。数字经济与生产性服务业融合，能够通过生产融合、研发提升、集聚效应推动生产性服务业结构升级。基于固定效应和多期双重差分模型实证检验了数字经济新要素发展对生产性服务业多维度融合的正向影响效果，基于"宽带中国"战略的准自然实验进一步证明了这种效果。这也为数字经济时代推动生产性服务业协调发展以助力构建高质量服务业新体系提供了重要政策启示。

第九章 新常态下中国经济增长质量：从分割走向整合的区域结构。基于中国区域结构转化的研究背景与现状，从要素流动和技术扩散的视角研究了区域结构转化影响经济增长的理论逻辑，并基于空间计量的方法验证了区域结构转化的增长效应。并在此基础上，提出强化区域结构转化的市场决定特征，从而提升中国经济整体的资源配置和使用效率，以实现经济增长质量的提升。

第十章 新常态下中国经济增长质量：从失衡走向平衡的需求结构。优化需求结构是构建新发展格局、实现经济高质量发展的重要因素。通过经济增长理论论证了需求结构优化路径的存在性以及实际与最优需求结构的偏离对经济增长质量的影响，在此基础上，通过构建经济增长质量指数和最优需求结构偏离系数，对理论假说进行实证检验。本书研究发现需求结构的偏离通过影响生产效率从而阻碍经济增长质量的提高，最后提出优化需求结构的相关政策建议。

第十一章 新常态下中国经济增长质量：中国经济结构失衡的总体评价。基于中国经济结构失衡的研究背景与研究现状，从宏观、中观和微观三个层面综合评价中国经济结构失衡，采用基于 AHP 的模糊综合评价法对中国传统旧常态中经济结构失衡的状态和变迁进行更为全面和准确的评价，并以此为基础寻找中国经济结构失衡的原因，从而探寻从失衡走向均衡的路径。

第十二章 新常态下提升中国经济增长质量的发展战略转型。主要从经济大国向经济强国的转变和经济长期可持续发展的需要出发，研究中国经济新常态下发展战略的转型。主要包括中国经济旧常态背景下的赶超战略、从经济旧常态向经济新常态的转型，经济新常态下中国大国战略转型的内容，中国从经济旧常态向经济新常态的增长路径转型。

第十三章　新常态下提升中国经济增长质量的改革取向转型。主要研究中国新常态下中国经济改革取向的转型，包括从数量速度价值取向到质量效益价值取向的转变，从政府干预导向到市场配置资源导向的转变，从投资驱动和要素驱动到创新驱动取向的转变，从资源消耗和环境破坏到生态文明取向的转变，从经济社会发展失调到民生取向的转变，从国民收入分配格局失调到包容性取向的转变，从传统发展格局下单向开放向新发展格局下高水平对外开放的转变。

第十四章　新常态下提升中国经济增长质量的政策支撑转型。主要研究如何构建提升中国经济增长质量的政策支撑体系，包括从产业结构、城乡结构和区域结构等方面构建以结构转化提升中国经济增长质量的政策支撑，从创新驱动平台、创新驱动人才、创新驱动环境等方面构建以创新驱动提升中国经济增长质量的政策支撑，从增长目标转型、改善民生、改善政府治理和全面深化改革等方面构建以经济社会协调发展提升中国经济增长质量的政策支撑，从改善初次分配格局、健全再分配体制、构建社会安全网和消除绝对贫困等方面构建以重构收入分配格局提升中国经济增长质量的政策支撑。

四、研究的方法

本书使用了多种研究方法，具体有以下几种。

（1）逻辑演绎和归纳推理方法。本书采取逻辑演绎和归纳推理的方法，通过逻辑演绎，归纳出了新常态的理论特点和阶段特征。并针对新常态下经济增长质量导向的转变，归纳出提升中国经济增长质量的机制和路径。

（2）数理模型分析方法。提升经济增长质量的核心在于实现经济增长潜力空间的开发和经济结构的再平衡。本书基于现代经济增长理论，一是构建测算中国经济增长潜力的考虑空间异质性的经济增长模型，并构建考虑要素流动的经济增长模型，以测算未来中国经济增长的潜力空间和要素流动的增长效应；二是基于动态一般均衡的现代增长框架，探究了需求结构对经济增长质量的动态影响。

（3）统计与计量分析方法。本书在经济增长质量理论分析的基础上，采用了计量经济学的前沿分析方法对中国经济增长质量的关键性问题进行经验实证研究，包括采用基于面板数据的 SUR 模型估计增长潜力，采取空间计量的 SAR 模型和 SEM 模型等估计区域结构的增长效应，采取分位数回归、中介效应等模型研究了需求结构对影响增长质量的影响，采取 DID 等因果推断方法验证了数字经济对生产性服务业企业生产率的提升机制。另外，还采取了统计分析方法，通过建立指标体系，采取基于 AHP 的模糊综合评价法对中国经济结构失衡的状态和趋势进行评估，基于耦合协调度模型测度评价了新常态下中国数字经济与实体经济融合程度的变化趋势。

（4）比较分析法。运用比较分析方法分析中国经济增长数量和质量的关系、中国经济旧常态和新常态之间的区别和联系、数量型增长与质量型增长的区别和联系，并研究中国从旧常态向新常态的转变，从数量型增长向质量型增长的转型。

五、研究的价值和意义

本书基于中国经济新常态的特征和现状，在研究新常态下提升经济增长质量的理论特征与内在机制基础上，针对新常态下提升中国经济增长质量的重大关键性问题，包括经济增长潜力开发、创新驱动、区域协调、结构调整、成果分享以及供给侧结构性改革等重大问题，从经验实证的角度进行评价和检验，具有比较重要的理论价值和实践意义，具体体现在以下两个方面。

（1）从中国经济新常态的新视角研究了中国经济增长质量的理论和实践问题。将经济增长质量理论与中国经济新常态的总体特征和关键问题相结合，提出在新常态禀赋条件变化的背景下如何提升中国经济增长质量，这是经济增长质量理论在新常态下中国经济转型问题中的有效应用。

（2）研究了新常态下提升经济增长质量的机制和路径。新常态意味着中国经济增长阶段的重大转变，而强调经济增长质量意味着经济增长理念和目标的重大转变。本书在借鉴国内外研究的基础上，提出了以创新驱动、结构转化、破解旧常态数量型增长的路径依赖来提升中国经济增长质量的机制，针对其中的重大关键性问题进行经验实证研究，并在经验实证基础上提出相应的发展战略、改革取向和政策支撑转型，能够为新常态下提升中国经济增长质量提供借鉴和政策参考。

六、可能的创新和贡献

本书可能的创新之处在于将新常态的发展阶段与经济增长质量理论相结合，提出了新常态下经济增长质量提升的理论机制和实践路径。现有的文献主要集中于经济增长质量的一般基础理论研究和经济增长质量的测度研究，本书则将经济增长质量理论应用于新常态下中国经济发展的现实问题中，在理论机制方面，从理论上对新常态下经济发展阶段的转换进行解释，并通过对新常态下中国经济增长质量的特征进行归纳推理，提出了以创造新供给构建新常态下中国经济增长质量提升的创新驱动机制，以结构再平衡构建新常态下中国经济增长质量提升的结构转化机制，以体制机制创新构建新常态下中国经济增长质量提升的路径依赖破解机制。在实践路径方面，通过经验实证研究了中国经济增长潜力开发、数字经济发展、区域协调发展、经济结构调整与再平衡等重大关键性问题，并进一步依据经验研究的结果提出了相应的发展战略转型、改革取向转型和政策支撑转型，为新常态下提升中国经济增长质量提供了理论参考和经验借鉴。

理论 研究

第一章 中国经济增长新常态的
理论解释与基本特征

新常态是合乎中国当前阶段经济周期波动规律、产业结构演化规律和经济发展战略规律而出现的必然状态，是从一个经济发展阶段向另一个经济发展阶段过渡的转换期。追求质量是新常态下经济增长的关键。认识新常态，适应新常态，引领新常态，是当前和今后一个时期中国经济发展的大逻辑。要正确认识新常态，新常态并不简单等同于经济增速放缓，而是经济结构重构、增长动力重塑和经济再平衡的过程，是以速度换取质量的过程；要主动适应新常态，坚持以提高经济增长质量和效益为中心，保持经济在合理区间运行；要积极引领新常态，推动以经济增长质量提升为导向的结构性改革。

一、中国经济增长新常态的理论解释

习近平总书记 2014 年 5 月在河南考察时首次明确提出新常态，[①] 此后"新常态"一词被频频提及。同年 12 月中央经济工作会议又一次强调新常态，[②] 并把其作为对中国经济发展形势的一种判断。在此背景下，新常态引起了人们的高度关注，成为各界认识和解释中国经济形势的关键词。新常态关系到对当前中国经济特征的判断和经济运行状态的理解，也涉及未来宏观政策的选择，必须从理论上正确理解。

---

① 亓利."四个全面"是坚持和发展中国特色社会主义的"新常态"[EB/OL]. 人民网－中国共产党新闻网，http：//dangjian.people.com.cn/n/2015/0506/c117092－26956814.html，2015－05－06.

② 中央经济工作会议在北京举行 习近平 李克强作重要讲话［EB/OL］. 中华人民共和国中央人民政府网，https：//www.gov.cn/xinwen/2014－12/11/content_2789754.htm，2014－12－11.

当前理论界和实际工作部门对新常态的解释，主要有以下几种观点：刘世锦（2014）认为中国经济目前仍处在由高速增长向中高速增长的转换期，进入中高速后的新稳定增长的轨道或者状态叫新常态。刘伟（2014）指出在新的发展阶段出现的新机遇、新条件、新失衡等，正逐渐成为经济发展中较长时期稳定存在的特征。洪银兴（2014）认为转向中高速增长是中国进入中等收入发展阶段后的基本新常态，并进一步指出，中高速增长的新常态需要与以下三个方面新常态相互支撑：一是发展战略新常态，涉及结构再平衡战略和创新驱动发展战略；二是宏观调控新常态，涉及市场决定资源配置和明确宏观经济的合理区间；三是发展动力新常态，涉及以改善民生为着力点的消费需求拉动与投资拉动相协调。李稻葵（2014）认为发达国家新常态的主要特征是：在全球化的压力下，经济社会体制和政策"向左转"，更加强调分配的公平性，强调对市场机制尤其是金融市场的约束，同时，对于社会高收入人群的税收也会有所加强。而中国和新兴市场国家新常态的基本主题，是在低增长时代寻求经济体制的改革，试图为新一轮增长创造制度基础。同时他还指出中国经济有四种新常态：新旧增长点的拉锯式交替、渐进式的经济结构调整、改革的艰难推进以及国际经济领域中中国要素的提升。郭旭红（2015）在对亚洲"四小龙"和日本等经济体的经验进行总结后，提出我国的经济新常态是一种不可逆的稳定发展状态，符合经济发展规律。刘勇（2015）认为新常态是我国经济发展一个必然要经历的阶段，而进入新常态则是由经济体量增大，企业效率较低和外向型经济受世界金融危机影响增大共同作用的结果。

依据经济学的基本原理，结合学术界对当前新常态的理解，不难看出，经济增长的新常态是一种必然状态。不同经济发展阶段的要素禀赋结构和经济增长动力机制不同，经济增长将产生不同的表现状态。新常态实质是对经济发展新阶段出现的合乎规律的必然状态和特征的判断。世界经济发展有其新常态，不同国家的经济发展也有其新常态，只不过表现形式不同。中国经济增长的新常态是合乎当前阶段经济周期波动、工业化发展和经济发展战略规律的必然状态和特征，是从一个经济发展阶段向另一个经济发展阶段过渡的转换期。其内涵主要体现为以下四点。

（1）新常态是合乎经济增长阶段特征的必然常态。从经济增长理论来看，新常态是指要素禀赋结构发生变化情况下的增长动力转换期。要素禀赋条件是经济增长所依赖的基础条件，不同的要素禀赋结构和丰裕程度对应不同的经济增长方式和路径。当有比较丰裕的要素支持时，可以选择规模扩张型增长路径，通过需求管理政策拉动经济增长。而当要素逐渐趋于稀缺之后，规模扩张和需求管理的局限性就会凸显出来。这时就需要转换经济增长路径，改变经济增长政策。改革开放初期，依靠规模扩张的增长路径和需求管理的经济政策，中国经济实现了 40 多年的高速增长。但目前无论是劳动力资源还是自然资源都对经济增长构成了强约束，资源禀赋条件和结构发生了根本性变化，经济增长进入路径转换期和速度换挡期，这个转换阶段就是中国经济增长的新常态。

（2）新常态是合乎经济周期波动规律的必然常态。从经济周期理论来看，新常态是指经历了长期的繁荣阶段后，经济增长进入萧条阶段之后的漫长且缓慢的恢复过程。按照经济周期理论，经济增长总是沿着经济发展的总体趋势经历有规律的扩张和收缩过程。在一个典型的增长周期中，扩张阶段可分为经济增长率的回升期和超速期，收缩阶段可分为经济增长率的回落期和低速期，新常态实际上是指经济进入收缩阶段的回落期和低速期。2008 年之前中国经济周期的收缩阶段都历时很短，结构性问题和发展方式问题的长期累积，造成了经济发展不平衡、不协调、不可持续的深层次矛盾，在这种矛盾下经济增长接近生产可能性边界。相比而言，2008 年之后经济周期收缩阶段持续的时间比较长，由收缩向扩张回复的过程长、痛苦而且艰难，经济的短期波动背离了长期趋势，表现出和以往不一样的特征。因此，新常态是经济周期短期波动背离长期趋势的过渡期，也是合乎经济周期波动规律的必然常态。

（3）新常态是合乎产业结构演化规律的必然常态。从产业经济学理论来看，新常态是产业结构从多元化向高级化升级的转型期。产业结构演化的一般规律是"产业结构单一化—产业结构多元化—产业结构高级化和合理化"。一国经济发展的最初阶段，为了实现产业结构多元化，往往从比较优势出发，通过规模扩张，以工业化为手段推动经济发展。当产业结构多元化实现之后，再以高级化和合理化为目标，进行产业结构的升级与转型。改革开放以来，虽然中国实现了产业结构的多元化，但是未能实现产业结构的高级化和合理化，这造成了产业结构的低端锁定和结构失衡，导致了经济增长的下滑。因此中国当前必须实现产业结构从多元化向高级化和合理化的转型，这个转型时期就是新常态，因此新常态是合乎产业结构演化规律的必然常态。

（4）新常态是合乎经济发展战略规律的必然常态。经济发展战略是指一定时期内，国家关于国民经济发展的基本思想及为此实施的总体规划和方针政策。发展中国家早期经济发展面对的问题是如何迅速改变贫穷落后的状态，因而往往选择实施追赶型战略。追赶型战略往往通过扭曲产品和要素价格提高国家动员资源的能力，进而使经济增长水平和产业结构达到先行发达国家水平。但是当追赶型战略实施到一定阶段，经济增长速度提高到一定程度、社会生产规模逼近生产可能性边界、实际经济增长率接近最大潜在增长率时，就需要适时调整发展战略。经过 40 多年追赶型战略的实施，中国经济总量已经位居世界第二，但是随着人口红利的逐步消失、劳动力成本的不断上升、自然和环境对经济增长制约的日益显现，我们迫切需要实现从追赶型战略向质量效益型战略的转变。因此，新常态是从追赶型战略转向质量效益战略转换时期的一种必然状态。

总之，新常态相当于从一条高速增长通道向另一条高质量增长通道转换的过渡期。它符合一国经济增长和发展的一般规律，但又有中国的特殊表现：作为一个发展中大国，中国经济 40 多年来经过了快速的增长和转型，但积累起的矛盾并未能得到及时化解。此外，新常态下的诸多问题，主要来自内部因素，而不是外部冲击。总之，新常态意味着中国经济要从追求短期高速增长转向追求长期可持续增长，从重视需求刺激转向重视供给管理与需求管理的结合，从着眼于国外市场的国际大循环转向着眼于国内市场，构建以国内大循环为主体、国内国际双循环相互促进的新发展格局。因此，新常态下中国经济增长速度会有所降低，调整时间会比较长，而且调整期间需要忍受的阵痛也会比较大。

二、新常态下中国要素禀赋特征的新变化

中国经济进入新常态时期，宏观上支持中国长期增长的体制转轨、自然资源、投资、人口、外资外贸等要素禀赋条件发生了新的变化。由于要素禀赋条件的新变化导致微观上企业原先熟悉的投资驱动、规模扩张、出口导向的发展模式也发生了重大转变。支撑中国经济发展的红利空间正在发生变化，劳动力、资源、环境成本都在提高，原有的发展模式空间越来越小。单纯靠规模扩张推动发展会产生严重的产能过剩，依靠要素驱动的经济发展方式已经变得不可持续。因此，中国经济新常态，从要素禀赋条件上来说，是传统的要素禀赋条件发生了变化，因此要认识到这种变化，并在认识到要素禀赋条件变化的基础上，通过构建新的经济增长新模式，来实现以下几个目标。

（1）体制禀赋特征的新变化。改革开放40多年来，中国成功地实现了从计划经济体制到社会主义市场经济体制的伟大转折，形成了经济增长的体制禀赋。在过去的计划经济体制下，人们的经济活动受到压抑和制约，经济增长缺乏动力，而市场化改革带来的体制转轨，则为中国经济40多年持续的高增长释放了巨大的动力空间。但伴随着中国从前改革时代步入后改革时代，体制改革已经基本就位：在宏观层面上，通过所有制体制、分配体制、调节体制的改革，市场已经取代计划成为资源配置的主体，多层次的市场体系已经形成；在中观层面上，通过金融体制改革、财政体制改革、税收体制改革、投资体制改革，已经基本建立起符合市场经济要求的经济运行机制；在微观体制层面上，通过国有企业改革、非公有制经济的二次创业，已经建立了多元化的微观体制结构。中国市场经济体制的基本确立和前改革时代的终结已经标志着中国市场化改革对于资源配置效率提高的作用已达到顶点，前一波以增量改革为特征的体制转轨要素禀赋将逐步消退。

（2）人口禀赋特征的新变化。改革开放40年多来，中国人口结构出现了巨大变化。根据第七次全国人口普查的数据，在人口转变和计划生育政策背景下，中国生育率下降至1.3左右的水平，社会抚养比不断降低，大量的适龄劳动人口从农村转向城市，形成了经济增长的人口结构禀赋。从1982年到

2010 年，中国适龄劳动人口比重从 61.5% 上升至 74.5%，总抚养比从 62.6% 下降至 34.1%，充足的劳动力供给和低抚养比形成的高储蓄率被称为"人口红利"，极大地加速了中国工业化进程。但人口红利只是人口转变过程中的一个短暂机遇期，随着中国逐渐步入老龄化社会，中国的人口结构禀赋出现了新变化：从劳动力供给角度看，中国适龄劳动人口比重 2010 年已经达峰，根据第七次全国人口普查数据，从 2010 年到 2020 年，中国劳动年龄人口比重从 74.5% 降低至 68.5%，而社会抚养比从 2010 的 34.2% 提升到 2020 年的 45.9%。从劳动力迁移角度，各地出现的"民工荒"现象也表明"刘易斯拐点"已现，劳动力无限供给的状况基本消失。这表明自 2010 年以来，适龄劳动人口比重将持续下降，劳动力成本不断提升，整个经济进入要素成本周期性上升阶段，人口要素的禀赋条件发生了新的变化。

（3）投资禀赋特征的新变化。改革开放 40 多年来，由于相对低廉的要素成本和分权带来的政府间竞争效应，中国经济发展呈现出高储蓄、高投资的结构性特征，形成了中国经济增长的投资禀赋。1978 年中国的投资率仅为 38.2%，2010 年中国的投资率高达 48.6%，投资率的不断上升表明过去的经济增长主要得益于低劳动力成本、高储蓄、高投资、高资本形成。但随着全球经济危机和供给冲击的影响，中国的投资红利出现了新变化：一是依靠较低的劳动力成本、融资成本和土地成本形成的"投资成本洼地"效应正在逐步减弱，高投资所依赖的低要素价格将得到扭转；二是政府间竞争带来的高投资出现了政绩工程、重复建设等低效率问题，这种状况必将在进一步的改革中得到改变。根据国家统计局数据，从 2010 年到 2021 年，中国的投资率已经从 48.6% 降至 43%。据此看出，在新常态下，以高投资为特征的增长模式已经变得不可持续，中国经济增长的投资要素的禀赋条件发生了新的变化。

（4）自然资源禀赋特征的新变化。改革开放 40 多年来，自然资源大量开发加速了中国的工业化进程，形成了中国经济增长的自然资源禀赋。廉价的自然资源价格为中国制造业的发展提供了强大的比较优势基础，但也导致了经济增长中的高能耗、高污染和低效率现象，从而使中国经济增长中的自然资源禀赋也出现了新变化：一是由于多数自然资源具有不可再生的特性，而目前很多行业已经出现较为明显的资源短缺状况；二是由于资源开采对生态环境的破坏使当前经济增长承担了过度的生态环境代价。由此可见，以不断耗竭资源为代价的经济发展模式必将不可持续，不能实现中国经济的长期持续增长。2020 年 9 月，习近平主席在第七十五届联合国大会一般性辩论上郑重宣布："中国将提高国家自主贡献力度，采取更加有力的政策和措施，二氧化碳排放力争于 2030 年前达到峰值，努力争取 2060 年前实现碳中和。"① 随着"双碳"目标的逐步实施，中国必然面临从传统发展模式向绿色发展模式的转变，传统中国自然资源要素的禀赋条件发生了新的变化。

（5）外资和外贸禀赋特征的新变化。改革开放近 40 多年来，中国利用自身的资源优势、成本优势、市场优势全面融入全球产业与贸易分工体系重组的浪潮中，形成了中国经济增长的外资与外贸禀赋。中国 40 多年高速增长的源泉一定程度上来自外资与出口。然而从长期来看，外资与出口作为中国经济增长的核心动力难以维持，其对增长的贡献将步入递减区域，未来中国很难像入世头十年一样享有全球化对中国经济增长的拉动作用。主要原因在于全球经济和中国经济都在发生着调整和变化，一是由 2008 年美国次贷危机引发的世界金融和经济危机复苏进程艰难曲折，2020 年以来的新冠疫情和外部地缘政治冲突等因素又导致世界经济处于衰退的阴影当中，外部需求扩张速度明显放缓；二是 2018 年美国对中国制造贸易摩擦以来，中美关系的竞争态势越发明显，在这样的国际环境下，中国对国际分工体系的深度参与必然受到影响；三是外部经济持续不平衡带来的汇率升值压力迫使中国主动实施贸易平衡战略。在这样的背景下，传统过度依赖外资与出口的经济发展方式难以为继，过去推动中国经济发展的外资和外贸要素的禀赋条件发生了新的变化。

三、新常态下中国经济增长特征的变化

新常态是对中国经济增长从高速到中高速的增长速度换挡期、结构调整阵痛期、前期刺激政策消化期"三期叠加"阶段的重要判断。新常态下，随

---

① 习近平在第七十五届联合国大会一般性辩论上发表重要讲话［EB/OL］. 新华网，http：//www.qstheory.cn/yaowen/2020 - 09/22/c_1126527764.htm，2020 - 09 - 22.

着资源环境约束的加强、增长动力由投资向创新的转变，增长质量和效益将成为企业和社会追求的更高目标。具体而言，新常态下中国经济增长特征发生了以下十个方面的变化。

（1）经济增长理念从片面追求 GDP 向以人为本和环境保护转变。中国当前正处在新的发展理念与传统发展理念博弈的时刻，已到了从"量"的过度扩张到"质"的战略提升的新阶段。经济发展新常态下，不应再以片面追求 GDP 作为经济增长的理念，而是要把以人为本和环境保护作为新的增长理念和原则。一方面，新常态下经济增长的理念从"以物为本"转向"以人为本"，更加强调人作为经济主体的作用，增长是为了人的发展，增长的过程依靠人的参与，增长的成果由所有人共享，这就是说新常态下更加注重生活水平的提高和人的全面发展。另一方面，新常态下经济增长的理念从以高能耗、高污染为特征的超常增长转向以资源节约和环境友好为特征的可持续增长，从追求传统的"黑色 GDP"转向追求增长与生态并重的"绿色 GDP"，节约能源，保护环境，在实现经济发展的同时保障人们的美好生活。

（2）宏观上的发展目标从速度向质量效益转变。一方面，是经济增速的换挡，从高速向中高速转变，形成一种可持续的经济发展速度，使原先经济增长过程中片面追求速度而非质量的经济发展目标得以根本扭转；另一方面，经济增长的目标从速度转向经济发展方式转变。新常态下的经济增长要建立在质量效益的基础上，实现经济结构在诸多领域的全面升级，同时经济增长方式逐步由粗放型向集约型转变，最终提高经济发展质量和效益。在这一转变过程中，经济结构将逐步改善，消费贡献率逐步上升，环境规制强度逐步提高，以实现速度与质量效益的同步提升。

（3）中观上的产业结构将从多元化向高级化、合理化转变。新常态下，推动中国未来经济增长的核心因素将从过去的投资规模扩张转向产业结构升级、技术进步和人力资本作用的发挥。因此未来经济改革的重心应转向产业结构的调整和技术进步。通过知识和技术为主的现代产业部门的快速发展，促进产业结构的高级化和合理化。未来中国经济增长的主题不再是通过产业结构多元化追求经济增长的数量，而是要通过产业结构高级化和合理化追求经济增长的质量。在结构高级化方面，主要是提高自主创新能力，促进科技成果向现实生产力的转化，注重人力资本积累，倡导科技、知识和技术在产业发展中切实发挥作用；在结构合理化方面，主要是从制造业为主向服务业为主转变，使服务业取代工业成为经济增长的主要动力。

（4）微观上的企业行为将从追求比较优势向追求竞争优势转变。新常态下，企业"暴利"时代已经结束，"微利"时代已经到来，因此新常态也是企业行为的转型期。一是企业核心竞争力的转型。新常态下企业的核心竞争力将从比较优势转向竞争优势，创新将成为企业竞争优势的源泉，企业的利润源泉要素从依靠低劳动力成本和资源投入转向信息、知识和技术这些新要素。企业必须通过产品创新、技术创新、商业模式创新、管理创新等方式，加快自身转型升级。二是企业盈利模式的转型。以现代信息技术、高新技术武装起来的物联网企业将成为新的趋势，给企业发展带来新的创造力。企业必须参与信息技术、高新技术的生产、储存、营销全过程，要抓住信息技术带来的技术机会，一方面积极利用大数据技术，使企业能够实现精准的营销定位和技术优化；另一方面抓住移动互联时代中"互联网＋"带来的机遇，整合传统产业的资源，积极发展新型业态，进行盈利模式的创新。

（5）经济增长的空间布局将由非均衡走向均衡。新常态也是中国区域经济从非均衡发展走向均衡发展的转换时期。在旧常态下，在传统增长过程中，中国总体区域经济差异呈波动上升趋势。区域经济的"极化"作用比较明显，而在新常态下，区域经济的"扩散"作用更加明显。因此，在新常态下，东中西部地区经济发展的协调性在增强，东部地区在结构调整、转型升级中的引领作用更加明显，而中西部地区在一系列区域发展战略的推动下，后发优势继续得到发挥，区域发展会逐渐均衡化。因此，应加大措施促进生产要素在区域间的自由流动，引导产业转移，鼓励和支持各地区开展多种形式的区域经济协作和技术、人才合作，形成区域间相互促进、优势互补的互动机制。通过协调互动，使经济增长的空间布局从非均衡走向均衡，防止区域经济差距进一步扩大，促进区域经济的和谐发展。

（6）经济增长模式从要素扩张到生产率提升。传统经济增长过程主要依靠要素驱动来推动，特别是人口转变过程中带来的人口红利，在人口红利拐点来临之前，适龄劳动人口占总人口比重一直处于上升状态，为中国的经济增长提供充足的劳动力供给，可以认为这一阶段中国城镇工业部门的劳动要素投入基本处于无限劳动力供给的时代，不会面临资本报酬递减，依靠要素投入扩张的外生增长可以持续很长的一段时间。但中国经济进入新常态的一个重要特征就是人口红利拐点的来临，在此之后，适龄劳动人口占总人口比重开始下降，从而资本要素投入将面临边际报酬递减的状况，此时投资扩张带来的经济增长将变得不可持续，必须为经济增长寻找新的内生动力，从依靠资源投入扩张转向依靠生产率的增加，因而未来人口红利的变化意味着我们经济增长方式必须从注重投资的外生增长向注重技术的内生增长转型。

（7）经济增长的动能从传统经济转向数字经济。数字经济改变了生产要素供给体系，突破了要素的稀缺性制约，提升增长的可持续性。数据是新型生产要素，是"21世纪的新石油"。与传统的要素相比，数据要素具有新的特征。传统要素和资源的数量有限，但数据是海量的，并且随着生产过程的持续还会不断增加和膨胀。传统的要素和资源具有稀缺性，但数据则不受稀缺性的限制，数据可以被复制，可以被共享，可以被反复使用。农业经济时代的关键生产要素是土地和劳动，工业经济时代主要依靠石油，而在数字经济时代，数据成为关键生产要素，它打破了以往生产要素的稀缺性对经济增长的制约，从而为社会经济的持续性增长提供了可能。因此，新常态下经济增长的动能转换，就是要依托数字经济培育新增长点，从传统经济的增长动能转向数字经济新动能。

（8）经济增长的劳动要素从人口红利转向人力资本红利。在人口红利拐点来临之前，我们往往更加注重劳动力的数量式增长，因为仅依靠劳动力的数量式增长也不会面临资本报酬递减，从而能够带来等量的经济增长。但劳动力的数量式增长本身并不是可持续的，一旦人口结构越过人口红利拐点，则在人口增长率保持不变的情况下，适龄劳动人口数量将无法保持原有的增长速度，甚至出现劳动力负增长的局面，从而使要素增长出现不均衡的状况。在劳动力面临资本深化的情况下，唯有改变人力资本积累的模式，使劳动力从数量式增长转向质量式增长，才能解决要素增长不均衡的问题。实质上也就是人口红利拐点的到来对劳动力素质的提高形成了一种倒逼状态，从而加速劳动力的数量式增长向劳动力的质量式增长转型。

（9）经济增长资源使用从粗放开发转向高效节约。在传统经济增长过程中，由于人口结构的相对年轻化导致较高的劳动参与率，这为中国改革开放以来快速工业化和城市化的进程提供了丰富廉价的人力资本，人口结构的生产性在中国的经济高速增长中发挥了效应。但人口结构年轻化虽然意味着整个社会的负担较轻，同时也意味着人口的高生产性可能对生态环境消耗更大，持续的人口红利可能对生态环境造成更大的生态环境代价，这是一种提前消费，即当代人消费子孙后代的生存环境和资源。特别是在广大的中西部地区，其经济增长对生态环境的依赖度过高，生态环境的代价往往需要若干年后才能体现出来，在人口红利背景下的粗放开发型增长尤其不可持续。因此在中国经济发展新常态下中国必须快速实现经济增长方式转型，即从资源粗放开发型增长向资源高效节约型增长转型。

（10）经济增长的政策导向从需求管理转向供给管理与需求管理相结合。在人口红利拐点来临之前，由于充足的劳动力和高储蓄率所带来的充裕资本，经济增长的发展不会面临要素瓶颈，此时对经济的调整主要是通过需求管理来完成的。在过去供给约束不明显的情况下，需求管理具有明显的效果。而在人口红利拐点来临之后，中国经济发展开始面临劳动力和资本带来的要素瓶颈和供给约束，需求管理的局限性日益凸显。此时实施供给管理，就成为新阶段加快转变中国经济发展方式的重点问题。供给管理是在扩大生产可能性边界和人口红利变化的条件下来进行的，供给管理的政策效应大都具有长期性，供给变化而引起的生产成本及经济结构等方面的变化，往往是以技术创新和制度创新为前提，并以效率改变为条件，而这种发展方式的变化是通过长期供给因素创造新的红利空间来实现的。

第二章　新常态下提升中国经济增长质量的特征与问题

在新常态下强调经济增长质量意味着中国经济增长理念、增长模式和价值导向的重大转变，因此，新常态下需要以提高经济增长质量为导向实现经济增长转型。新常态并不意味着低增长，而是要在速度换挡过程中构建起创新驱动的新增长模式，为新一轮增长创造条件，进而提升中国经济的国际竞争力。提高经济增长质量的关键问题包括：经济再平衡过程中的结构调整、经济增长潜力开发和动力重塑、新常态下体制机制和制度创新等。

一、新常态下提升中国经济增长质量的特征

经济增长质量作为一种全新的增长理念，阐明了在中国经济新常态下中国经济增长方式转变的目标模式。与数量型经济增长相比较，新常态下强调提升中国经济增长质量，其特征主要表现在以下五个方面。

（1）新常态下强调经济增长质量导向意味着以新的质量型增长代替传统的数量型增长。数量型增长是一种 GDP 至上的发展观，即把经济增长简化为 GDP 的增长。数量型增长主要依靠投资和出口来拉动经济，走的是高投入、高消耗、高排放、低劳动力成本、低土地成本、低社会保障甚至是无社保、出口拉动的工业化道路。数量型增长的典型后果是经济发展不平衡，社会各个方面的差距持续扩大。质量型经济增长与数量型增长有根本性区别，提高经济增长质量体现了一种新的增长模式。在经济增长理念上，提高经济增长质量反映出经济增长的出发点和归宿。在经济增长方式上，依靠投资、消费和出口的协同来拉动，注重消费对经济的拉动作用，依靠内需拉动，以充分

就业作为经济发展的优先目标，大力发展战略性新兴产业和现代服务业。在经济增长的结果方面，强调各个经济利益主体矛盾的缓和，促使城乡差距、地区差距及群体差距的缩小与和谐共生。

（2）新常态下强调经济增长质量意味着从传统的效率优先发展模式转变为更公平公正的协调发展模式。经济增长质量最基本的含义是公平合理地分享经济增长。重视经济增长质量有以下的内涵：一是强调经济增长成果的分享性。提高经济增长质量重新描述了公平与效率之间相互依存和良性互动的内在重视性，主张让更多的人分享经济增长的成果，让弱势群体得到保护；重视加强中小企业和个人能力建设；促进中等收入阶层的成长，缩小收入差距。二是在经济增长过程中保持平衡，强调区域经济发展平衡，建立新的区域经济发展格局，强调城乡经济社会一体化，重视城乡之间的平衡发展，主张建立城乡经济社会一体化新格局。三是重视经济发展和社会发展的协调。提高经济增长质量的关键在于经济增长包含社会发展，经济发展是社会发展的前提和基础，也是社会发展的根本保证；社会发展是经济发展的目的，也为经济发展提供精神动力、智力支持和必要条件。随着人民群众的物质生活水平日益提高，对精神文化、健康安全、教育水平等方面的需求也日益增长，更加要求社会与经济共同发展，缺一不可。四是提高经济增长创造就业的能力，通过高速、有效以及可持续的经济增长，来争取最大限度地创造就业与发展机会，确保民众基本的福利保障。五是确保民众能机会平等、公平参与经济增长。经济增长质量的提高主要是通过经济增长创造和发展机会，社会所有成员都可以平等地利用这些机会，并在此过程中提高自身收入和能力，使经济实现可持续增长，社会发展步入良性循环。

（3）新常态下强调经济增长质量常意味着从传统的以速度优先的价值导向转变为更具包容性的共享型价值导向。经济增长质量向全社会倡导了这样一种新的增长价值导向，这种价值导向包括：一是倡导了增长成果共享的价值观。不同社会阶层共享增长成果，增长成果由人民共享，关注人的生活质量、幸福指数，把发展的目的真正体现到满足人民需要和提高人民生活水平上，特别要使穷人分享增长的成果。城乡之间共享增长成果，建立城乡经济社会一体化的新格局，消除城乡市场分割、体制分割、产业分割、促进城乡基本公共服务均衡配置，在城乡之间建立起共享增长成果的机制。二是倡导了民生导向的增长价值理念。要改变过多地强调 GDP 增长的理念，在经济增长中更多地强调民生，在收入分配等方面都要向穷人和弱势群体方面倾斜。三是从"国富"到"民富"转型的价值理念。提高经济增长质量强调民富优先，意味着促进居民收入水平的提高将成为宏观经济政策的价值目标，这一目标意味着更多的社会产品分配给居民而不是企业和政府；意味着政府更多的财政支出用于社会福利体系建设而不是用于项目建设，使社会财富更多地为居民所有，居民的消费倾向和消费能力在经济增长中都应该得到极大的改善。

（4）新常态下强调经济增长质量意味着从传统的以物为本的经济增长转变为以人为本的经济增长。经济增长模式分为两类：以物为本的经济增长和以人为本的经济增长。"以物为本"的经济增长把"物质经济增长"视为经济增长的关键，把物质生产的高速度和物质财富的高积累及物质生活的高消费放在核心的地位。从大多数国家的经济增长实践来看，最初的经济发展都是"以物为本"的模式，在经济发展的初期总是倾向于高投入、高消耗、追求高增长率和大规模生产。而倡导经济增长质量更加强调人本主义的增长，"以人为本"的经济增长以人的自由发展和福利改善为出发点，把经济增长的终极关怀建立在以人为本的基础之上，坚持以人民为中心的发展思想，在发展中不仅要重视物的增长，而且特别要重视人的全面发展，健全公共服务，提高教育、医疗水平等与人的全面发展密切相关的问题。把提高人的生活福利、拓宽人的发展空间、维护人的发展权利作为经济发展的终极目标。

（5）新常态下强调经济增长质量意味着新阶段经济发展方式的重大转变。经济发展是有阶段性的，不同经济发展阶段的发展方式不同，发展中国家在经济发展的初期，一般都实行增长速度赶超战略，单纯追求"快"的增长方式是主流。随着工业化的全面推进，经济发展整体水平的提高，这种片面追求"快"的粗放型增长发展方式必然要走到尽头。在中国经济高速增长的同时，一些问题也逐渐暴露出来，资源浪费严重、生态环境破坏的背后反映的是经济增长模式问题。所以加快转变经济发展方式是关系国民经济紧迫而重大的战略任务，由数量、速度型增长向质量、效益型增长转变，由资源耗费型和环境污染型增长向资源节约型和环境友好型增长转变，由经济社会失调型增长向经济社会协调增长转变，由低成本的扩张向高效率创新型增长转变，由要素投入型经济增长转化为内生技术进步型增长，由政府投资推动的增长转化为民间投资驱动的增长，由不可持续性增长向可持续性增长转变，由出口拉动型增长向内需推动型增长转变，由结构失衡型增长向结构优化型增长转变，由高碳经济型增长向低碳经济型增长转变，由技术引进型增长向自主创新型增长转变，由"少数人先富"型增长向"共同富裕"型增长转变。

二、新常态下中国提高经济增长质量的重点任务

经济增长的新常态意味着必须摒弃过去"粗放型"经济增长模式，探索高质量发展的路径。高质量发展必须形成新竞争优势，必须以提高质量为核心，把转方式、调结构放到更加重要位置，使中国经济进入提高经济增长质量的轨道。具体而言，新常态下，中国提高经济增长质量的重点任务主要包括以下三个方面。

（1）以发展动能转换构建创新驱动的新增长模式。新常态下，中国经济增长要由过去的要素和投资驱动向创新驱动转变，据此培育新的增长动力和竞争力，特别是要形成自主创新的动力。新常态势必将使中国经济逐步走向一个依赖研发创新与品牌进行国际竞争的新舞台，进入高效率、低成本、可持续的中高速增长阶段。因此，新常态下，首先，要加快实施创新驱动发展战略，鼓励自主性研发，掌握更多拥有自主知识产权的创新型技术，为创新驱动增长模式的建立提供重要保障。其次，要依靠自主创新和劳动力素质提高，切实增强产业竞争力和提高全要素生产率，实现向产业价值链中高端的跃进。再次，要依靠创新驱动有效克服资源环境制约，完成经济结构的调整和发展方式的转变，以实现中国经济的长期可持续发展。最后，要紧紧抓住新一轮科技革命和产业变革的重大机遇，推动数字经济、人工智能、物联网等快速发展，为创新驱动发展提供关键支撑。

（2）以体制机制创新为新一轮增长时代的到来创造条件。在新常态下，中国经济发生了多种变化，其中最重要的变化就是从高速增长进入高质量发

展阶段，但高质量发展仍然需要维持一个中高速的增长速度，发展中存在的不平衡不充分等问题，仍然需要在发展中来解决。因此，维持一个较长时期的中高速增长状态极为重要。经济持续增长需要有良好的制度环境。要努力消除阻碍经济增长和发展的体制和机制，构建高水平社会主义市场经济体制，正确处理政府和市场的关系，将"有效市场"与"有为政府"相结合，充分开发各类市场主体活力，改善市场机制的扭曲，放松市场管制，发挥市场机制的作用和效能。要构建激励创新的体制机制，促进制度创新、产业创新、技术创新，增强和保护经济发展的内生动力，提高市场主体的创造活力。在社会条件方面，努力创造公平竞争的市场环境，促进社会的公平正义。建立公正的社会分配结构和完善的社会保障机制，使人民群众的积极性、主动性、创造性得到充分发挥。

（3）以发展数字经济提高中国经济增长的国际竞争力。充分开发数字经济对增长的效能提升作用，提升数字经济的国际竞争力。数字经济是引领未来的新兴经济形态，是后疫情时代推动全球经济复苏的重要力量。在中国数字经济也已经成为经济增长的主要贡献来源，根据中国信息通信研究院数据2023 年 4 月发布的《中国数字经济发展研究报告（2023 年）》，2011～2021年，中国数字经济规模由 9.5 万亿元增加到 45.5 万亿元，占 GDP 的比重也由20.3% 扩大到 39.8%。[①] 数字经济发展存在非常强的"先行者优势"，存在"赢者通吃"的现象。如果能把握数字经济发展的重大机遇，特别是在 5G、工业互联网、云计算、区块链等领域加快推进与传统产业的融合，在国际标准的确定中就能占据有利地位，为高质量的开放发展提供重要保障。因此，在新常态下提升中国经济增长质量的重要任务就是要提升数字经济的国际竞争力，既要加快推进国内传统企业的数字化转型升级，又要加快发展和培育一批具有国际竞争力的数字化企业，为提升中国经济增长质量提供新的动能和主体。

---

① 中国信息通信研究院. 中国数字经济发展研究报告（2023 年）[EB/OL]. http：//www.caict.ac.cn/kxyj/qwfb/bps/202304/t20230427_419051. htm，2023－04.

三、新常态下中国提高经济增长质量的关键问题

新常态并不意味着低增长，而是通过经济结构的调整和发展方式的转变进一步开发经济增长的潜力来提高经济增长质量，实现长期可持续增长。为此需要解决以下四个方面关键问题。

（1）经济增长的潜力开发和动力重塑问题。随着产能过剩行业企业利润增速的持续下移，潜在金融风险不断积聚，而且产能过剩行业占据了大量的资源，挤压了有利于经济转型行业的增长空间，抑制了全要素生产率的提高，限制了经济增长潜力的开发，因此新常态下我们必须积极消解经济增长中积累的产能过剩问题。中国的城市化进程还尚未完成，2023 年常住人口城镇化率只有 66.16%，户籍人口城镇化率只有 48.3%，未来还有比较大的推进城市化的发展空间。人民对美好生活的向往，也将激发新时代的更多发展需求。① 新常态是中国经济的一种阶段性特征，新常态并不意味着低增长，"中国经济快速增长的潜力非常巨大，高增长不可能就此结束"。因此新常态下要积极开发经济增长的潜力和重塑经济增长的动力，为新增长时代的到来准备条件。

（2）经济再平衡过程中的结构调整问题。新常态是一个经济再平衡过程，这一过程中要提高经济增长的质量和效益、优化经济结构，重新整合区域经济架构。中国经济总量扩张的同时也积累了明显的结构性问题，主要体现为：从产业结构上看，以加工制造业为主的工业产能过剩，服务业尤其是现代服务业发展相对滞后；从需求结构上看，投资和出口超常增长，消费占比却相对下滑；从区域结构上看，中西部地区发展相对滞后，大城市病越发严重，中小城市及小城镇相对薄弱。进入新常态中国宏观管理重心将更注重结构调整，产业结构、质量结构、区域结构、金融结构和市场结构等都将发生新的转向，结构再平衡将成为中国经济的新常态。

（3）摆脱"中等收入陷阱"问题。"中等收入陷阱"是发展中国家经济发展过程中都会遇到的问题，中国也不例外。新常态下，经济结构不平衡、

---

① 公安部. 2023 年底全国户籍人口城镇化率达到 48.3%［EB/OL］. 中宏网，https：//www. zhong hongwang. com/show－258－332644－1. html，2024－05－27.

技术与生产率与发达国家差距大、人口红利消失、劳动力成本上升、收入分配不平等、资源环境压力加大等因素使中国经济存在落入"中等收入陷阱"的风险。只有成功跨越"中等收入陷阱",未来中国才能跻身发达国家行列,为此我们需要加强企业自主创新能力的培养,完善创新的激励机制,增强创新驱动与产业升级的内在动力,同时通过改善收入分配缩小城乡与地区收入差距,提倡机会均等,增强经济增长的包容性,使所有人能有公平地分享经济增长的成果。

(4)经济新常态中的体制机制改革和制度创新问题。转入新常态,意味着中国经济发展的条件和环境已经或即将发生诸多重大转变,必须坚定不移地推进改革,才能破除原有发展方式赖以存在的体制安排和利益结构,为适应经济新常态的发展创造条件。经济新常态中的体制、机制和制度改革需要围绕发挥市场对资源配置的决定性作用、产业转型升级、创新驱动发展、新型城镇化、构建开放型经济新体制等展开。充分激发市场活力,辩证认识和正确处理政府与市场、政府与社会的关系,统筹发挥"政府有形的手"和"市场无形的手"的职能作用,确保政府既不缺位放纵市场,又不越位干预市场,也不错位扰乱市场,将市场在资源配置中起决定性作用这一要求落到实处。

第三章　新常态下提升中国经济增长质量的创新驱动机制

近年来，随着经济增长速度下降和经济结构转型加速，中国经济进入了以"三期叠加"为特征的新常态。为了解决新常态下中国经济所面临的问题，中共中央在党的十八届五中全会上提出了创新、协调、绿色、开放、共享的新发展理念，其中创新发展居于首要位置。[①] 习近平总书记在党的十九大报告中再次强调，创新是引领发展的第一动力，是建设现代化经济体系的战略支撑。[②] 这表明创新驱动已经成为国家发展的重要战略，而着力构建以企业为主体、市场为导向、产学研相结合全面创新体系，也成为当前和下一阶段中国提升经济增长质量的重要任务。本章重点论述在新常态下从要素驱动向创新驱动转变的必要性，并在此基础上研究以创新驱动提升经济增长质量的逻辑机理，进一步研究创新驱动提升中国经济增长质量的内容。

一、从要素驱动转向创新驱动的必要性

改革开放以来，我们依靠"要素驱动"成功跨越了低收入国家的"贫困陷阱"，迈入中等收入国家行列。但是在取得辉煌成就的背后存在严重的隐忧：经济规模很大，但大而不强；经济增长很快，但快而不优。企业陷入低端产业的"比较优势陷阱"，在全球产业链和价值链上处于弱势地位。而这一

---

① 中国共产党中央委员会. 中国共产党第十八届中央委员会第五次全体会议公报 [M]. 北京：人民出版社，2015.

② 习近平. 决胜全面建成小康社会 夺取新时代中国特色社会主义伟大胜利——在中国共产党第十九次全国代表大会上的报告 [EB/OL]. 中华人民共和国中央人民政府网，https：//www.gov.cn/zhuanti/2017 - 10/27/content_5234876. htm，2017 - 10 - 27.

切都被传统增长红利带来的高速增长所掩盖，但即便是这种高速增长也并不是可持续的，各项要素禀赋条件发生的新变化意味着我们必须为增长寻找新的红利空间，因此在中国经济发展的新阶段，需要从要素驱动转向创新驱动。

按照经济学的一般原理，一个国家竞争力的发展要经过要素驱动、投资驱动阶段，然后进入创新驱动、财富驱动阶段。创新驱动是相对于要素驱动和投资驱动而言的。党的十八大报告提出创新驱动发展的战略。党的十九大报告提出"创新是引领发展的第一动力"。也就是说，我们在新的发展时期要努力实现增长动力的转换，努力从"要素驱动""投资驱动"转向通过技术进步来提高劳动生产率的"创新驱动"，从过度依赖"人口红利"和"土地红利"转向靠"创新红利"和深化改革来形成"制度红利"。

从中国经济发展的实践来看，1978年以来的中国奇迹的取得，一是靠改革，成功实现了由计划经济向社会主义市场经济的转变，资源配置效率大幅提高；二是靠开放，积极承接全球产业转移和技术扩散，迅速发展出口产业，积极参与全球化和国际产业分工，以大规模使用劳动力资源、矿产资源、水土资源为主的要素成本优势得到充分发挥。但是目前资源环境对经济发展的约束增强，要素驱动模式难以为继，加快经济发展方式转变的关键，就是从主要依靠要素驱动向依靠创新驱动转变。转变的原因在于以下三方面。

（1）实现可持续发展要求创新驱动。过去发展过程中的高储蓄、高投资的发展模式导致了经济发展的高速度和低质量，一方面表现为经济发展与社会发展的失衡日益严重，另一方面表现为经济增长与资源环境的矛盾十分突出。这种发展模式中人与社会和自然关系失衡意味着其不可持续性。而在当前经济发展过程中，人口红利已开始消减，劳动力成本优势也有所减弱；同时，随着欧美国家再工业化浪潮的兴起，承接国外技术和产业转移的难度加大，技术引进受到更多限制。因此，要实现可持续发展就必须实施创新驱动，通过全面构建创新体系，发挥各项创新机制的协同作用来提升生产效率，以实现中国经济长期可持续发展。

（2）提高国际竞争力要求创新驱动。现代社会的国际竞争是创新能力和科技实力的竞争。国际金融危机后，经济复苏和新经济增长点的形成，将主要依靠创新驱动，并以新产业的发展为主要特征。因此，发达国家和新兴经济体都更加重视国家层面的创新战略，希望通过创新实现经济复苏，抢占未来竞争制高点。在这种大背景下，中国就必须通过实施创新驱动，加快关键领域的核心技术突破，加速创新成果转化为现实生产力，在本轮经济复苏过程中提升国际竞争力。

（3）实现经济结构的转型升级要求创新驱动。经济发展方式转变，不仅意味着从要素扩张向生产率提高的转变，而且要在经济发展过程中实现经济结构的转变，改变经济结构中投入结构不合理，物质资源消耗太多，科技进步贡献率低的状态。经济结构的转变包括：在产业结构方面，从主要依靠第二产业带动向一二三次产业协同带动转变，大力培育战略性新兴产业；在空间结构方面，调整城乡二元结构，缩小城乡差距，推进工业化、城镇化、农业现代化和信息化的同步协调发展；在动力结构方面，促进经济发展由主要依靠投资拉动向消费、投资、出口协调拉动转变，从需求管理向供给管理方面转变；在要素投入结构方面，以提高创新能力为核心，促进经济增长从要素驱动型向创新驱动型转变。提高自主创新能力。这些结构性转变都需要通过创新驱动来实现。

二、创新驱动提升中国经济增长质量的逻辑机理

从当前中国经济发展的特征来看，提升中国经济增长质量的核心问题就是实施创新驱动。具体而言，以创新驱动提升中国经济增长质量的逻辑机理主要包括以下四个方面。

（1）经济发展阶段转换决定了提升中国经济增长质量是构建创新驱动的发展模式。美国学者迈克尔·波特认为，经济发展具有阶段性，在不同的发展阶段，驱动经济增长的力量不一样。具体而言，国家竞争优势可分为四个阶段：要素驱动阶段、投资驱动阶段、创新驱动阶段和财富驱动阶段。在经济发展的要素驱动和投资驱动阶段，宏观经济管理的模式主要以需求管理为主，通过刺激投资需求，增加要素投入来使经济发展规模得到扩张。但以需求管理为主的要素驱动和投资驱动模式，最终必将面临经济发展过程中的两大问题：一是生产要素边际报酬递减；二是对资源环境的过度消耗导致的资

源环境瓶颈。要解决这两大问题，就需要走以知识和科技为先导的创新发展之路，使经济从要素驱动和投资驱动过渡到创新驱动，也就是构建创新型经济的发展模式。在进入经济新常态下，中国经济发展的要素禀赋条件已经发生了巨大变化，整个经济进入要素成本上升阶段，以高投资、高消耗、低效益为特征的经济增长模式不可持续。因此，在新的发展阶段，以需求刺激为核心的政策导向已经无法解决当前经济增长下滑和结构失衡的问题，因此需要实施供给侧结构性改革，而供给侧结构性改革的目标就在于构建创新型经济的发展模式，以此代替过去的要素扩张和投资扩张型的发展模式，从而调整中国经济发展的动力机制，提高中国经济的国际竞争力，促进中国经济转型升级。

（2）潜在经济增长率的变化决定了提高中国经济增长质量要以创新型经济的构建为主要内容，拓展经济长期增长的可能性边界。中国经济增长速度自 2010 年以来一直处于下降过程中，并且这一轮经济增长速度下降是在潜在经济增长率下降条件下发生的，相对于过去的经济波动而言更具长期性和趋势性，因此必须通过一系列的结构性改革，通过结构转化改善经济的供给面，从而提升潜在经济增长率，进而为未来实际经济增长率的提升创造条件。供给侧结构性改革本质上是要提升中国潜在经济增长率，而供给侧结构性改革的核心内容就是要建设创新型经济。创新型经济能够改善经济增长的供给面，从而提高潜在增长率，与传统经济发展模式相比，创新型经济对经济增长潜力的影响主要体现在：第一，能够改善增长的动力结构，实现从依靠要素扩张为主的规模优势到依靠科技进步的竞争优势转变，从而突破要素禀赋条件变化的制约，形成经济增长新的动力来源。创新不是通过提升资本劳动比来提高劳动生产率，而是通过效率提升和技术进步，从而突破要素报酬递减律约束，提升增长潜力。第二，创新型经济能够提升经济增长的禀赋结构，扩大生产可能性边界，从而加速经济增长。创新不仅仅能够创造供给，除去提升生产效率的创新外，具备"创造性毁灭（creative destruction）"特征的创新能够促使新产品的出现，从而也能够创造需求，这就拓展了社会财富的边界，从而提升增长潜力。第三，创新型经济本身具备很强的扩散效应（diffusion effect）和溢出效应（spillover effect），在经济中分工不断深化、市场规模不断扩大的背景下，创新型经济能够通过更强的扩散和溢出提升增长潜力。

（3）经济结构的变化决定了提高中国经济增长质量要以增加创新型产业和产品供给为核心，促进产业结构的转型升级。传统的需求管理重视总量问题，而忽视结构问题。因此，通过货币和财政政策刺激投资需求，造成了经济发展中的高产能、高杠杆和高库存的问题。因此，必须通过新一轮的供给侧结构性改革，在一些高耗能低效益的领域去除产能过剩、降低杠杆，化解传统的房地产业高库存所带来的系统性经济风险，同时，还要以"补短板"为目标，加强对于新兴产业发展的支持。经济学在对产业结构转型的研究中形成了两个重要的经济事实：一是在工业化前中期农业向工业和服务业转型的"库兹涅茨事实"①；二是在工业化中后期工业向服务业转型的"贝尔事实"。中国的经济发展已经进入工业化中后期，中国的产业结构转型也面临着从工业向服务业的转型。但从当前中国发展的实际来看，工业和建筑业面临产能过剩和库存过高的问题，而服务业内部分化严重，传统服务业低端化，知识和技术密集型的高端服务业供给不足，这导致服务业劳动生产率较低。如果不改变这种状况，那么未来的产业结构转型不可避免地会进入"结构性减速"，甚至存在落入"中等收入陷阱"的风险。因此，要改变这一状况，就必须通过供给侧结构性改革，通过技术和产品创新、业态和模式创新，促进工业化和信息化的深度融合，将创新成果产业化，加快发展知识密集和技术密集的战略性新兴产业，特别是发展集成制造和服务功能的新兴产业链，促进产业结构的转型升级。

（4）技术水平的变迁决定了提高中国经济增长质量需要将技术供给模式从技术模仿走向自主创新，以创新形成新的国际竞争优势。传统经济发展过程中，中国技术供给的来源主要是技术引进和技术模仿，这主要是因为在改革开放初期，中国作为后发技术国家，技术水平在一定程度上可以依靠外国直接投资来得到较快的提升，这样比较符合中国的比较优势。但随着中国科学技术不断发展，与发达国家技术差距不断缩小，甚至在某些领域已经达到

---

① "库兹涅茨事实"是指库兹涅茨（Kuznets，1957）研究发现，随着一个经济体的经济增长，会出现劳动力从农业部门转移到非农业部门的现象；"贝尔事实"则是指贝尔（Bell，1973）对后工业化时代的研究认为，随着经济结构转型和工业化的深入发展，到达后工业化时期后，会出现劳动力从制造业部门转向服务业部门的现象。

技术前沿，通过技术引进和技术模仿获得的边际收益逐渐缩小。同时，长期采用技术引进和技术模仿的方式还可能存在一个问题，引进的技术结构与被引进国的禀赋结构相一致，但却与本国的禀赋结构不一致，这种不一致在客观上造成了技术结构偏离比较优势，从而难以形成产业发展的自生能力。因此，随着中国技术水平的变迁，要解决这两个问题，就要实现技术供给模式从引进模仿向自主创新的转型，在一些技术相对薄弱的领域，重点发挥引进消化吸收再创新的作用，而在已经到达国际技术前沿的领域，则要重点发挥原始创新的作用，最大限度推动本国禀赋结构、产业结构和技术结构的同步升级，以自主创新形成新的国际竞争优势。

三、创新驱动提升中国经济增长质量的内容

(一) 创新驱动提升经济增长质量的内涵

以创新驱动提升中国经济增长质量，不是强调单一方面的创新，而是一种综合创新，是产业创新、科技创新、产品创新、制度创新、战略创新和文化创新所发生的综合协同作用。创新驱动的内容包括以下七个方面。

1. 产业创新

新一轮科技革命和产业变革快速演进，以 5G、云计算、大数据、人工智能等为代表的新一代技术加速创新迭代，数字经济新模式、新业态不断涌现，产业数字化和数字产业化趋势不断加速。同时，随着全球能源革命的持续推进和中国"双碳"目标的逐步推进，实现产业发展的能源革命是必然趋势。在这种背景下，数字化和绿色化成为产业发展的两个核心命题。因此产业创新的目标是，构建以高端制造、数字驱动、品牌引领、低碳发展为特征的新型产业体系。

2. 科技创新

现代创新型经济的重点已经从技术创新转向了科技创新，从中国情况来看，虽然科技发展取得了一定成果，但自主创新能力还不强，总体上经济发展技术含量不高，很多关键技术和核心技术受制于人，先导性战略高技术领

域科技力量薄弱，重要产业对外技术依赖程度仍然较高，影响自主创新的诸多体制机制障碍依然存在。科技创新的目标是：大力推动自主创新，实现从模仿创新到自主创新的转型，形成完备的技术创新体系。

3. 产品创新

产品创新是建立全面创新体系的基本形式。产品创新源于市场对企业的产品技术需求，也就是技术创新活动以市场需求为出发点，通过技术创新活动，创造出适合这一需求的适销产品，使市场需求得以满足。在企业中产品创新总是将市场需求和本企业的技术能力相匹配，寻求风险收益的最佳结合点。产品创新的动力从根本上说是技术推进和需求拉引共同作用的结果。产品创新的目标是：通过产品创新引领经济社会发展，以创造新的市场和经济增长点。

4. 制度创新

制度创新是建立全面创新体系的基本前提和根本保证。当前中国部分生产要素和资源价格形成机制仍不健全，要素市场的行政性垄断和区域、行业部门的市场分割仍然存在，市场竞争机制尚未充分发挥作用，阻碍了企业的自主创新热情。制度创新的滞后导致要素价格扭曲，不能充分反映市场供求关系，客观上保护了落后的企业和生产结构，也导致企业倾向于高消耗的增长方式。因此制度创新的目标是：通过进一步深化改革，不断进行制度创新，为经济发展方式的转变提供有利的制度环境。

5. 战略创新

以往对于创新的认识中，往往关注技术创新、制度创新与产业创新，而对战略创新认识不足。战略创新在实质上是通过发展战略的调整来统筹各方面资源，进而达到协同创新。战略创新的目标是：通过引进国外高新技术并在此基础上进行进一步创新，同时加大对高新技术人才的培养与引进，对技术方面的投入，最终形成具有自主知识产权的创新体系，在此基础上发展具有比较优势的产业链，带动中国经济的快速增长。战略创新的目标是：提高国家创新能力，根据比较优势形成自己的产业链以增强国际竞争力。

6. 管理创新

管理创新则是指形成一种创造性思想并将其转换为有用的产品、服务或工作方法的过程。管理创新包括：社会管理创新、经济管理创新和企业管理创新。从社会管理创新来看，当前中国正处在矛盾凸显期，各类社会矛盾碰撞叠加，产生了一系列社会问题，社会管理创新要最大限度激发社会活力、最大限度增加和谐因素、最大限度减少不和谐因素。有效协调社会关系，规范社会行为，化解社会矛盾，促进社会公平，保持社会秩序，应对社会风险。管理创新的目标是：从宏观经济管理创新来看，一方面要转变政府职能，按照服务型政府的战略目标，转变政府职能，改善公共决策系统，提高公共政策质量，实现由权能型政府向服务型政府的转变；另一方面，在宏观经济管理的手段方面要考虑经济信息因素，将信息因素融合到宏观经济管理体制的建立中，加强经济信息服务机构的建设，建立宏观经济管理信息系统；从微观企业管理创新来看，企业要依据劳动力成本升高、产品降价、运营资金短缺及环保治理压力等经济环境的变化，通过商业模式创新、战略创新、产品创新、技术创新、管理创新、体制创新、机制创新和市场创新，提高企业的核心竞争力，提高企业的竞争优势。

7. 文化创新

文化创新是建立全面创新体系的精神引领和智慧支撑。随着科技与文化交融的日益加深，特别是文化消费和文化产业在消费结构、产业结构中的地位凸显，文化创新的重要性越来越得到大家的关注。而且，文化创新所形成的创意产业也是调整产业结构、支撑经济发展方式转变的重要方向。因此，在科技创新驱动的基础上提出文化创新驱动，不仅深化了对加快转变经济发展方式的认识，更符合了加快转变经济发展方式的演化方向。文化创新的目标是：通过培育勇于创新、善于创新的创新文化，营造开放和包容的创新氛围，为建成全面创新体系提供精神动力和智力支持。

（二）创新驱动提升经济增长质量的领域

创新有狭义和广义之分，狭义的创新仅指技术创新，而广义的创新应该包括从科学发现到技术孵化到市场应用的全过程。根据弗里德曼对熊彼特创新概念的解释，创新包括三重层层递进的含义：发明、创新以及创新的扩散。因此，根据这一解释，可将创新驱动提升经济增长质量的重点内容概括如下：首先，处于发明阶段的是新知识和新理念；其次，处于创新阶段的包括新技术、新产品、新业态、新模式等，其中新技术和新产品来自新知识的孵化，而新业态和新模式来自新理念的孵化；再次，处于创新扩散阶段的是新产业和新市场，创新成果的产业化和市场化是创新型经济的表现；最后，贯穿整个创新型经济过程中的是新制度和新要素，这是创新型经济能够发展的条件和保障。

1. 新知识和新理念

以创新驱动提升经济增长质量，要注重新理念和新知识的供给。其中，新知识的产生是新技术和新产品的基础，而新理念的产生是新业态和新模式的基础。从新知识方面来说，主要是要加强面向科学前沿的原始创新，在重大领域引领世界科学研究方向，推进变革性研究，在新知识、新原理、新方法上积极进取，强化源头储备。新知识供给的主体主要来自高校和科研院所，因此供给侧结构性改革要加大基础研究投入，促进学科均衡协调发展，加强学科交叉与融合，培育新兴学科和特色学科。从新理念方面来说，主要是加强对一些新理念的研究和探索。当前一些创新的理念已经孵化为一些新兴业态和模式，深刻地改变着我们的经济和生活。例如，共享经济的理念已经改变了整个移动出行领域的业态和模式，为人们的移动出行提供了新的解决方案；体验经济的理念嵌入 O2O 领域，通过互联网技术改变了传统的餐饮、住宿和娱乐等传统行业；平台经济的理念则在更早时期嵌入互联网领域。在未来，随着中国中产阶级的不断壮大和圈层文化的崛起，定制经济将进一步发挥其影响力，孵化出更多新的经济业态和商业模式，成为创新型经济的重要组成部分。

2. 新技术和新产品

创新型经济发展中最核心的是科技创新，科技创新的体现就是新技术和新产品，这也是创新型经济的动力。从新技术的供给来说，要着重在以下技术领域进行开发和探索：新一代信息网络技术、智能绿色制造技术、生态绿色高效安全的现代农业技术、安全清洁高效的现代能源技术、资源高效利用和生态环保技术、海洋和空间先进适用技术、智慧城市和数字社会技术、先进有效安全便捷的健康技术、支撑商业模式创新的现代服务技术、引领产业变革的颠覆性技术。从新产品的供给来说，要在以上新技术所覆盖到的领域，积极开发具有国际竞争力的产品。同时，还要积极推进开放创新，推动中国先进技术和产品"走出去"。由于新技术和新产品的供给主体主要是企业，因此，在探索新技术和发明新产品的过程中，要强化企业创新主体地位和主导作用，形成一批有国际竞争力的创新型领军企业。

3. 新业态和新模式

新业态和新模式主要是在技术变革的背景下，特别是在当今互联网时代下，一些新理念所孵化出的新的经济业态和商业模式，其本质是新理念通过互联网的新技术得以实现，这也是创新型经济的重要体现。这些新业态和新模式能够打破传统经济中信息的不对称性格局，并对经济中产生的大数据进行整合利用，极大提升资源配置效率，在为人们的生活带来方便和快捷的同时，也催生出很多新的行业和市场。当前新业态和新模式主要是在信息技术和互联网发展的背景下催生的，因此主要围绕"互联网＋"来展开，就是用互联网去改造传统的制造业和服务业，通过发展大数据、云计算、物联网技术和应用，在传统零售、移动出行、生活服务业等方面，积极拓展和开发基于分享经济、体验经济、定制经济等多种理念的新兴业态和模式，推进基于互联网的产业组织、商业模式、供应链、物流链创新，促进互联网和经济社会融合发展。在催生新业态和新模式方面，尤其要注重发挥民营经济的力量，重视小微企业的作用，形成"大众创业，万众创新"的创新氛围。

4. 新产业和新市场

无论是技术和产品创新，还是业态和模式创新，最终必须落实到创新成果的产业化和市场化，这是创新型经济的载体。建设创新型经济要和当前产业变革的两大趋势相结合：一是产业融合的趋势，随着信息技术快速发展，产业融合不断深化，产业边界越来越模糊，制造业服务化趋势明显；二是新兴产业迅速成长的趋势，在新能源、新材料、生物技术等领域，技术趋于成熟，成本大幅下降，产品不断创新，已经到了大规模扩散应用的产业化阶段。发展创新型经济，需要对这种趋势作出准确判断，在重点领域和关键环节加大投入，促成新产业的发展和新市场的形成。同时，当今时代技术更新的速度不断加快，新的经济业态和模式也层出不穷，这意味着新产业和新市场的成长速度也在不断加快。发展创新型经济，尤其要注意当前正在产生的带有熊彼特式"创造性破坏"特征的颠覆性技术，这很有可能迅速催生新的产业与新的市场。因此，发展创新型经济需要高度关注这种技术创新，力争未来能够使若干重点产业进入全球价值链中高端，成长起一批具有国际竞争力的创新型产业集群。

5. 新制度和新要素

发展创新型经济，必须要有符合创新型经济的制度供给，同时还要有符合创新型经济所需的基本要素，这是创新型经济的保障。从新制度的供给来说，体制机制的创新是创新驱动发展的"双轮"之一，因此，应当健全使市场在资源配置中起决定性作用和更好发挥政府作用的制度体系，以经济体制改革为重点，加快完善各方面体制机制，破除一切不利于创新型经济的体制机制障碍，为创新型经济发展提供持续动力。从新要素来说，传统经济发展模式主要依靠资本和劳动力的扩张，而在创新型经济发展模式中主要依靠的是知识和人力资本。因此，在新的发展阶段应该加快人力资本结构升级，在传统经济发展中人口红利逐渐消散的背景下，为创新型经济发展积攒人力资本红利，从而为创新型经济发展模式的构建和下一轮增长时代的来临提供坚实保障。

(三) 创新驱动提升中国经济增长质量的实现路径：改善供给

要提升中国经济增长质量就应该从生产率提高和要素配置优化的角度出发，建立提升经济增长质量的创新驱动机制。提升经济增长质量的创新驱动机制要以改善供给为实现路径。具体来说包括以下三个方面。

1. 加快产业结构调整，改善产品供给

结构转化能使资源得到更加有效合理的配置，从而改善要素的效率，结构转化实质上是从产业创新角度提高经济增长质量。从社会供给角度来看，随着经济的发展，社会需求结构也会随之发生变动，并与社会供给结构不再相互适应。这时，就需要及时调整经济结构，重新在社会生产各部门、各行业配置稀缺资源，从而提高单位资源的效率来促进经济发展。经济增长是有阶段性的，由于在经济增长的不同阶段主导产业并不相同，这就会形成不同的产业结构，而产业结构是否合理对一国的经济增长质量有着重要影响。因此，提高经济质量要以产业结构调整为核心，就是加大用新技术改造和提升传统产业的力度，加大研发投入和自主创新力度，加快培育战略性新兴产业。

2. 发展创新型经济，改善技术供给

数量型经济增长是要素驱动型经济增长，质量型经济增长是创新驱动型增长。要实施创新驱动就必须发展创新型经济，改善技术供给。创新型经济是以知识和人才为依托，以创新为主要驱动力，以发展拥有自主知识产权的新技术和新产品为着力点，以创新产业作为标志的经济形态。国际金融危机对中国经济的冲击及当前中国经济增长中暴露出来的诸多矛盾表明，单纯依靠规模扩张追求经济增长速度的经济增长方式已经走到尽头，转变经济增长方式刻不容缓。要保持中国经济长期持续增长以及促进经济增长方式转变，必须以提高经济增长质量为目标。这就要求：第一，提高企业自主创新能力，促进科技成果向现实生产力的转化，同时注重企业人力资本积累，发挥科技、知识和技术在部门产出中的主导作用；第二，加快改造传统产业，加大传统产业技术创新和人力资本投入，促进产业结构升级，促使企业或整个行业从原先的资本驱动型或劳动驱动型增长向知识驱动型增长转变，使产业结构从低层次向高层次过渡；第三，促进中国经济增长由要素驱动型向技术提高型转变，由依靠要素投入的增长转向依靠要素效率提高的增长。

3. 推动制度创新，改善制度供给

实施创新驱动，需要改善制度供给，推动制度创新，建立与经济发展新阶段相适应的制度安排与制度环境。一是建立科学的政府决策机制。减少政府行为和决策的短期倾向，促进政府规划和行为的长期化。二是促进科技和教育制度创新，为改善供给和提高经济增长质量提供知识、技术和人才支持。应创新教育体制，优化教育结构，加大教育投入，使教育与经济发展结合起来，加快创新型人才的培养。完善科技制度创新，鼓励在经济发展的关键技术领域和前沿技术领域进行研发和创新。三是创新收入分配体制，完善各项社会保障制度。保证合法劳动所得，逐步缩小收入差距。打破行业垄断，调节因行业垄断形成的高收入，规范收入分配秩序。同时，不断提高中低收入者的收入水平，保障城镇贫困人口和农村贫困人口的基本生活。

（四）以创新驱动提升中国经济增长质量的机制转型

进入 21 世纪之后，科技水平的发展日新月异，越来越多的国家注意到科技进步对经济增长的贡献具有巨大影响。中国近年来在科技领域的投入也明显加大。但是要鼓励自主性研发，形成具有自主知识产权的创新型技术，这是实现经济发展方式转变的重要保障。首先，实现技术创新的转型，加大科技创新在经济增长中所占的地位，必须大力推动自主创新，实现从模仿创新到自主创新的转型，形成完备的创新体系，从而发挥创新在经济增长中的作用。其次，完善技术创新的制度保障，要认识到科技创新关键在于制度保障，制定与创新需要相匹配的政策与制度来保障科技创新，创造公平竞争的市场对创新行为作出相应的保护，鼓励和引导科技创新活动。

经济增长的新常态要由过去的资本驱动向创新驱动转变，通过创新驱动培育出新的经济增长动力，特别是要形成自主创新的动力，从而提升中国经济增长的潜力。新常态势必将中国经济逐步推向一个依赖研发创新与品牌进行国际竞争的新舞台，使中国经济进入高效率、低成本、可持续的中高速增长阶段。因此，在新常态下，一是要加快实施创新驱动发展战略，鼓励自主研发，形成具有自主知识产权的创新型技术，为新常态下创新驱动增长模式的建立提供重要保障。二是要依靠自主创新和劳动力素质提高，切实增强产业竞争力和提高全要素生产率，推动产业向价值链中高端跃进。三是要依靠创新驱动有效克服资源环境制约，完成经济结构的调整和发展方式的转变，以实现中国经济长期可持续发展。

创新驱动能够改善经济增长的供给面，从而提高潜在经济增长率。与资本驱动的发展方式相比，创新驱动提升潜在经济增长率的理论机制主要体现在：一是能够改善增长的动力结构，实现从依靠要素扩张为主的规模优势到依靠科技进步的竞争优势转变，从而突破要素禀赋条件变化的制约，形成经济增长新的动力来源；二是能够提升经济增长的禀赋结构，创造出内生比较优势，扩大生产可能性边界，从而加速经济增长。现代经济增长主要体现为产业升级和技术进步，而创新正是产业升级和技术进步的直接推动力，因此，在一定程度上，创新决定了产业升级和技术进步，从而加速了经济增长。在过去要素驱动时代，也是存在创新的，但随着要素结构的变化和经济发展阶段的转换，过去的创新特征已经不适应创新驱动阶段的需要。因此，从要素驱动到创新驱动的路径是：从被动创新到主动创新；从模仿创新到自主创新；从技术创新到全面创新；从分离创新到协同创新。

1. 从被动创新向主动创新转变

过去的创新动力是在产业升级和产业转移大背景下，以适应工业化和城市化要求的"倒逼机制"原理而形成的。在这种背景下微观主体进行创新活动的成本和收益不一致，其原因在于，创新活动无论是成功还是失败都存在正外部性。专利法仅仅能够弥补微观主体创新成功后的正外部性，但无法弥补企业创新失败的正外部性，而一般的创新活动失败的可能性是很大的，出于加入风险因素的成本收益考量，作为微观创新主体的企业往往不愿意进行创新活动，而只在产业升级和转移的压力和倒逼作用下进行创新活动，这种创新从形式上说属于以政府为主体推动的创新，从本质上来说属于被动创新，缺乏内生动力；而要保持长期持续创新，就要变被动创新为主动创新，使制度正确，把激励做对，通过良好的机制设计改变过去微观主体的成本收益比，实现微观主体创新与宏观经济发展的激励相容，进而形成创新的内生动力。

2. 从模仿创新向自主创新转变

过去的创新来源主要是以技术引进为主的模仿创新，以模仿创新作为创新的长期来源存在两个问题：一是随着中国科学技术不断发展，与发达国家技术差距不断缩小，甚至在某些领域已经达到技术前沿，通过模仿创新获得的边际收益逐渐缩小；二是由于引进的技术结构与被引进国的禀赋结构相一致，但却与本国的禀赋结构不一致，这种不一致在客观上造成了技术结构偏离比较优势，从而难以形成产业发展的自生能力。因此要解决这两个问题，就要变模仿创新为自主创新，着力构建以企业为主体、市场为导向、产学研相结合的全面创新体系，最大限度推动本国禀赋结构、产业结构和技术结构的同步升级，实现经济增长的速度、质量和效益的最大化。

3. 从技术创新向全面创新转变

过去的创新内容只强调技术创新，从创新活动的产生来看，技术创新的确是最早出现的创新活动，也是最为主要和对经济社会发展作用最为直接的创新活动。但随着传统社会向现代社会的转型不断深入，人们逐渐意识到创新不仅包括技术创新，也包括为技术创新提供环境保障的战略创新、体制创新和文化创新，还包括为技术创新提供来源的科学知识创新、为技术创新提供辅助手段的管理创新，以及为技术创新提供需求拉引的产业创新和市场创新。因此，要最大限度推进技术创新，恰恰是要变技术创新为全面创新，构建一个包括战略创新、科技创新、产业创新、管理创新和文化创新的全面创新体系，通过全面创新体系的建设，不断推动经济社会向前发展。

4. 从分离创新向协同创新转变

在经济发展初期的创新机制主要体现为分离创新，在分离创新机制下各创新主体、创新内容、创新要素和创新信息都是分离的，在这种机制下，不仅无法实现资源整合和信息汇聚，难以达成合作，甚至在一定程度上还会出现重复建设和资源浪费等损失。在经济发展进入新阶段、创新主体和创新活动不断增加的背景下，就要变分离创新为协同创新。协同创新是指创新资源和要素突破单个创新主体的限制，积极开发相互之间的知识、人才、信息、技术等创新要素活力，从而实现深度协作。因此，实施创新驱动的机制转型就是构建创新的协同机制，使创新主体形成合力，以实现资源整合，从而最大限度提高创新活动的投入产出比。

第四章　新常态下提升中国经济增长质量的结构转化机制

当代中国经济的特征表现为发展、转型和失衡，其中经济结构失衡是中国经济旧常态阶段的显著特征。目前我国经济已进入新常态，在此发展阶段面临着"中等收入陷阱"的困扰，加上市场不健全等扭曲行为的影响，整个国民经济比较优势难以实现从主要依靠要素投入量的扩大向主要依靠要素效率提升的转变。所以研究中国经济发展新阶段宏观经济全面失衡的新特点，努力解决经济结构失衡问题，并通过结构转化来提高经济增长质量，对追求长期可持续增长具有重要意义。因此，本章主要研究新常态下实现经济结构转化的必要性，在此基础上进一步研究结构转化提升经济增长质量的逻辑机理，进一步研究以结构转化提升中国经济增长质量的具体内容。

一、新常态下实现经济结构转化的必要性

在中国旧常态阶段的经济增长过程中，比较突出的显现就是经济增长与结构失衡并存。在一定的发展时间段内，经济结构局部失衡可能会在促进经济快速增长，但是随着经济发展阶段的变化，经济结构失衡会逐步成为限制经济发展的约束条件，由于结构失衡造成了经济增长与就业的非一致性失衡，资本回报率和其他生产要素回报率的长期失衡，长期要素投入失衡，自然资源、资本、劳动力投入贡献高，而全要素生产率的贡献低，导致中国经济增长数量与质量不一致，表现出严重的高速度、低质量特征。总体来说，经济结构失衡主要从以下三个方面对经济增长质量和效益的提高形成约束。

（一）突破产业结构失衡制约提升增长质量的必要性

产业结构失衡主要表现在技术自主开发能力低，产业结构内在升级动力不足。由于我国存在典型的二元产业结构特征，在结构演进中上游产业和下游产业分化比较明显，上游产业紧缺，价格不断上涨，下游消费品行业相对过剩。同时在我国的产业体系中，在产业结构上突出表现为传统产业与现代产业的并存。这种产业结构的特征使此类经济体的经济增长具有特殊性，既不是按照新古典的规模报酬不变的路径，也不是按照新增长理论的规模报酬递增的路径来进行，而是形成了以规模报酬不变或者递减为核心特征的传统产业部门与以报酬递增为核心特征的现代产业部门并存且共同发展的增长模式。第三产业发展中，为生产者服务的现代商务服务业发展缓慢，为生活服务的传统服务业发展快。这种第二、第三产业结构失衡也显著制约了我国工业生产效率的提高以及工业化进程的加快和深化。产业结构失衡造成了经济结构升级缓慢，对劳动力和要素的需求强度远没有反映到价格体系中，造成了劳动力资源的错配，人力资本难以在经济增长中发挥作用，降低了资源配置效率，制约了经济发展方式的转变和经济增长质量的提高。因此，在中国经济新常态下需要突破产业结构失衡提升中国经济增长质量。

（二）突破区域结构失衡制约提升增长质量的必要性

区域经济结构失衡是指在一个统一的国家内部，一些区域比另一些区域有更快的增长速度、更高的经济发展水平和更强的经济实力，致使经济增长在空间上呈现发达区域与不发达区域并存的格局。区域经济结构失衡使要素在空间上配置不均衡，导致区域间经济社会差距过大，区域间基本公共服务水平失衡，引起了要素和产品配置的成本上涨。特别是在中国经济旧常态的背景下导致了区域之间的无序竞争，改革开放初期，沿海地区利用资源要素和人力资源廉价优势加快了工业发展。目前受外部金融危机的冲击，沿海地区的经济面临着产业升级的约束，沿海地区经济的内陆辐射能力逐渐在下降；由于实施西部大开发、中部崛起、东北振兴等政策，内陆地区经济发展的能力得到了释放，面临着与沿海地区争资本、争资源、争劳动力的局面。这种无序竞争使沿海地区的经济结构和产业结构升级面临着两难困境，也使内陆地区的经济发展受到约束，使全国整体经济增长质量提升受到影响。因此，在中国经济新常态下需要突破区域结构失衡提升中国经济增长质量。

（三）突破城乡结构失衡制约提升经济增长质量的必要性

在中国经济发展旧常态的背景下，城乡二元失衡结构阻碍了要素的自由流动，导致资源配置和利用的低效率。首先，在城乡二元结构失衡的背景下，往往存在难以逾越的壁垒，导致资本和劳动力等生产要素无法自由流动，造成了资源配置和资源利用的低效率。同时，由于发展中国家早期"剪刀差"政策环境下"要素的非市场方式转移"，资源会因部门发展困难而不能获得最优配置，要素配置扭曲成为经济发展的常态。其次，城乡二元失衡结构使城乡居民的收入和消费差距难以有效缩减，不利于经济增长成果在各个层次居民间相对均等化的分享。在二元经济结构失衡的背景下，城乡居民的收入差距有相对拉大的趋势，收入差距的不断拉大不利于经济增长的胜利果实在各个层次的居民间相对均等化的分享，更严重者，也对社会秩序和政治稳定构成了潜在的风险。最后，城乡二元失衡结构不利于技术创新的扩散，技术供给很难为生产效率的提升提供坚实基础。在中国城乡二元失衡结构的背景下，城乡之间的经济水平差异较大，而农业部门存在的大量过剩劳动力因制度约束，不能顺利流转到其他部门，导致技术创新的扩散受到影响。此外，考虑到劳动力人力资本的异质性，农业部门的劳动力人力资本水平较低，农业生产依然过度依靠劳动投入的模式，农业部门难以享有技术进步和经济增长带来的好处。因此，在中国经济新常态下需要突破分配结构失衡来提升中国经济增长质量。

二、结构转化提升中国经济增长质量的逻辑机理

结构即组成整体的各部分的搭配和安排，经济结构转化是指在组成某一经济概念的内部各部分占比所发生的改变。经济结构转化受到经济发展阶段的影响，在不同的发展阶段，会有不同的最优经济结构，同时，经济结构转

化也能够影响经济供给面，从而影响经济增长质量。具体来说，结构转化影响潜在经济增长率的机理主要体现在以下三个方面。

（一）结构转化提升经济增长质量的"同步效应"机制

经济结构的变迁本身有其发展规律，如产业结构从"农业—工业—服务业"的变迁，要素结构从"土地驱动—资本驱动—创新驱动"的变迁等，而经济发展的阶段性转变也有其发展规律，一般而言，存在着"低水平发展阶段—起飞阶段—转型阶段—成熟阶段"这样的变迁。一定的经济发展阶段对应着一定的最优经济结构，在最优经济结构下，经济能够达到最大的增长潜力。相反，如果经济结构变迁与经济发展阶段变迁不同步，那么经济增长的潜力就会降低，甚至导致经济陷入停滞。例如拉美国家由于经济发展过程中产业结构的过早服务化而导致的"拉美化陷阱"，或是日本由于人口结构老龄化过程中未能及时调整人口结构和要素结构，导致经济未能及时向创新驱动型转换，从而陷入的"失去的十年"。因此，经济结构与经济发展阶段的变迁并不一定总是同步发生的，当经济结构与经济发展过程中的最优经济结构偏离过多时，就无法达到更高的增长潜力，也不能够实现更高的经济增长质量。而如果此时能够及时通过各种调整路径和政策，实现经济结构的转换，那么就能够提升经济增长潜力和经济增长质量，促进经济长期可持续发展。

（二）结构转化提升经济增长质量的"配置效应"机制

结构转化能够提升资源配置效率，结构转化的实质就是组成经济要素的各部分的重新调整和安排，在这一重新调整和安排的过程中，资源能够得到重新配置，单位资源的生产效率得到提升，进而推动生产率进步，对经济供给面造成积极影响。例如，在城乡结构转化过程中，劳动力从农村地区向城市地区的转移，事实上就是农村中的"剩余劳动力"转化成为城市中的"有效劳动力"的过程，在这一过程中，城市和农村中的劳动力的生产效率得到了提升，同时由于城市劳动力的快速聚集，还能够进一步深化产业分工，从而改善经济供给面，提升增长潜力和增长质量；在区域结构转化过程中，要素的跨区域重新配置能够改善要素投入效率，从而提升生产率，推动经济供给面提升。而在人口结构转化过程中，也在微观机制上存在着配置效率提升的现象，即单位人力资本将获得更多的教育资源配置，从而改善经济增长供给面，提升潜在经济增长率。因此，结构转化的过程也是资源重新配置的过程，在这一过程中增长质量将由于配置效率提高而有所提升。

（三）结构转化提升经济增长质量的"溢出效应"机制

结构转化不仅能够实现资源配置的优化，在结构转化的过程中，也会发生知识要素和技术要素的转移和扩散，而这一过程中会出现知识和技术的溢出，从而直接对生产率起到积极影响。例如，当创新要素代替资本要素成为影响潜在经济增长率的最重要的因素时，创新活动所带来的正外部性能够迅速地扩散到其他地区，相对于资本要素的转移只能够影响到资本流入地和资本流出地的潜在增长，创新的溢出效应会使得创新成果迅速扩散，从而能够对整个经济体的增长都起到积极的影响。而在区域结构转化过程中，技术要素同样容易发生区域间的转移和扩散，从而推进整个经济体知识存量和技术水平的提升，进而改善供给端率。在产业结构转化的过程中，由于知识密集型和技术密集型服务业将代替传统制造业成为新的增长点，知识密集型和技术密集型服务业对整个经济产业链的整合效应和溢出效应是传统制造业所不能企及的，这种产业间的正外部性同样能够提升经济体的行业生产率，从而提升经济增长潜力和增长质量。

三、结构转化提升中国经济增长质量的内容

（一）从产业多元化到产业高级化

在旧常态下，产业发展的路径是产业多元化，在新常态下，产业发展的路径要实现产业高级化。在一国经济和工业化发展的最初阶段，产业结构是单一的，产业发展的目标就是实现产业结构的多元化。为了实现产业结构多元化，往往是通过规模扩张，以工业化为主体推动发展。但在当产业结构多元化实现之后，就需要进行产业结构的升级，以产业结构高级化和合理化为

目标，进行结构的升级与转型。改革开放以来，我们的产业结构演化实现了结构多元化，但是未能实现产业结构的高级化和合理化，造成了产业结构的低端锁定和结构失衡，导致了经济增长的下滑。在此基础上，应当适应第三次工业化的发展趋势，推动创新型经济的发展和战略性新兴产业的成长，打破产业结构的低端锁定，加快结构转变，创造结构红利，在实现产业结构多元化的基础上，推动产业结构高级化，通过结构调整开发增长潜力，实现长期可持续增长。从产业多元化到产业高级化的路径是：从传统产业升级路径到符合比较优势的产业升级路径；从产业间结构升级到产业内部结构升级；从传统产业链集聚到集成制造与服务功能的新型产业链集聚。

1. 从传统产业升级路径向符合比较优势的产业升级路径转变

传统的产业升级路径是在赶超战略下进行的，不强调产业结构与禀赋结构的协调关系，因此形成了产业结构层面的扭曲，具体表现为一些产业产能严重过剩，而另一些产业发展严重不足。在新的发展阶段，应当充分发挥比较优势战略和竞争战略，处理好比较优势与产业升级的关系，使产业结构升级的速度与禀赋结构升级的速度保持同步，从而能够以最有效率的路径实现产业结构高级化。具体而言，要依靠主导产业的科技创新带动其他关联产业的科技创新与升级，从而充分发挥比较优势，进而依靠产业科技创新与升级的诱导机制和产业发展的关联机制的复合作用，促进整个产业结构体系向着高级化的方向发展，进而实现产业比较优势逐步从劳动密集型优势向技术密集型优势转移。

2. 从产业间结构升级向产业内部结构升级转变

发达国家的经验表明，服务业生产率的增长速度相对于制造业来说较低。因此，如果制造业占国内生产总值比重下降，将削弱生产率对经济增长的贡献，从而可能降低潜在经济增长率，出现"结构性减速"（这一原理在第三章和第六章分别进行了论述）。目前我国正处在经济增长动力转化的过程中，产业间（从制造业向服务业）的结构升级虽然可能会在一定程度上造成总体生产率的下降，但产业内部结构的升级将成为生产率提高的主要动力。因此，应积极从传统的产业间结构升级向产业内部结构升级转变。为防止产业转型过程中的"结构性减速"，必须注重工业和服务业内部结构的升级。要依靠科技创新，促进产业结构以最合理的速度不断向产品技术高级化、产品附加值高级化、产业加工高级化以及产业集约高级化的方向发展，积极推进产业内部的结构升级。

3. 从传统产业链集聚向集成制造与服务功能的新型产业链集聚转变

随着新一轮科技革命和产业变革的深化，在现代化产业体系中制造业和服务业不再是相互分立的关系，而是随着生产性服务业的扩张，呈现出相互整合的态势，但从目前来看，处于主导地位的仍然是制造业，制造业的发展程度决定了生产性服务业的发展水平、规模化和专业化水平。这就意味着，只有具备了发达的高级化的制造业，才能为现代服务业的进一步发展提供基础。随着国内工资水平的上升，传统型制造业外迁的趋势开始显现，而在高端制造未发展起来的状况下，服务业很难独立支撑经济的快速增长。坚持传统的产业链集聚方式，有可能导致工业空心化和服务业低端化，可能像拉美国家一样，出现过早去工业化的陷阱。因此应充分发挥生产性服务业的迁回生产与产业关联效应，变传统增长过程中，单纯的制造业集聚、服务业集聚为集成制造与服务功能的产业链集聚，从而提升整体产业结构和生产率，进一步提升中国经济增长潜力。

（二）从传统城市化到新型城市化

在经济旧常态的传统城市化发展模式下，虽然也有工业化和城市化相互驱动，但城市化的聚集效应驱动产业升级和转型的进展并不明显，特别是城市化远远落后于工业化。并且在传统城市化发展过程中，出现了要素市场扭曲政府介入微观领域过多等现象，一定程度上限制了经济增长潜力的开发。新型城市化是结构调整中的重要一环，也是后工业化时期经济持续增长的强劲引擎，是经济保持中高速增长从而实现新常态的重要支撑。因此，应积极推动从传统城市化向新型城市化的转型。从传统城市化转变为新型城市化的路径是：从规模扩张型城市化向内涵增长型城市化转变；从"以地为本"的城市化向"以人为本"的城市化转变；从产城分离型城市化向产城融合型城市化转变；从城市偏向发展模式向城乡协调发展模式转变。

1. 从规模扩张型城市化向内涵增长型城市化转变

传统城市化是依靠中心城市带动，并通过粗放式的土地扩张来进行的一种城市化，其主要强调规模的扩张。与传统城市化有所不同，新型城市化更强调发展质量的全面提升，主要是通过城市群、大中小城市和小城镇协调发展，强调资源节约和环境友好的内涵增长型城市化。在新常态下，传统的城市化方式已经不可持续，要改善城市发展质量，就要推动城市化由偏重数量规模增加向注重质量内涵提升转变。通过向内涵城市化的转型，不仅能够实现发展方式的转变和结构调整，也能够更好地发挥城市经济的正外部性，提高要素使用效率，进而提升潜在经济增长率。

2. 从"以地为本"的城市化向"以人为本"的城市化转变

传统城市化是一种"以地为本"的城市化，在这种模式背景下是以土地要素的扭曲配置及其衍生出来的土地金融为纽带，进而带动整个经济的快速发展，这使人口城市化远远滞后于土地城市化。而制约中国经济可持续增长与城市化健康发展的最重要因素就是土地城市化发展过快，而人口城市化发展不足。新型城市化是一种"以人为本"的城市化，其内涵不仅包括城市人口比重的提升，还包括在产业发展、居住环境、生活方式等多个方面实现由乡到城的转变，实现城乡协调和可持续发展，最终实现人的全面发展。"以人为本"的城市化能够提高人口素质和收入水平，改善要素供给，从而有利于城乡可持续发展。因此应积极改变过去"以地为本"的传统城市化模式，实行"以人为本"的新型城市化，将人口城市化作为城市化的核心，进一步深化改革，促进劳动力自由流动，形成更为合理的城市化格局，从而实现城市的集聚与溢出效应，扩大市场规模，提升分工水平，进而提升中国经济增长潜力。

3. 从产城分离型城市化向产城融合型城市化转变

传统城市化是一种产城分离型的城市化，在这种城市化发展模式下，产业发展与城市建设脱节，人口规划和市政建设等配套体系相对滞后，导致产业规划和人口布局脱钩，就业地与居住地间的空间分离，甚至出现了一些城市"空心化"现象，这使城市缺乏产业支撑，从而不能健康持续发展，限制了经济进一步增长的潜力。在新常态下，要从产城分离型城市化向产城融合型城市化转变，产城融合是指产业与城市融合发展，城市是产业发展和产业空间扩张的载体，而产业是城市发展和城市功能扩张的支撑，城市和产业相互融合，共同发展。这一方面有利于实现城市土地集约化，扩大产业空间并加速产业聚集，实现规模经济；另一方面有利于增加就业人口，规避盲目城市化带来的空城现象，改善劳动力配置效率；同时还有利于构建城市产业生态体系，促进城市一体化建设，从而提升城市发展的潜力。

4. 从城市偏向发展模式向城乡协调发展模式转变

城市偏向发展模式是指在赶超战略背景下集中国家各种资源优先发展城市和工业的发展模式。在工业化初期能够在一定程度上聚集大量资源发展经济，促使经济快速发展。但在工业化发展中后期则会成为形成城乡分割的经济结构和经济增长的瓶颈。中国传统的城市化方式就是一种城市偏向发展模式，在这种发展模式下只注重城市单方面的发展，忽视了城乡协调发展。客观上加深了城乡分割的二元经济和社会结构，严重影响着工业化和城市化进程，限制了后工业化时期中国经济增长的潜力。而新型城市化注重保护农民利益，强调城市化、工业化、信息化与农业现代化"四化同步"发展，这实际就是一种城乡协调发展模式。要使城乡分割的二元经济和社会结构走向二元结构整合，从而释放增长潜力，就要积极实现从城市偏向发展模式向城乡协调发展模式转变。

（三）从区域经济分割到区域经济整合

在经济旧常态的区域经济发展模式下，虽然中国的市场容量非常巨大，但由于各区域之间存在市场分割和市场壁垒，相互并没有实现完全开放，从而影响了资源的空间配置效率，也保护了落后产业，对区域间贸易扩大形成了阻碍。而区域间的经济发展差距也随着市场的分割进一步扩大。同时，区域分割也造成了区域间普遍的产业同构现象，这就阻碍了更大分工体系的形成，从而影响了潜在经济增长率的提升。区域结构从分割到整合的转型是结构调整中的重要一环，是经济持续增长的引擎。通过区域间的经济整合，能够激发增长潜力，提升社会总产出水平。因此，应积极推动从区域经济分割到区域经济整合的转型。从区域经济分割到区域经济整合的路径是：从区域市场分割到全国市场整合转变，从区域产业同构向区域产业梯次转移发展，从区域失衡式发展向区域协调式发展转变。

1. 从区域市场分割向全国市场整合转变

传统的区域发展模式下，存在着要素市场的区域分割，在这一背景下，中国的市场容量不能被完全开发出来，从而限制了规模经济型企业的崛起，阻碍了潜在经济增长率的提升。诸多市场分割和市场壁垒现象存在的主要原因还是市场没有在资源配置中起到决定性作用，政府权力边界不断扩张，阻碍了生产效率和潜在经济增长率的提升。因此，应当加快从区域市场分割向全国市场整合的转变，通过全面推进负面清单管理，明晰界定政府权力边界，消除统一市场建设的阻碍，建立全国性的开放竞争的市场体系，通过市场的对内开放为深度对外开放奠定基础，从而使社会流通和分工更有效率，从而提升全社会产出水平。

2. 从区域失衡式发展向区域协调式发展转变

在中国过去 40 多年的发展过程中，区域发展模式事实上是一种失衡式发展。作为一个发展中大国，由于社会历史原因、自然条件、市场与资源环境、政府体制政策等因素的影响，我国各区域经济发展本就不平衡，而自改革开放以来，在沿海地区优先发展的战略背景下，区域之间的差距更是一直不断扩大。虽然说这种发展模式在经济起飞初期能够聚集大量资源，从而为经济起飞提供前提条件，但在经济发展进入成熟期时，这种发展模式也会对经济增长潜力形成限制。第一，先发展地区进入经济成熟期后，受到要素边际产出递减规律的影响，经济发展会逐渐乏力，近年来东部沿海地区的增长率普遍低于中西部地区增长率即是这一规律的表现；第二，当出现经济危机时，这种发展模式下对经济发展冲击往往更大，在 2008 年全球金融危机冲击下，我国东部沿海地区由于经济外向度高，受影响较大，从而对经济发展造成更大的不利影响。从区域失衡发展向区域协调发展转变，不仅能够促进资源的优化配置，也能够提升经济抵抗风险的水平，从而实现经济的平稳较快发展。因此，应当积极推进这一转变，建立区域利益协调机制，促进全国经济合理布局，实现协调发展。

3. 从区域产业同构向区域产业梯次转移转变

传统区域发展模式下造成了区域间普遍的产业同构现象，阻碍了更大分工体系的形成。各区域应树立全国统一分工体系的理念，通过积极推动"雁阵模式"的产业梯次转移来破解产业同构，推动区域现代产业体系的建立。"雁阵模式"的核心就是产业梯次转移。产业的梯次转移对于中国这样一个发展中大国来说尤为重要。从大国与小国的不同特征来看，小国经济的要素结构和产业结构大多是具备同质性的，国家的比较优势是单一的，因此当小国比较优势发生变化时，整个经济体都会转变到新的发展阶段。而与此相反的是，大国经济的特点是地区之间发展是不均衡的，从而各地区的比较优势也有所不同，各个区域也可能都处在不同的发展阶段。因此，大国的"雁阵模式"就表现为一个独立经济体内部地区之间的产业转移和承接，对于中国而言，过度的产业同构造成了大量的重复建设和产能过剩，而如果能够根据东、中、西部禀赋结构的不同，发挥各自区域不同的比较优势，从而实现产业梯次转移的"雁阵模式"，就能够充分激发增长的潜力，实现经济的可持续发展。

第五章　新常态下提升中国经济增长质量的路径依赖破解机制

本章主要分析中国经济增长质量提升中的路径依赖及其破解机制。中国经济增长质量难以提升的原因主要在于现有的数量型增长方式存在着多重路径依赖和锁定效应，其基本特征体现为经济增长对高投资、外需、廉价劳动力、房地产和资源环境的依赖。形成这种多重路径依赖的根源是体制机制约束，包括要素定价机制、市场运行机制、政绩考核机制和财税激励机制。破解中国经济增长质量的路径依赖，要将经济发展的目标从追求数量转变为追求质量和效益，将经济发展的动力从要素驱动转变为创新驱动，将经济发展的重点从短期因素转变为长期因素，将经济发展的政策从调节需求转变为改善供给。要通过一系列机制设计破解经济发展方式转变中路径依赖的体制机制性障碍：加快完善社会主义市场经济体制，加快完善自主创新机制，创新政府官员政绩考核评价机制，建立低碳经济的激励约束机制，创新有利于经济发展方式转变的财税体制。

一、中国数量型增长路径依赖的基本特征

从中国现阶段发展的实际状况来看，经济发展方式正在由粗放、低水平数量扩张向集约和质量效益型转变，但从整体来看，经济增长依然过于依赖要素驱动和投资驱动，影响经济发展方式转变的诸多体制机制障碍依然存在。

为什么经济发展方式转变总是"转不动"？这是因为在经济发展方式转变中存在着多重路径依赖与锁定效应。在现有的体制机制背景下，传统经济发展方式与地方政府的发展动机以及企业行为动机激励相容，从而形成了经济

发展过程中的正反馈机制，这种正反馈机制主要体现为经济发展方式转变过程中的经济主体对现行体制机制的适应性预期。由于正反馈机制的存在，形成了经济发展方式转变中的多重路径依赖，从而将中国的经济发展方式锁定在"高投入、高消耗、高污染、低效益"的模式中，进一步形成了中国经济增长中的高速度和低质量并存的基本特征。要破解经济发展方式转变的多重路径依赖与锁定效应，就必须找到导致路径依赖的正反馈机制，通过体制机制的转型来加快经济发展方式转变。

路径依赖（path dependence）概念来自自然科学领域中的生物学。1975年，美国经济史学家、斯坦福大学教授保罗·A. 戴维德（Paul A. David）分析技术变迁时首次将"路径依赖"概念纳入经济学的研究范畴之中，但当时并未引起广泛关注。自诺思（North）在 1990 年将路径依赖理论从技术变迁研究领域引入制度变迁研究领域后，西方学者逐渐把路径依赖研究的重心由技术变迁转向了制度变迁，从而形成了制度上的路径依赖理论。路径依赖指一个具有正反馈机制（positive feedback system）的体系，一旦在外部性偶然事件的影响下被系统所采纳，便会沿着一定的路径发展演进，而很难为其他潜在的甚至更优的路径所取代。而在中国经济发展方式转变的实践中，由于存在着多重路径依赖，从而将经济发展方式锁定在以高速度和低质量为表现的传统发展路径中。

（1）对高投资的依赖。中国长期以来的高增长得益于过去"高储蓄、高投资"的模式，这使投资在国民经济增长中具有举足轻重的地位，在经济景气时通常会出现过度投资的现象，而在经济不景气时，先前的过度投资就会导致严重的产能过剩，继而再引起投资的衰减，政府又通常采取过度投资刺激的政策，这样在政策退出时，便会产生政策衰减效应，导致更严重的结构性产能过剩。这种投资刺激政策的循环往复，就形成了经济发展方式转变对于高投资的路径依赖与锁定效应。但从长期增长的角度看，中国的结构调整滞后于经济增长，现在每年新增经济总量中用于投资的比重越来越大，所形成的生产能力却不能由出口和消费充分消化，导致产能闲置和浪费，降低了经济增长效率，并给未来增长带来隐忧。因此，如果再通过扩大固定资产投资带动经济增长，可能形成新的产能浪费。在现行的投资消费结构失衡背景下，为了加快经济发展方式转变，需要打破这种对于高投资的路径依赖与锁定效应。

（2）对外需的依赖。改革开放以来，中国确立了出口导向型的外贸政策，大力鼓励出口，积极参与全球分工。尤其是 20 世纪 90 年代到 2012 年，为了调整进出口结构，充分运用价格、汇率、利率、出口退税、出口信贷等手段调控外贸，使出口额年均增长达到 12% 以上。这些外贸政策的实施，导致了中国进出口商品在国际市场上的份额不断提升，也导致增长对于外需的依赖程度不断提升，从而形成了经济发展方式转变中的路径依赖与锁定效应。随着中国经济发展规模的扩大，国内市场不断成长，同时受制于国际关系的变化，中国经济发展对外需依赖程度减轻，但仍处于较高水平。高度依赖出口的短期问题在于当前严重的全球经济衰退对国内经济发展造成了明显的负向影响，其长期问题在于长期的贸易顺差造成了国际收支结构失衡，严重制约了经济发展方式转变。在现行的国际收支结构失衡背景下，为了加快经济发展方式转变，需要打破这种对于外需的路径依赖与锁定效应。

（3）对廉价劳动力的依赖。过中国持续多年的高增长最重要的原因之一就是工业化进程中的廉价劳动力，在人口转变和计划生育政策背景下，中国生育率不断降低，从出生水平看，自 20 世纪 90 年代初总和生育率降至 2.1 的更替水平以下，我国保持低生育水平已有 30 多年。[①] 同时大量的适龄劳动人口从农村转向城市，能够使城市工业部门以不变价格源源不断地吸收劳动力，一方面通过压低劳动力价格减少了生产成本，从而保持了较强的供给能力；另一方面大量的廉价劳动力在一定程度上延缓了资本报酬递减，极大地加速了中国工业化的进程，这就形成了经济发展方式转变中对于廉价劳动力的路径依赖与锁定效应。但劳动力无限供给状况只是人口转变和城乡二元结构转变过程中的一个短暂机遇期，随着中国逐渐步入老龄化社会，中国的人口转变过程到达新阶段。2011 年中国适龄劳动人口比重十年来首次出现下降，第 6 次全国人口普查数据显示人口老龄化率为 8.9%，第 7 次全国人口普查数据

[①]　雷海潮. 完善生育支持政策体系 加快建设生育友好型社会 [EB/OL]. 中华人民共和国国家卫生健康委员会网站，http://www.nhc.gov.cn/wjw/mtbd/202411/33d0b7fe9ea84261971ef0ec7e1d02ac.shtml，2024 –11 –07.

显示人口老龄化率已达 13.7%，而到 2050 年左右将高达 30%。此外，各地出现的"民工荒"现象也表明"刘易斯拐点"已现，劳动力无限供给的状况基本消失，劳动力成本不断提升，整个经济进入要素成本周期性上升阶段。在现行的人口结构失衡背景下，为了加快经济发展方式转变，需要打破这种对于廉价劳动力的路径依赖与锁定效应。

（4）对房地产的依赖。产业结构升级是伴随发展中国家经济增长的一般事实，但在中国的高速增长过程中，房地产业迅速膨胀，其发展速度却远远超过制造业发展速度。在过去 20 年中，地方政府出于拉动本地 GDP 和获得土地出让金收入的目的，对房地产业的发展起到了较为强烈的刺激作用，这也使房地产业的发展速度要明显快于其他产业发展，房地产业对经济增长的贡献越发增大。地方政府、开发商和金融信贷机构的合作甚至使房地产业成为影响经济增长的支柱产业。这就形成了经济发展方式转变对于房地产的路径依赖与锁定效应。这样的产业结构从根本上说不是由于技术创新和产业升级带来的，存在很大的泡沫成分，也是缺乏竞争力的。在现行的产业结构失衡背景下，为了加快经济发展方式转变，需要打破这种对于房地产的路径依赖与锁定效应。

（5）对资源环境的依赖。多年来，由于计划经济时期实行赶超战略的影响，作为重要生产要素的自然资源，其价格往往被人为压低，自然资源的低成本使其在经济发展中出现了过度开发和效益低下的特征，这种过度开发极大加速了中国的工业化进程。但由于过度开发对自然资源成本和生态环境成本是存在时滞效应的，其破坏性后果往往要隔一段时间才能体现出来，因此地方政府出于短期目标的考量往往仍会选择这种粗放的发展方式，由此就形成了经济发展方式转变对资源环境的路径依赖与锁定效应。但以不断耗竭资源为代价的经济发展模式必定不可持续，廉价的自然资源价格为中国工业发展提供了强大的自然资源禀赋基础，也导致了经济增长中的高能耗、高污染和低效率现象，从而使中国经济增长中的资源环境状况也出现了新变化：一是由于多数自然资源具有不可再生的特性，而目前很多行业已经出现了较为明显的资源短缺状况；二是由于资源开采对生态环境的破坏使当前经济增长承担了过度的生态环境代价。因此，在现行的资源环境失衡背景下，为了加快经济发展方式转变，需要打破这种对于资源环境的路径依赖与锁定效应。

二、中国经济增长质量提升路径依赖的体制机制约束

要破解经济发展方式转变中的路径依赖与锁定效应，必须探寻"路径依赖"的形成机理，也就是使路径依赖形成的"正反馈机制"。一般而言，"正反馈机制"主要由四方面构成：一是大规模的初始沉没成本，二是学习效应，三是协作效应，四是适应性预期。就经济发展方式转变的角度而言，各主要经济主体对于现行体制机制存在适应性预期。体制形成路径依赖与锁定效应的逻辑在于，不同的制度结构能够产生不同的激励效应，而这将会导致不同的经济效率。如果现实中存在一种扭曲的制度结构，使企业通过采用粗放型生产获得的收益比采用集约型生产获得收益还要高，其结果势必会降低企业转变生产方式的动力。换言之，如果依托现有的制度、政策结构，粗放型经济依然具有很好的生存条件与获利空间，从而继续保持"收益递增"的性质，其结果势必会造成越来越多的经济主体对其产生"适应性预期"，并使之不断加入粗放型生产的行列。这样一来，从整个经济系统的角度来看，粗放型经济虽然是无效率的，但对于每个微观企业来讲却是有大利可图的，而这正是造成中国经济对粗放型增长方式产生了越来越强烈的"路径依赖"。

具体到中国经济增长方式转变问题的实际，就是必须找出造成粗放型经济得以长期滞存的体制根源，即粗放型经济究竟如何获得了良好的生存条件与获利空间，并因此造成了它相对于集约型经济暂时的扭曲竞争优势。改革开放以后，中国逐步向社会主义市场经济体制转轨，但制约经济发展方式转变的体制机制约束仍然存在。这种体制机制约束主要是通过扭曲市场主体的激励而形成的，具体而言，对企业主体激励的扭曲主要体现为要素定价机制和市场运行机制，对政府主体激励的扭曲方面体现为政绩考核机制和财税激励机制。

（1）要素定价机制。改革开放以来，由政府控制要素和资源性产品价格从而降低投资成本的制度设计，与市场经济形成了矛盾：市场机制不仅要求对产品市场进行改革，而且要求对要素市场进行改革。从目前改革实践来看，

市场价格能够发挥较大作用的仅仅是产品和服务市场，土地、劳动力、资本等要素市场发育滞后，价格形成机制过多地受到行政干预，价格体系未能充分反映资源的稀缺程度，价格杠杆很难有效地发挥作用。扭曲的要素价格体系为粗放型经济的发展创造了扭曲的获利空间。以中国燃油市场的定价机制为例，扭曲的价格体系主要体现为成品油价格倒挂、炼油企业亏损，结果是鼓励燃油消费、抑制生产，也不能激发企业进行节能技术创新的积极性，在外贸依存度较高的背景下，实际上我们还在用中国出口的产品补贴外国消费者。如果依然可以依靠廉价要素的大量投入来获得较高的市场利润，就没有企业愿意进行技术创新，从而推迟了产业结构升级的过程，这种激励相容形成了制约经济发展方式转变的正反馈机制。

（2）市场运行机制。近年来，中国在建立现代企业制度方面取得了很大成就，但是主导经济发展的仍然是国有企业，由于产权的限制，国有企业的经营管理还没有完全市场化，特别是自 2008 年金融危机以来，国有企业的扩张加速，挤压了民营企业的发展空间。就目前国有企业的经济和发展状况来看，其面临着双重效率损失，一是国有企业自身效率低下，二是由于国有企业存在隐性补贴，从而使国有企业对经济发展存在着"增长拖累"。如在部分行业中存在着国有企业的行政性垄断，垄断租金使国有企业能保持一定的获利空间，便不会进行自主创新。造成国有企业双重效率损失的原因正是市场运行机制的扭曲，国有企业产权关系不明晰，权责利不明确。国有企业的生产经营活动，受到许多行政性干预，致使企业本身无法真正成为独立经营的市场主体。因此国有经济存在的行政性垄断和不明晰的产权关系，形成了制约经济发展方式转变的正反馈机制。

（3）政绩考核机制。自 20 世纪 80 年代以来，由于全国的工作重心都转变到以经济建设为中心上来，地方官员的升迁标准也由政治表现为主变为经济绩效为主。由于中央政府拥有奖惩地方政府官员的权力，给地方政府官员提供了政治激励，这就激励着地方政府去推动本地的经济发展。政治集权和经济分权造成了地方政府之间的政治"锦标赛"，从而形成了区域经济增长的动力，结合中国政治体制的特点，下级政府对上级政府负责，因此地方政府要保证每年 GDP 的增长率，并要根据 GDP 指标的排名来考核官员的政绩，这就形成了一种自上而下的标尺竞争，从而形成了地方政府之间"为增长而竞争"的模式。这种模式有助于转型初期的经济增长和资源配置，成为转型期中国经济高速增长的源泉。但前30年以经济增长速度、招商引资规模等经济指标为主要内容的政绩考核标准，导致了政府角色的错位，在这种初始制度下，粗放式扩张成为最佳的路径选择，从而形成了制约经济发展方式转变的正反馈机制。

（4）财税激励机制。在1994年之前的财税体制实行的是"划分税种、核定收支、分级包干"的财政包干体制。自1994年以来，国务院对各省、自治区、直辖市以及计划单列市实行分税制财政管理。中央与地方的预算收入采用相对固定的分税种划分收入的办法，具体分为中央税、地方税和共享税三大类。自此之后，国家税收收入大部分归入中央财政。在现行体制下，地方政府的事权与财权高度不对称，长期面对资金缺口。这使地方政府具有强烈的增加财政收入的冲动：一方面，出让土地及由此带来的房地产业成为地方政府最优的选择，商业用地出让已成为地方政府收入的主要来源之一；另一方面，由于企业所得税按照其隶属关系分别划归中央和地方，地方政府出于收入方面的考虑，为了追逐税收利益而大搞重复建设，发展那些产值大、资本密集的重化工产业，结果使各地结构趋同现象大量出现，严重阻碍着资产重组，制约着结构调整。在这种背景下，财税激励体制与政府盲目的投资行为激励相容，从而形成了制约经济发展方式转变的正反馈机制。

三、破解中国经济增长质量提升路径依赖的转型路径

中国经济已经进入增长阶段转换期，在转换期内的潜在经济增长率下滑已成必然趋势。这一方面意味着过去的高增长时代即将结束，另一方面也意味着中国即将进入一个以提高质量和效益为主的调整期。为了加快经济发展方式转变，推动结构调整和技术创新，就要突破体制机制约束，通过完成"四大转变"来破解发展方式转变中的路径依赖。

（一）经济发展的目标要从追求数量转向追求质量和效益

传统的经济发展方式是"唯GDP论"，重点强调经济增长的数量，造成

了中国经济增长的"高速度和低质量"。在过去的 40 多年里中国经济发展已经为这种数量式增长承担了巨大的经济代价和社会代价,而随着经济发展新阶段各项禀赋条件的变化,数量式增长已经不具备可持续性,只有在数量增长的同时保持较高的增长质量才是经济长期持续增长的重要保障。所以未来的经济发展过程中更应当关注经济结构、生活质量、生态环境和成果分享,经济发展的目标要实现从追求数量向追求质量的转变。因此,要破解经济发展方式转变中的路径依赖和锁定效应,必须明确经济发展方式转变的目标,针对过去经济增长中的数量和质量的不一致,加快实现中国经济发展方式的目标从追求数量向追求质量和效益的转变:一是追求经济增长的稳定性,避免经济的大起大落;二是追求经济增长的结构优化,通过新型工业化和城市化来实现经济结构的优化;三是追求人与自然的和谐,提高环境质量,减少经济发展的生态环境代价;四是追求福利的增长,提高生活质量,使人民能够分享改革和发展的成果。

(二)经济发展的动力要从要素驱动转向创新驱动

改革开放以来,我们依靠"要素驱动"成功跨越了低收入国家的"贫困陷阱",迈入中等收入国家行列。但是在取得辉煌成就的背后存在严重的隐忧:经济规模很大,但大而不强;经济增长很快,但快而不优。企业陷入低端产业的"比较优势陷阱",在全球产业链和价值链上处于弱势地位。而这一切都被经济旧常态带来的高速增长所掩盖,但即便是这种高速增长也并不是可持续的,各项要素禀赋条件发生的新变化意味着我们必须为增长寻找新的红利空间,因此在中国经济发展的新阶段,需要谋求经济发展的内生驱动力。在进入 21 世纪后,科学技术日益成为经济社会发展的主要驱动力。从国际看,新一轮技术革命和工业革命正在深化,实体经济的战略意义再次凸显;从国内看,要实现科学发展,加快转变经济发展方式,最根本的是要依靠科技力量,最关键的是要大幅提高自主创新能力。而实施创新驱动发展,最关键的是要促进科技与经济紧密结合,就是要充分发挥各类创新的综合协同作用,以产业创新形成新型产业体系,以科技创新形成完备的技术创新体系,以产品创新形成新市场和经济增长点,以制度创新为经济发展方式转变提供保障，以战略创新形成协同创新体系，以管理创新提升各类创新绩效，以文化创新提供精神动力和智力支持，推动创新成果尽快转化为生产力，以加快经济发展方式转变。

（三）经济发展的重点要从短期因素转向长期因素

传统经济发展方式的着眼点是追求短期的高增长，但短期增长不能解决长期发展问题。短期增长是在红利空间不变的条件下通过短期需求因素来实现的，相反解决长期发展需要通过长期供给因素来创造新的红利空间。决定长期供给的是要素的生产率、技术创新和结构转化等因素，这些因素的改善不仅可以减缓经济发展过程中要素收益降低的趋势，而且还能突破短期增长所不能克服的要素供给约束，从而创造新的红利空间，最终实现经济发展方式的根本性转变。因此，在中国经济发展新阶段红利变化和需求管理局限性凸显的背景下，必须明确区分经济发展方式转变的长期效应和短期效应，将经济发展的重点转向长期因素，特别是未来新增长红利的创造：一是抓住城镇化过程中的转型机遇，构建加快经济发展方式转变的供给结构优化机制，从而形成新的结构红利；二是以科技创新为核心构建加快转变经济发展方式的创新驱动机制及其实现路径，从而形成新的创新红利；三是针对中国经济发展新阶段面临的要素供给约束，构建中国经济发展方式转变中要素的配置机制，使要素投入从数量扩张向质量提高转变，从而形成新的效率红利；四是针对中国经济发展新阶段面临的制度供求失衡状况，构建经济发展新阶段发展方式转变中的制度供给机制，通过制度供给机制的完善形成新的制度红利。

（四）经济发展的政策要从调节需求转变为改善供给

传统的经济发展方式偏重需求管理，因此经济发展的政策也以调节需求为主，调节需求是在潜在生产能力不变的条件下进行的，在过去供给约束不明显的情况下，调节需求具有明显的效果。而在中国经济发展新阶段，传统的体制转轨红利、人口红利和全球化红利发生了变化，需求管理的局限性日益凸显。此时改善供给就成为新阶段加快转变中国经济发展方式的重点问题。

改善供给的政策效应大都具有长期性，供给变化而引起的生产成本及经济结构等方面的变化，往往是以技术创新和制度创新为前提，并以效率改变为条件，而这种发展方式的变化是通过长期供给因素创造新的红利空间来实现的。因此，在中国经济发展新阶段红利变化和需求管理局限性凸显的背景下，必须以新红利空间创造为目标，明确经济发展方式转变的重点，将经济发展的政策从调节需求转变为改善供给：一是改善产品供给，以产业结构调整为核心，用新技术改造和提升传统产业，加大研发投入和自主创新力度，加快培育战略性新兴产业；二是改善技术供给，提高企业自主创新能力，促进科技成果向现实生产力转化，同时注重企业人力资本积累，发挥科技、知识和技术在部门产出中的主导作用；三是改善制度供给，建立科学的政府决策机制，促进政府行为的长期化，促进科技和教育制度创新，同时创新收入分配制度，完善各项社会保障制度。

四、破解中国经济增长质量提升路径依赖的机制设计

要破解中国经济增长质量提升中的路径依赖，需要深入研究全面深化体制改革的顶层设计和总体规划，明确提出改革总体方案、路线图、时间表。近一段时间来经济增速持续下行，深层次的原因是现有数量型增长方式不适应新阶段社会生产力发展要求，导致资源优化配置受限制，增长潜力难以有效释放。释放增长潜力的关键，是破除中国经济增长质量提升过程中的路径依赖和锁定效应，根本出路在于加快体制改革和创新。必须重视短期与中长期政策有效衔接，在保持经济运行基本稳定的同时，着力深化体制改革。

（一）加快构建高水平社会主义市场经济体制

加快构建高水平社会主义市场经济体制是提升中国经济增长质量的关键，在中国当前经济发展新阶段，要通过完善社会主义市场经济体制，提高市场运行效率，为加快经济发展方式转变提供前提条件和基本保证。一是要加快完善要素价格形成的市场机制，完善资源、环境、劳动力的市场定价制度，改变人为压低价格，更好地发挥市场竞争优胜劣汰的作用，促进企业主要依

靠改进技术和加强管理来降低用工成本，而不是靠资源消耗和压低工资来维持低成本，使高投入、高消耗的规模扩张型发展方式难以为继。二是要加快完善企业运行的市场机制，加快破解国有经济结构调整和非公有制经济发展的体制性障碍，深化企业改革，形成规范的公司治理结构，真正做到产权明晰、自主经营、自负盈亏，增强企业自主创新动力，促进技术进步和集约经营。三是要加快完善现代化流通体制和外贸体制，以消除国内市场与国际市场接轨特别是对外开放的体制性障碍。

（二）加快完善自主创新机制

实施创新驱动是提升中国经济增长质量的重要体现和基本要求，实施创新驱动的主要内容就是加快完善以企业为主体、市场为导向、产学研相结合的自主创新机制，最大限度推动本国禀赋结构、产业结构和技术结构的同步升级，实现经济增长的速度、质量和效益的最大化。一是加快完善以科技人员为主力军、科学研究与高等教育有机结合的知识创新机制，以形成具有自主知识产权的创新体系为基础，提高国家创新能力，带动经济快速增长。二是加快完善以企业为主体、市场为导向、产学研相结合的技术创新机制，加大对高新技术人才的培养与引进，加大科技投入，形成完备的技术创新体系。三是加快完善各具特色和优势的区域创新机制，发展具有比较优势的产业链，根据比较优势形成产业链以增强国际竞争力。四是加快完善社会化、网络化的科技中介服务机制，在宏观和微观经济运行中提高资源配置效率和资源利用效率，将科技创新和产业创新的成果实现作用最大化。

（三）创新地方政府政绩考核评价机制

对地方政府官员的考核应围绕政府职能履行状况进行，要改变过去以GDP 为中心的政绩考核机制，对政绩进行全方位综合考核。通过政绩考核评价机制的创新促进经济发展方式转变。一是创新政绩考核的目标，主要体现为改革政绩考核指标体系，在政绩考核指标体系中加入环境保护指标、社会人文指标、经济发展能力指标、教育指标，同时建立科学合理的权重，从目标层面上转变经济发展方式。二是政绩考核评价的主体多元化，强化地方人大的审议和监督作用，使地方政府官员不仅要对上负责，更要对下负责，加大群众对政府决策的参与力度和影响系数，从主体层面上转变经济发展方式。三是政绩考核评价要注意区域差异性，中国地域广大，各个地区的气候、经济发展条件、社会条件等差异很大，这就要求在对地方政府进行政绩考核评价时充分考虑各区域的具体情况，因地制宜，区别对待，使转变经济发展方式的过程更加合理和科学。

（四）建立低碳经济的激励约束机制

气候变化已成为 21 世纪人类最大的挑战，因此发展低碳经济是转变经济发展方式的内在要求。中国需要抓住时代发展机遇，及时建立起低碳经济的约束与激励机制。一是建立资源循环利用机制，即以循环经济为核心，根据资源的成分、特性和禀赋对自然资源综合开发，对能源原材料充分加工利用和废弃物回收再利用，通过各环节的反复回用，发挥资源的多种功能，使其转化为社会所需品，实现经济与环境良性互动发展。二是建立节能降耗激励机制，把节能降耗的约束性指标纳入企业经营考核标准，充分调动企业节能降耗和资源综合利用的积极性，同时通过财政、税收、金融等经济政策和限制高能耗产品进出口的政策，鼓励和促进企业开展节能降耗，形成激励机制和约束机制相结合的节能机制。三是建立碳交易市场机制，建立一个统一的全国性开发碳交易市场体系，通过一定的技术手段和产品设计安排，将碳强度转化为可以在企业间进行交易的商品，加快淘汰高能耗、高污染的落后产能，增强中国未来在低碳经济中的竞争力。

（五）加快构建有利于转变经济发展方式的财税体制

财税问题实质是公共资源配置体系与机制问题，财税体制改革对其他改革具有联动效应。在未来要更加突出科学发展的主题和加快转变经济发展方式的主线，加快构建有利于转变经济发展方式的财税体制，促进经济社会又好又快发展。一是加快省以下分税分级体制改革、构建地方税体系，以加快政府职能转变，消解产生地方基层财政困难、巨量隐性负债和"土地财政"等短期行为的制度性原因，促进中国社会主义市场经济健康发展。二是加快直接税制建设步伐，缓解收入分配领域的矛盾凸显和负面影响，优化再分配机制和房地产调控机制，加快建立综合与分类相结合的个人所得税制度来加强"超额累进"调节机制，并完善房产保有、交易等环节税制，逐步扩大个人住房房产税改革试点范围，促进经济社会协调发展。三是加快资源税及相关配套改革，促使所有市场主体从自身经济利益出发，开发有利于节能降耗的工艺、技术与产品，以缓解中国资源、环境制约，促进节能降耗和可持续发展。

经验

研究

第六章　新常态下中国经济增长质量： 中国经济增长潜力的测算与分析

本章从理论上分析了空间异质性在潜在经济增长率测算中的影响，基于面板变系数模型测算了中国各地区的要素产出弹性和增长动力特征，并在此基础上测算出中国 1998～2019 年的潜在增长率变化趋势。[①] 研究发现：资本存量增长率下滑是导致近年来潜在经济增长率下滑的重要原因，在区域结构上，大部分省份仍然是资本驱动型增长模式，北京、上海等地区表现出物质资本与人力资本双轮驱动的特征，未来增长潜力的开发在于弥补省份间的禀赋结构差距，实现增长动力转换。

一、中国经济增长潜力测算的研究背景与现状

自 2010 年以来，中国经济增速持续下降，从 2010 年的 10.4% 下降到 2019 年的 6.1%。国内学者们分别从增长阶段转换、产业结构转型和人口红利变化等原因对经济增速减缓进行解释，并认为当前增速的减缓是具有长期性的（刘世锦，2011；袁富华，2012；蔡昉，2013；沈坤荣，2013）。从高速增长向中高速增长的转变，已经成为中国经济增长的一种"新常态"。在这样的背景下，对中国潜在经济增长率的测度和趋势分析就成为当前理论界研究的热点问题（邵伏军等，2014；陆旸和蔡昉，2014；郭豫媚和陈彦斌，2015）。

[①]　由于 2020 年以来经济面临新冠疫情造成的供需双重冲击，潜在增长率测算的原始数据面临的数据异常波动较大，基于回归法估计的要素产出弹性存在较大偏差，故本章估计的时间节点选取自 2010～2019 年。主要探讨和研究由于供给侧基本面变化带来的增长率下滑问题。

目前的研究大多认为，中国当前的供给面发生了变化，潜在增长率出现了下滑，基于这样的判断，中央提出要加强供给侧结构性改革，提高供给体系质量和效率，增强经济持续增长动力。因此，对潜在经济增长率的科学判断，成为供给侧结构性改革实施的重要理论支撑和依据。从目前的研究来看，对潜在经济增长率的研究，大多是从总量层面的评估，在潜在经济增长率的估算中较少考虑区域的结构问题，这对于中国这样一个发展中大国来说显然失之偏颇。中国作为一个发展中大国，相对于发达经济体和小经济体而言，其特点就是具备大国特征。大国特征主要体现为两方面：一是总量意义上，人口数量很多，土地疆域庞大，这决定了中国国民经济体系的完整性与独立性；二是结构意义上，空间上体现为区域非均质，资源与要素分布不均，阶段上体现为各区域发展不同步，经济社会发展不平衡。这种结构上的非均质意味着各个地区的经济发展阶段和资源禀赋结构都是不同的，而这正是在计算经济增长潜力时无法忽视的重要特征。因此，本书旨在考虑各个地区空间异质性的基础上，从中国省份层面的数据测算中国潜在经济增长率的变化情况，从而为当前供给侧结构性改革的推进提供相应的理论依据和政策目标。

对潜在经济增长率的理论研究最早可以追溯到哈罗德（Harrod，1939）和多马（Domar，1946），他们认为经济增长率分为三种：实际增长率、合意增长率以及自然增长率。当实际增长率等于合意增长率时，才能实现经济均衡增长，否则经济将处于波动，当合意增长率等于自然增长率时，才能在既定技术水平下实现充分就业。由此可见，合意增长率代表经济的一种趋势水平，而自然增长率代表经济增长的最大可能性。因此，对潜在经济增长率的研究有两种思路：一是沿着合意增长率的思路，将潜在经济增长率看作通胀稳定和经济处于均衡状态下的增长率（Phelps，1962；Mishkin，2007）；二是沿着自然增长率的思路，将潜在经济增长率看作资源充分利用条件下可能实现的最大增长率（Samuelson，1948；Stiglitz，1997；Blanchard，2000），认为潜在经济增长率由供给面的要素和全要素生产率决定。考虑到当前中国进入新常态的背景，要素供给条件发生了变化，本书主要采取第二种思路，分析中国潜在经济增长率的变化情况。我们主要从两个层面对中国潜在经济增长率测算的相关研究进行综述。

　　从现有的文献研究来看，对潜在经济增长率的测算方法主要有如下方法：一是滤波法，主要提取实际增长率波动中的趋势成分作为潜在经济增长率，具体包括 HP 滤波、BK 滤波、卡尔曼滤波等（郭庆旺等，2004；高铁梅等，2005）。二是生产函数法，通过经济数据估算一国生产函数，再结合全要素生产率以及要素投入估计出潜在产出（沈丽生，1999；沈坤荣等，2010）。该方法相比滤波法的优势在于有理论支撑，特别是考虑了潜在经济增长率的供给面特征。但目前大多该方法的文献，基本上是在估计一段时间内的平均整体产出弹性，既不能反映时间上要素份额和结构的变化，也无法解决由空间异质性造成的估计偏差，对于中国这样一个转型中大国，该方法的适用性有限。三是宏观变量关联分析法，主要是以菲利普斯曲线和奥肯定律为基础，通过估计通货膨胀、失业率与潜在经济增长之间的关系（赵留彦，2006；赵昕东，2008；杨旭等，2007），进而估算潜在产出，这种方法的问题在于源自西方的菲利普斯曲线和奥肯定律在中国未必适用。四是投入产出模拟预测法，主要通过可计算一般均衡模型或随机动态一般均衡模型来模拟经济运行，进而估算中国潜在产出和潜在经济增长率（Adolfson，2008；马文涛等，2011）。该方法考虑经济结构等多方面问题，但受统计数据的限制仍无法避免不足。除上述估计方法外，还有结构向量自回归模型（郭红兵等，2010）、不可观测成分模型（周晓艳，2012）等。

　　基于不同的研究方法，学者们对中国潜在经济增长率的变化进行了测算和预测。其中，珀金斯和罗斯基（Perkins and Rawski，2008）在传统生产函数上增加生产率时间趋势项，预测在 2006~2015 年中国经济增长率在 6%~8%。张延群和娄峰（2009）利用索洛增长模型预测 2008~2020 年中国经济增速，认为乐观条件下可达 7%~8%，较差情况下只能达到 5%~6%。福格尔（Fogel，2007）预测中国在 2001~2040 年年均增长率为 8.4%。艾肯格林（Eichenggreen，2012）预测 2012~2020 年中国增长率为 6.1%~7%，2020~2030 年为 5%~6.2%。陆旸和蔡昉（2014）在考虑人口结构变化背景下，估算出 2016~2020 年中国潜在经济增长率将降至 6.7%。邵伏军等（2014）基于生产函数法分析了淘汰落后产能和人口政策变化等不同情境下中国潜在增长率的变化趋势。郭豫媚和陈彦斌（2015）使用附加人力资本的增长核算模型，估算认为 2015～2020 年中国潜在经济增长率将下滑至 6.3%。郭晗和任保平（2014）将结构变化纳入经济增长核算框架，采用一个时变弹性生产函数测算了 1997～2012 年中国的潜在经济增长率，研究认为近年来经济增长速度下滑主要是由于潜在经济增长率下降导致，其中资本存量增长率的下降是潜在经济增长率下降的主要原因，而人力资本结构的升级缓解了这一趋势。

从现有研究的现状来看，已经有一些学者从变系数模型的角度进行了探索，特别是已经从时变弹性的角度进行了增长核算和估算增长潜力，但大多是从总量角度进行的研究。还比较缺乏从空间异质性的角度对潜在经济增长率的研究。尽管目前的文献已经有一些采用了面板模型，但这些模型普遍忽视了省份作为个体的异质性，由于具有相同的斜率和截距项，就暗含着各个省份的要素禀赋、经济结构和技术结构都保持在相同或近似水平的假设，这显然与中国作为发展中大国的非均质、非平衡特征并不相符合。中国的发展不平衡，东中西部之间差异巨大，这种差距不仅体现在收入水平上，更体现在深层次的要素禀赋和发展动力上，因此，本书的目的在于充分考虑中国发展中大国非均质特征背景下，研究中国各个区域发展动力，并在此基础上测算中国的潜在增长率，从而探索以空间要素配置提升经济增长潜力的路径。

二、空间异质性影响经济增长潜力的理论机制

社会科学研究中进行因果推论和回归分析时面临的最大挑战在于样本异质性所带来的选择偏差（selection bias），这一问题使得即使在样本趋于无穷大的时候，回归分析的结果也不会趋于真实。由于中国各区域发展水平不同所造成的空间异质性，即使采用省级面板数据进行增长核算能够从增大样本量的角度提升估计效率，但也无法回避中国各个省份之间存在的区域差异问题。因此，中国省份之间的空间异质性使得基于省级数据得出的核算结果和政策含义应当谨慎对待，这些异质性广泛地存在于地理区位和基础设施、人口资源禀赋、技术水平和制度特征等多个方面。

区域的空间异质性将会使一个大经济体内部各地区的生产函数呈现不同的结构特征，而这种结构特征最终会反映在生产函数中的要素产出弹性和全

要素生产率上，我们不能简单地假设它们属于固定效应。因此，空间异质性意味着对于每一个省份而言，其每种要素的产出弹性与其他地区都会有所不同，而这对一个国家潜在经济增长率的测算无疑具有不能被忽视的影响。具体而言，这种影响可以体现在以下三个方面。

1. 空间异质性影响潜在经济增长率的结构转变机制

对于一个大的经济体而言，内部各区域经济发展阶段的不均衡是比较明显的。这种发展阶段的不平衡体现主要在经济结构的差异上，特别是产业结构的差异，以及由产业结构差异所引致的要素内部投入结构差异。要素内部投入结构指各种要素在不同产业中的投入比例。要素内部投入结构的改变能影响要素配置效率，在要素总量不变的情况下提高要素的单位产出，这种效率提升的作用在大多文献中被归于对全要素生产率的影响，而对要素产出弹性的影响却常常被忽略。以资本要素为例，根据弹性的定义，可将资本产出弹性分解为资本边际产出与资本生产率之比，这两个值本身是高度相关的，资本生产率的变化一定意味着资本边际产出的变化。如果一个地区资本边际产出提升快于资本生产率提升，那么就会出现资本产出弹性的上升，反之则会下降。这就表明，如果要素内部投入结构变化能够影响一个地区的要素生产率，那么就意味着一定影响到该地区的要素产出弹性。而要素投入结构对生产率的影响已经被大量的文献所证实。假如要素是可以自由流动的，从资本投入结构来说，资本能够在长期利润信号的驱使下在各产业部门之间流动，从低成长产业转移到高成长产业，在社会资本总量不发生变动的情况下，提高投资效益和要素生产率，进而推动经济增长的集约化，提升资本生产率。从劳动投入结构来说，劳动力会从低生产率部门转移到高生产率部门，从而提升总的劳动生产率（Maddison，2007）。要素产出弹性随着地区要素内部投入结构的不同而有所差异，要素内部的投入结构决定于产业结构，产业结构则决定于地区的经济发展阶段。因此，不同地区经济发展的阶段不同，经济结构有所差异，从而也就面临着不同的要素产出弹性。如果忽视了由于结构原因造成的要素产出弹性差异，就会造成潜在经济增长率测算的偏差，这就形成了空间异质性影响潜在经济增长率的结构转化机制。

2. 空间异质性影响潜在经济增长率的要素流动机制

要素流动指资本、劳动力等要素实现空间上的转移。对于一个大经济体而言，除去地区经济发展不平衡造成的结构差异外，另一个比较普遍的特征就是要素在不同区域间进行流动。要素在区域间的流动同样源于地区发展的要素禀赋结构存在空间异质性，一方面，如果地区经济发展是同质的，那么每一个地区的劳动生产率和资本生产率将会趋同，从而也就不会发生要素流动，因此要素流动本身就意味着地区禀赋结构的差异；另一方面，要素在区域间的流动又会造成区域要素产出弹性发生变化，从而影响各地禀赋结构和潜在经济增长率。从资本要素来说，自罗默（Romer，1986）以来大多将资本流动作为内生变量引入增长，并提出资本要素在区域间流动造成的经济增长效应。但学者们对资本要素跨区域流动的增长效应研究往往是针对资本流入地，而对于资本流出地往往分析较少。一个地区资本要素流出后，基于要素边际产出递减的规律，该地区资本要素的价格和收益率可能上升，而流出的资本在流入地的利用效率高于在流出地的利用效率。因此，就流出地区的所有原有资本而言，其要素收益相对于资本流动前都会有所提升。在这一过程中，资本流入地和资本流出地的资本存量会发生变化，资本边际产出会因此发生变化，从而导致要素的产出弹性变化。从对潜在经济增长率的影响而言，资本流入地会由于资本存量提升改善供给面，而资本流出地会由于资本使用效率提升改善供给面，这都会影响到潜在经济增长率。从劳动要素来说，与资本流动的增长效应机制是类似的，对于劳动流入地而言，能够增加劳动要素的总量，从而改善经济供给面，提升潜在增长；对于流出地而言，则是劳动力效率得到提升。当然，理论上而言，要素流动会导致区域发展中要素产出弹性的趋同。但只要空间异质性导致的要素流动存在，那么就意味着各地要素产出弹性存在不平衡。因此，由于地区间要素流动的存在，意味着各地区要素的边际产出存在差异，从而也就面临着不同的要素产出弹性。如果忽视了这一因素，就会造成潜在经济增长率测算的偏差，这形成了空间异质性影响潜在经济增长率的要素流动机制。

3. 空间异质性影响潜在经济增长率的技术扩散机制

新增长理论已经有很多关于技术要素扩散促进潜在经济增长的内在逻辑机理的研究。对于地区而言，技术水平决定了经济的长期均衡增长路径。对于一个大经济体而言，经济发展不平衡的另一个重要表现就是地区间的技术差距，以及技术发达地区向技术落后地区的技术溢出效应。这种技术溢出效应体现在以下方面：第一，发达地区往往具备前沿的技术和高级的经济结构，但其面临的问题是市场饱和或产业生命周期进入衰退阶段，这就会导致企业利润率下降，会出现向其他地区的产业转移和技术扩散；第二，即使发达地区向落后地区的产业转移没有发生，但是落后地区依然可以通过与发达地区的技术进行引进或者模仿创新，从而实现技术扩散；第三，在一个经济体内部存在着广泛的人力资本流动，这种流动既包含人力资本的有形转移，也包括人力资本的无形转移，有形转移指通过人员的流动而发生的技术溢出，无形转移指并不需要人员的流动，而只需借助于信息的非自愿流动，就能够发生技术溢出。在一个大国内部，这种技术溢出会比国家之间的技术溢出更为频繁。技术差距的存在，本身意味着各地区生产率会存在一定的差异，通常表现为发达地区对落后地区的生产率优势，而技术扩散则意味着落后地区的生产率增长率将会高于发达地区。这些因素会同时对各地区的要素产出弹性和全要素增长率造成影响，如果忽视了这一影响，就会造成潜在经济增长率测算的偏差，这形成了空间异质性影响潜在经济增长率的技术扩散机制。

三、基于空间异质性的中国经济增长潜力测算与趋势分析

（一）测算方法

根据前文分析，对于一个发展中大国存在的内部不平衡，会出现地区结构差异、要素流动和技术扩散等经济现象。这些经济现象都表明各地的要素产出弹性和全要素生产率存在差异，而在测算潜在经济增长率时不能忽视这种区域差异。因此，我们必须针对各地禀赋结构的不同，分别估算各地的要素产出弹性和全要素生产率。并根据模型的估计结果和要素产出弹性，代入

估算出的各地潜在就业、资本存量和人力资本存量，估计出经济的潜在产出，并将各地潜在产出加总得到全国总潜在产出，进一步计算得出潜在经济增长率。

为了测算分析的方便，本书采取的测算模型仍然以附加人力资本的索洛模型为基础，首先设定测算模型为如下形式：

$$Y = AK^{\alpha}L^{\beta}H^{\gamma} \tag{6-1}$$

在式（6-1）中，Y 代表总产出，A 代表全要素生产率，在增长核算中表现为索洛余值，α 代表资本边际产出弹性，β 代表劳动边际产出弹性，γ 代表人力资本的边际产出弹性。为了反映空间异质性对潜在经济增长率的影响，我们将要素边际产出弹性和全要素增长率定义为反映区域个体特征的函数式，从而将区域结构内生于生产函数中，进一步将生产函数扩展为如下形式：

$$Y_i = A_i K_i^{\alpha(i)} L_i^{\beta(i)} H_i^{\gamma(i)} \tag{6-2}$$

对式（6-2）两边取自然对数后可得到：

$$\ln Y_i = \ln A_i + \alpha(i)\ln K_i + \beta(i)\ln L_i + \gamma(i)\ln H_i \tag{6-3}$$

对于式（6-3）而言，可以采取的估计方式有两种：一种是基于各个地区的数据进行单独估计，从而得到各个省份的各要素产出弹性，但这种方式显然将各个省份作为独立的经济体，忽略了每个省份之间扰动项相关的可能性。考虑到中央政府在1994年分税制后在经济上集权的特征，各省份接受中央政府宏观调控的力度逐渐加大，这种估计方式有所欠妥。而仅从数据上来看，对每一个省份进行单独回归也会由于样本过少而损失估计的准确性。另一种估计方法是采取面板 SUR 方法对模型进行系统估计，这种方法考虑了不同省份可能面临相同的宏观政策等因素，也就是考虑了各个估计个体的干扰项可能相关的情况，也就更为适合用于本书对于潜在经济增长率的核算。

（二）数据说明

我们选取了1997～2019年全国30个省份（不包括西藏和港澳台地区）的面板数据进行估计。考虑到2020～2021年两年，我国经济受到疫情冲击影响，经济增长数据波动较大。故潜在增长了的计算数据到2019年。具体各指标的数据来源与处理方法如下。

（1）实际产出水平。根据《中国统计年鉴》中公布的国内生产总值指数（上年＝100）计算出 GDP 平减指数，进一步通过当年的名义 GDP 除以 GDP 平减指数（1997 年＝100）得到当年实际 GDP，作为衡量产出水平的变量。

（2）实际资本存量。采用永续盘存法来计算实际资本存量，具体方法为选取固定资本形成总额衡量当年投资，并根据统计年鉴中的固定资本价格指数求得实际固定资本形成总额（以 1997 年为基年），折旧率采用张军等（2004）的成果，为 9.6%。根据基期投资额 I_0 和样本期实际投资的年平均增长率 g，采用国际通行的做法，采取公式 $K_0 = I_0 / (g + \delta)$ 计算出基年的实际资本存量，并进一步根据公式 $K_{it} = K_{it-1} (1 - \delta_{it}) + I_{it}$ 计算出每年的实际资本存量。

（3）就业人数。《新中国 70 年统计资料汇编》和各省份统计年鉴提供了各地区就业人数。

（4）人力资本存量。《新中国 70 年统计资料汇编》和各省份统计年鉴提供了每十万人口中各类受教育程度的人口抽样调查数据。我们采用人均受教育年限法，即将大专及以上、高中、初中、小学和文盲的教育年限分别设定为 16、12、9、6、0 年，再根据各地区就业人口受教育程度情况，分别以各教育层次人口占总人口比例作为权重，加权计算出各地区就业人口的平均受教育年限。

通过 Stata 15.0 最终整理的各样本数据的统计性描述如表 6 – 1 所示。

表 6 – 1　　　　　　　　　　　样本数据的统计性描述

变量	样本量	均值	标准差	最小值	最大值
lnY	690	8.123	1.023	5.189	10.71
lnK	690	8.782	1.352	5.210	11.61
lnL	690	7.769	0.817	5.442	8.984
lnH	690	2.023	0.129	1.512	2.587

（三）增长核算与各地区发展特征分析

根据前文论述，虽然不同的省份都有自己的系数（含截距项与斜率），但不同个体的扰动项却可能相关，故应使用 SUR 进行系统估计。但是，由于面板变系数 SUR 模型的一个重要特征是适用于大 T 小 N 型数据，这一数据特征要求较为严格。同时，考虑到东中西部经济发展存在的不平衡性更大，因此，我们按照区域将 30 个省份分为三组，其中第一组为东部 12 省份，第二组为中部 7 省份，第三组为西部 11 省份。这样就构成了三组面板数据。我们分别对三组面板数据进 SUR 回归，从而得到最终的估计结果。由于省份众多，考虑到篇幅问题，我们将每个省份的估计结果简化为产出弹性的形式表现。并在表中给出计算得出的各省份 1998～2019 年各要素年均增长率，最终呈现出的分析结果如表 6－2 所示。

表 6－2　各省份 SUR 回归结果及分省份各要素年均增长率（1997～2019 年）

省份	资本弹性	劳动弹性	人力资本弹性	R²	资本年均增长率	劳动力年均增长率	人力资本年均增长率	发展驱动模式
北京	0.341 *** (0.0793)	0.453 *** (0.169)	3.267 *** (0.569)	0.990	12.78%	3.39%	1.28%	资本驱动 人力资本驱动
天津	0.656 *** (0.0292)	－ 0.0063 (0.089)	0.35 (0.222)	0.978	21.69%	3.20%	1.34%	资本驱动
河北	0.453 *** (0.0139)	0.0995 (0.195)	0.728 *** (0.119)	0.969	21.74%	1.36%	1.25%	资本驱动
辽宁	0.347 *** (0.0139)	0.898 *** (0.201)	1.021 *** (0.196)	0.999	23.81%	1.42%	1.19%	资本驱动
上海	0.815 *** (0.0534)	0.0453 (0.157)	1.798 *** (0.231)	0.996	9.61%	1.95%	1.17%	资本驱动 人力资本驱动
江苏	0.382 *** (0.0973)	3.710 *** (0.255)	0.312 *** (0.063)	0.998	24.51%	0.61%	1.69%	资本驱动
浙江	0.334 *** (0.0224)	1.081 *** (0.165)	0.582 *** (0.121)	0.998	22.36%	2.270%	1.69%	资本驱动
福建	0.340 *** (0.0142)	0.937 *** (0.098)	0.0745 (0.0959)	0.998	25.34%	3.07%	1.56%	资本驱动
山东	0.218 *** (0.0135)	3.748 *** (0.201)	0.128 *** (0.049)	0.999	26.16%	1.49%	1.91%	资本驱动 劳动力驱动
广东	0.457 *** (0.0245)	0.730 *** (0.107)	0.463 *** (0.162)	0.998	19.11%	3.13%	1.21%	资本驱动
海南	0.684 *** (0.0287)	－ 0.119 (0.163)	0.248 (0.163)	0.996	16.41%	2.31%	1.34%	资本驱动

续表

省份	资本弹性	劳动弹性	人力资本弹性	R^2	资本年均增长率	劳动力年均增长率	人力资本年均增长率	发展驱动模式
山西	0.485*** (0.024)	0.618*** (0.165)	0.0936 (0.315)	0.997	20.53%	1.49%	1.13%	资本驱动
吉林	0.435*** (0.0158)	0.592*** (0.203)	0.399 (0.328)	0.997	24.61%	0.66%	0.92%	资本驱动
黑龙江	0.478*** (0.0347)	0.131 (0.228)	0.407 (0.419)	0.995	19.52%	1.41%	1.03%	资本驱动
安徽	0.135*** (0.0121)	4.315*** (0.235)	0.264*** (0.0861)	0.999	25.69%	1.59%	1.68%	资本驱动 劳动力驱动
江西	0.274*** (0.0267)	1.925*** (0.367)	0.724*** (0.196)	0.994	26.39%	1.31%	1.37%	资本驱动
河南	0.449*** (0.0060)	0.167 (0.104)	0.199** (0.0943)	0.992	23.69%	1.71%	1.36%	资本驱动
湖北	0.934*** (0.0439)	-1.58*** (1.111)	0.0551 (0.173)	0.997	21.11%	0.66%	1.35%	资本驱动
湖南	0.350*** (0.0602)	2.562** (1.225)	0.675 (0.45)	0.990	24.89%	0.81%	1.32%	资本驱动
内蒙古	0.512*** (0.0111)	0.338*** (0.102)	0.173 (0.193)	0.998	27.22%	1.31%	1.32%	资本驱动
广西	0.488*** (0.0149)	-0.268 (0.265)	-0.368** (0.157)	0.996	25.59%	1.02%	1.62%	资本驱动
重庆	0.498*** (0.0101)	1.545*** (0.086)	0.112 (0.103)	0.995	25.49%	-0.12%	1.81%	资本驱动
四川	0.261*** (0.012)	2.42*** (1.037)	0.127** (0.0565)	0.999	22.98%	0.23%	1.39%	资本驱动
贵州	0.523*** (0.0138)	-0.493*** (0.043)	-0.0336 (0.131)	0.995	23.02%	0.26%	1.93%	资本驱动
云南	0.346*** (0.0372)	1.411*** (0.377)	0.231* (0.122)	0.996	20.43%	1.80%	1.76%	资本驱动
陕西	0.569*** (0.0133)	-0.573*** (0.159)	-0.502*** (0.106)	0.996	24.56%	0.85%	1.51%	资本驱动

续表

省份	资本弹性	劳动弹性	人力资本弹性	R^2	资本年均增长率	劳动力年均增长率	人力资本年均增长率	发展驱动模式
甘肃	0.601 *** (0.0113)	0.498 *** (0.085)	-0.428 *** (0.0928)	0.997	20.21%	-0.05%	1.81%	资本驱动
青海	0.615 *** (0.0335)	1.827 ** (0.819)	-0.578 *** (0.0936)	0.996	20.52%	0.91%	3.21%	资本驱动
宁夏	0.576 *** (0.0294)	0.121 (0.221)	0.11 (0.16)	0.996	21.01%	1.78%	1.63%	资本驱动
新疆	0.539 *** (0.0106)	0.421 *** (0.046)	-0.0122 (0.0718)	1.000	17.12%	2.11%	1.16%	资本驱动

注: ***、**、* 分别表示 1%、5%、10% 的显著性水平,括号内为聚类稳健标准误。

资料来源:笔者基于回归方程 (3) 通过 Stata 15.0 计算整理得出。

根据表 6-2 呈现的分析结果发现,绝大多数省份的各要素产出弹性系数是显著的。同时,各个省份的回归拟合优度都非常高,这表明了模型的估计效率是可以接受的。同时,在 Stata 15.0 的分析结果中还显示了三组回归方程中 Breusch-Pagan LM 的检验结果,检验结果强烈拒绝无同期相关的原假设,这也表明,SUR 估计比单一方程 OLS 更有效率,因而使用 SUR 估计更有效率。

从各省份的要素产出弹性系数中可以发现,各地区要素产出弹性系数之间存在巨大的差异。由于中国发展中大国的结构性特征,30 个省份的要素禀赋条件和禀赋结构差异较大,经济发展的不平衡性和不协调性较为突出。因此,这 30 个省份各自的资本产出弹性、劳动产出弹性和人力资本产出弹性也会有所不同。具体分析可以发现几个比较明显的特征:(1)各省份的资本产出弹性都显著为正,且具体弹性值相对比较稳定。(2)各省份劳动产出弹性差异较大,其中山东、安徽、湖南劳动产出弹性明显高于其他地区,而贵州、湖北、陕西三个省份的劳动产出弹性出现负值,个别地区劳动产出弹性项不显著,其余大部分省份均显著为正。(3)各省份人力资本产出弹性差异较大,其中北京和上海人力资本产出弹性明显高于其他地区。根据弹性的理论含义可以得出,北京和上海等地人力资本边际产出的提升快于其人力资本生产率的提升,这意味着北京和上海等地区人力资本效率提升得更快。

　　根据计算出的每个省份 1997~2019 年资本存量、劳动力和人力资本存量的年均增长率，可以发现如下特征：（1）总体来看，资本存量增长率要远远高于劳动力增长率和人力资本存量增长率，这也表明中国这种"高储蓄、高投资"式的增长模式仍在继续。（2）北京、上海、天津、广东等发达地区劳动力流入效应较明显，劳动力增加相对较快。（3）从人力资本存量增长率来看，西部地区的存量增长要快于中部和西部，这主要是由于中西部平均受教育年限的基数低下，而近 20 年来全国义务教育实现了全面普及，从而就使西部人力资本存量水平相对东部和中部而言有了一个较快的提升。

　　结合各要素产出弹性和各个要素 1997~2019 年的年均增长率可以发现：中国大部分省份仍然处于资本驱动型的发展阶段，资本存量的不断提升仍然是经济增长的最主要因素。同时，在山东、安徽等省份，由于劳动产出弹性较高，使劳动要素对增长的贡献较大，出现了资本与劳动共同驱动经济增长的特征。在 30 个省份中，只有北京和上海人力资本产出弹性较高，实现了资本与人力资本共同驱动经济增长的特征，特别是北京，经过增长核算后的人力资本贡献已经与资本贡献持平。由于中国各省份间存在的差异，也进一步表明，测算中国经济增长潜力不能忽视各个地区的资源禀赋和发展动力特征。

（四）中国经济增长潜力的估算与影响因素分析

　　在测算出各个地区的要素产出弹性之后，我们估算了各省份的潜在就业，估算方法参照郭庆旺和贾俊雪（2004），将经 HP 滤波后的劳动参与率与经济活动人口相乘，从而得到潜在就业。进一步，我们根据模型的估计结果和产出弹性，代入潜在就业以及资本和人力资本存量，估计出经济的潜在产出，并将各地潜在产出加总得到全国总潜在产出，从而计算得出中国 1998~2019 年的潜在经济增长率。

　　为了便于比较，我们同时在不考虑各地区空间异质性的背景下，采用面板固定效应模型（FE）估算出 1997~2019 年各要素的产出弹性，并采用同样的方法测算出中国 1998~2019 年的潜在经济增长率，具体如表 6-3 所示。

表 6 - 3　　　　　　中国 1998～2019 年潜在经济增长率变化趋势①　　　单位:%

年份	实际经济增长率	FE 模型		SUR 模型	
		潜在增长率	增长率缺口	潜在增长率	增长率缺口
1998	9.75	12.56	-2.81	12.43	-2.68
1999	9.06	10.62	-1.55	11.32	-2.25
2000	9.79	12.05	-2.26	9.80	-0.01
2001	9.64	9.98	-0.34	10.79	-1.14
2002	10.88	6.89	4.00	9.85	1.03
2003	12.30	11.05	1.25	12.85	-0.56
2004	13.66	17.03	-3.38	16.70	-3.04
2005	13.24	11.37	1.86	14.19	-0.95
2006	13.89	14.46	-0.57	13.72	0.17
2007	14.62	12.66	1.96	13.99	0.63
2008	11.98	10.91	1.07	11.06	0.92
2009	11.67	11.17	0.51	11.94	-0.26
2010	13.14	14.97	-1.84	12.47	0.67
2011	11.79	13.12	-1.33	11.12	0.66
2012	10.27	11.09	-0.82	10.59	-0.32
2013	9.45	10.02	-0.57	9.86	-0.41
2014	8.25	8.96	-0.71	8.69	-0.44
2015	8.17	8.75	-0.57	8.59	-0.42
2016	8.07	8.58	-0.41	8.43	-0.36
2017	7.99	8.39	-0.40	8.31	-0.32
2018	7.68	8.07	-0.39	8.13	-0.45
2019	7.81	7.56	0.25	7.67	0.14

资料来源：笔者基于表 6-2 回归结果计算整理得出。

根据表 6-3 可以发现，在 1998~2019 年的 22 年，用两种方法估计出的潜在经济增长率保持了大体一致的趋势性特征，但在很多年份又存在比较明显的差异。

从一致性来看，无论是固定效应模型还是 SUR 模型估计，测算的大体趋势相同，在 1997~2006 年的这 10 年中，两种方法计算出的潜在经济增长率和实际经济增长率之间都存在比较大的偏离，表明这一时期的实际经济增长率不仅受潜在经济增长率的影响，也受需求方因素的外生冲击影响，这说明这一阶段以周期性的需求管理政策来熨平经济周期是合适的。但在 2007 年后，潜在经济增长率的周期变化则与实际经济增长率的周期变化呈现出相同的变化规律。由于自 2007 年以来，中国潜在经济增长率实际上已经处于一个下降阶段，因此可以认为，中国近年来的实际经济增长率下降主要是由于潜在经济增长率下滑所引起，如果要实现长期可持续增长，必须改善经济的供给面。

从差异性来看，通过 SUR 模型估计出的潜在经济增长率，其波动幅度相对于固定效应模型而言更小，更少出现潜在经济增长率的大起大落，同时与实际经济增长率之间的缺口更小。这意味着在考虑了空间异质性的背景下，潜在经济增长率对实际经济增长率趋势变化的决定作用更加明显。在 2002 年、2005 年和 2010 年三个年份，固定效应模型估计出的潜在经济增长率与实际经济增长率出现很大的偏离，而这并不能够被经济中的现实原因所解释。特别是 2009 年需求刺激的作用下，2010 年潜在经济增长率出现了明显回升，甚至高过实际经济增长率。由于需求冲击更多的是造成增长缺口的变化，而非潜在经济增长率的变化，因此这一结论显然与理论相悖。而基于 SUR 模型估计出的潜在经济增长率则比较好地反映了现实经济的变化情况，即潜在经济增长率与实际经济增长率都在 2010 年出现向下的拐点，但这两年间实际经济增长率高于潜在经济增长率。这实际上反映出了 2009~2010 年需求刺激政策所造成的结果，而此时仅采用总需求管理的政策已经不再能够进行有效的宏观调控，因此必须将需求扩张与供给改善结合起来，推进供给侧结构性改革，在适度扩大总需求的同时，着力提升供给体系的质量与效率。

当然，仅给出潜在经济增长率的变化趋势，还并不能够解释中国潜在经济增长率变化的原因，也就不能从根本上解释中国当前经济增速下滑的根源。

因此，我们在潜在经济增长率趋势分析的基础上，通过对各要素增长率变化趋势进行分析。可以发现，资本存量的变动幅度也最为剧烈，从2004年最高位的约38%降低到2019年的约8%，这体现出投资扩张性经济增长模式的不可持续性。劳动力增长率比较平稳，增长率基本在2%以内。人力资本存量增长率则在6%以内呈现出一定的波动趋势，近年来出现了一定程度的下降，这主要是由于在九年义务教育已经全面普及的背景下，人力资本存量的增长出现了暂时的放缓，未来随着义务教育年限的增长和高等教育的进一步普及，人力资本存量将保持持续增长。

结合潜在经济增长率、要素及要素弹性的变化趋势综合分析可知，潜在经济增长率达到最高点后出现了下降趋势，这种下降是资本存量增速的下降所导致的，特别是近几年来潜在经济增长率的持续下降，与资本存量增长率的迅速下降相符，同时，人力资本存量增长率的放缓也在一定程度上影响了潜在经济增长率的提升。

四、小结与政策建议

本书从理论上分析了空间异质性在潜在经济增长率测算中的影响，并在考虑地区空间异质性的背景下基于面板系数的SUR估计实证测算了中国各地区的要素产出弹性，并结合各地区要素增长率分析了各地区的增长动力特征。在此基础上，本书测算了中国1998～2019年的潜在增长率变化趋势。具体得出以下结论和相应的对策建议。

首先，资本存量的增长是支撑中国过去潜在增长的最重要因素，近年来潜在增长率的下降趋势，主要是由于物质资本存量增长率的迅速下降所引起的。从区域结构上来看，中国大部分省份仍然处于物质资本驱动型的发展阶段，山东、安徽、湖南等省份处于物质资本与劳动力共同驱动增长的发展阶段，而北京和上海由于较高的人力资本效率，已经实现了物质资本与人力资本共同驱动经济增长的特征。中国各省份间存在的发展阶段差异也表明，未来增长潜力的开发在于缩小中西部地区与北京、上海之间的禀赋结构差距，具体而言，就是在这些地区充分开发人力资本的增长潜力，在投资驱动式微背景下实现增长动力的转换。

其次，中国近年来经济增长速度的放缓，主要是由潜在经济增长率的放缓所引起的。在考虑空间异质性背景下潜在经济增长率的测算结果也反映出，虽然 2009 年的需求刺激政策促进了 2010 年实际经济增长率的回升，但对潜在经济增长率的作用有限。这也表明，针对 2010 年以来的经济增长速度放缓，仅采用总需求管理的政策已经不再能够进行有效的宏观调控，必须将需求扩张与供给改善结合起来，推进供给侧结构性改革，在适度扩大总需求的同时，改善经济增长的供给面，着力提升经济增长的潜力。

第七章　新常态下中国经济增长质量：
数字经济与实体经济融合

数字经济与实体经济深度融合，能够帮助实体经济延伸产业链条、重构组织模式，实现实体经济领域的要素资源有效整合，推动经济体制改革深化，畅通国内国际双循环。本章对数字经济与实体经济融合发展的机理进行阐释，运用耦合协调度模型，选取 2013～2020 年的省级面板数据，测算并分析了我国数字经济与实体经济的融合程度。结果表明：近年来我国数字经济已进入稳步增长阶段，数字化和网络化是决定数字经济发展的主要因素；不同区域数字经济指数存在两极分化现象；各省份数字经济与实体经济耦合协调度持续深化，但大部分省份的数字经济发展滞后于实体经济。在此基础上，提出数字经济与实体经济融合的现实路径。

一、中国数字经济与实体经济融合的研究背景与现状

当前，数字经济已经融入经济社会生活的方方面面。2021 年 6 月中国国家统计局发布的《数字经济及其核心产业统计分类（2021）》，明确了数字经济与实体经济的对应关系，表明数字经济日趋实体化。[①] 中国信息通信研究院数据显示，2021 年我国数字经济规模达到 45.5 万亿元，增速高于同期 GDP 名义增速 3.4 个百分点。可见，数字经济不仅缓解了疫情对我国经济的冲击，也成为我国经济增长的强力引擎。数字经济是融合性经济，不仅能够实现自身的快速发展，还能加快我国传统产业数字化转型，深度挖掘国内市场的消

---

① 数字经济及其核心产业统计分类（2021）［EB/OL］. 国家统计局网站，https://www.stats.gov.cn/sj/tjbz/gjtjbz/202302/t20230213_1902784. html，2021－06－03.

费潜力，实现新旧动能转换，推动构建以国内大循环为主体、国内国际双循环相互促进的新发展格局。

近年来，众多学者围绕数字经济与实体经济展开了深入研究。在数字经济方面，主要文献集中于数字经济的理论特征和数字经济规模的测算与发展水平测度。例如，布赫特（Bukht，2018）区分了狭义和广义的数字经济；张鹏（2019）揭示了数字经济的起源和本质；李晓华（2019）从新旧动能转换的角度阐述了数字经济的四个新特征；弗里兹·马克卢普（Fritz Machlup，1962）通过 GNP 的计算公式测算出美国数字经济的规模；康铁祥（2008）利用非数字部门对数字产品的中间消耗占总投入的比重，对数字经济的规模进行核算；许宪春和张美慧（2020）利用相关产业占总产出的比重核算了数字经济的规模；钞小静等（2021）利用熵值—TOPSIS 法，从智能化、数字化、平台化、网络化四个方面对我国的数字经济进行了测算。在实体经济方面，主要文献集中于对实体经济的理论内涵以及评价分析。刘志彪（2015）从与虚拟经济对应的视角界定了实体经济；黄群慧和焦勇（2017）从产业分类的视角界定了实体经济。此外，对数字经济与实体经济关系的研究，多数文献集中于数字经济对实体经济发展的影响，但对两者的交互效应探讨较少。例如，何帆和刘红霞（2019）通过实证方法验证了数字经济对企业数字化变革的业绩提升效应；荆文君和孙宝文（2019）认为数字技术可以通过更好地匹配需求实现经济高质量发展；丁志帆（2020）从微观—中观—宏观三个层次探讨了数字经济驱动经济高质量增长的内在机理；姜松和孙玉鑫（2020）通过实证证明了数字经济对实体经济的宏观"挤出效应"。

综上所述，国内外学者对数字经济及实体经济展开了众多前沿性探索，这些研究极大拓展了数字经济及实体经济的外延和内涵，为数字经济和实体经济的协调发展研究提供了坚实的理论基础。但目前针对数字经济与实体经济融合发展的量化研究仍然较少。基于此，本章尝试对数字经济与实体经济融合的机理进行阐释，通过构建二者耦合协调度评价体系，实证分析数字经济与实体经济的耦合程度，最后给出促进数字经济与实体经济融合的现实路径。

二、数字经济与实体经济融合发展的逻辑机理

数字经济与实体经济融合发展的逻辑机理主要包括两个部分。第一部分是数字经济与实体经济发展融合的机理。融合的本质是协同发展，因此，需要在理论机制上分析数字经济与实体经济如何协同发展及相互影响的动态关系。第二部分是数字经济与实体经济融合对经济高质量发展的影响，主要体现在降低经济运行中的交易成本、推动经济绿色化转型和提升国际竞争力等方面。

（一）数字经济与实体经济融合发展的机理分析

第一，数字经济的发展丰富了实体经济的外延和内涵，拓展了实体经济的发展空间，变革了实体经济的经营和商业模式，有效重组了实体经济各个领域的要素资源。首先，数字经济与实体经济的深度融合并不是数字经济在实体经济部门的简单应用，而是以新型数字化基础设施为基础、大数据为关键要素、"破坏性创新"为基本特征、全产业链条为范围的融合型新业态。其次，大数据的发展为企业提供了持续的洞察发现力，大量个性化、小众化的需求被深度发掘，实体经济的发展空间被极大地拓展。这些海量数据具有极大的分析应用价值，是企业利润的重要来源，拓展了实体经济的发展空间。再次，为了满足消费者高度个性化、多样化的消费需求，企业必须重塑自身架构，由以往产品主导的商业逻辑转变为以消费者需求为主导的商业逻辑（马永开和李仕明，2020），企业的价值创造焦点也由产品研发转向消费者与企业之间的互动，变革了实体经济产业部门的运营模式和商业模式。最后，数字经济背景下，数据作为一种虚拟的生产要素进入了生产函数，重构了实体经济的要素体系，通过将"旧资源"与"新技术"有机结合，将原本不同部门、不同行业、不同地域、不同领域的生产要素进行了高效组合，不断提高着实体经济部门的资源配置效率。

第二，实体经济的发展为数字经济提供数据要素投入，刺激对新型数字基础设施的需求，驱动数字经济领域不断技术创新，为数字经济提供发展支

撑。一方面，数字经济的发展离不开数据要素的支撑。实体经济蕴藏着丰富应用场景，能够沉淀出海量数据。在传统经济发展过程中，这些数据的生产性价值较低。而在数字经济时代，利用大数据、区块链等技术，对海量数据进行采集、储存、加工后，将数据转化成可用资源，可以实现数据要素的大范围扩散，充分发挥数据的基础资源作用和创新引擎作用，推动数字经济走向网络化协同、数据化生产、融合化发展的新时代。另一方面，实体经济部门的数字化、网络化、智能化、协同化和集成化必然要求加快建设覆盖更广、速度更快、效益更高、绿色生态、互联互通的新型互联网基础设施，实体经济部门的高速发展会刺激对互联网的使用需求。一是实体经济部门中以现代服务业、高科技产业为代表的一系列新兴产业的发展高度依赖互联网信息等资源支撑，因而对新型互联网基础设施的需求更高；二是其他传统实体经济产业为了提升自身发展质量、快速转型升级，会着力突破自身以往的成长路径，提供更加高效便捷、协同集成、个性多样的产品或服务，这需要企业有更强的变化响应能力和集成能力，以及在制定战略、技术和业务决策时更大程度地将业务和IT结合在一起，而这些都是以新型互联网基础设施的高效运用为支撑的。

总而言之，数字经济通过技术创新引发技术经济范式革命，进而对实体经济系统的外延和内涵、发展空间、经营和商业模式及资源利用方式进行重构，因此，数字经济为实体经济的高质量发展提供了物质保证和技术基础。而实体经济的迅速发展也为数字经济提供了数据要素，为新型数字化基础设施的建设注入了强大动力。也就是说，数字经济为实体经济的高质量发展提供了技术基础和物质保证，同时数字经济的发展也会受到实体经济发展的驱动，因此，数字经济系统与实体经济系统存在相互关联、相互促进的长期动态关系。

（二）数字经济与实体经济融合助推高质量发展的逻辑机理

数字经济与实体经济发展之间不仅存在着相互影响的动态关系，二者之间的协同并进与深度融合也将推动实现经济高质量发展。具体表现在以下四个方面。

第一，数字经济与实体经济的深度融合，使供需平衡实现了更高层次的飞跃，为高质量转型发展提供了实现途径。通过数字经济与实体产业广泛深度融合，深度挖掘了高度个性化、分散化的消费需求，不断催生出网络化协同制造、大规模个性定制和远程智能服务等符合市场需求的新业态新模式，进一步扩大融合领域的长尾市场和消费空间。除此之外，数据作为关键的生产要素，进入生产、分配、交换、消费等环节，助力传统产业优化重组，企业由低价值创造为主的劳动密集型向高价值创造的资本密集型、技术密集型和知识密集型转变，实现产业链与价值链的深刻变革。在互联网与传统产业广泛融合的过程中，人们的工作、生活向线上迁移，以智能购物、在线医疗、数字娱乐为代表的数字消费迅猛发展，大幅降低商品和服务的流通成本，有效提升了供给端的供给能力，为数字时代下经济高质量发展持续输出强大动力。

第二，数字经济与实体经济的深度融合，能够加快推动生产要素市场化，推动全国统一大市场建设，为经济高质量发展提供坚强支撑。当前，我国在生产、交换、分配、消费等环节仍然存在生产要素流动不畅问题，导致要素流动效率较低，提高了市场的交易成本。在数字经济背景下，通过大数据技术的精准分析，供给和需求之间的信息渠道被打通，有效衔接了供给端与需求端，为全国统一大市场的建设提供了重要技术保障。同时，数字技术与服务业的结合改变了服务业的不可贸易性，改变了传统服务贸易方式，打破了时间和空间的限制，有效联结了跨区资源和服务，线上线下得以聚合，实现商贸流通数字化。通过数字经济与实体经济深度融合，全国大市场资源得以有效整合，我国经济高质量发展的活力引擎得以形成。

第三，数字经济与实体经济的深度融合，实现了对全产业链条的精准把控，能够持续降低使用者成本、促进生产率提高，赋能实体经济绿色转型。相较于传统发展模式，企业在生产过程中仅能把控最初的要素投入数量和最终产品，对整个生产过程进行监控、评估和优化的能力有限。在数字经济背景下，传感器、机器视觉、液压系统及大数据技术的发展，使生产过程向自动化、智能化转变，企业可以实时跟踪、监测、调整生产过程，大幅提高了企业管理决策的精确性。通过对收集到的数据进行收集、存储、分析、处理，不断优化生产过程，构建起以数据库为基础的评估、监测系统，运用深度学习算法进行科学决策，能够有效降低生产过程的资源消耗，极大地推动企业生产的绿色化转型。

第四，数字经济与实体经济的深度融合，能够增强我国实体经济的国际竞争力，进一步抢占全球数字经济时代的制高点。疫情深刻改变了经济增长模式、国际分工合作模式与世界经济格局，新基建中的工业互联网、5G、量子计算等则展示了巨大潜力。在此背景下，数字经济成为全球调整产业链的关键阵地。同时，传统生产方式创造的经济价值不断降低，以数字化为代表的新型生产方式创造的经济价值不断攀升，数字经济成为各国经济发展的新引擎。数字经济是全球未来的发展方向，发展5G、工业互联网、物联网、数据中心等为代表的数字基础设施，深化数字技术与制造、服务等重点领域深度融合，成为数字经济时代推动我国经济高质量发展的必经之路。

三、数字经济与实体经济融合程度评价模型与指标体系构建

本章采用耦合协调模型，对中国数字经济与实体经济融合发展程度进行测算。耦合协调度是对两个系统中信息或参数相互依赖、相互关联程度的度量，它取决于系统之间的协调发展水平。把数字经济与实体经济两个系统通过各自的耦合要素相互影响、相互作用的程度定义为数字经济—实体经济系统耦合度，其数值大小反映了数字经济与实体经济的整体协调水平。在此基础上，构建数字经济—实体经济耦合协调度评价指标体系，通过耦合协调度模型对其进行实证分析。

（一）数字经济与实体经济耦合协调度模型构建

1. 功效函数

假设变量μ_i（$i=1, 2, 3, \cdots, n$）为数字经济系统与实体经济系统耦合的第i个系统的综合序参量；μ_{ij}（$j=1, 2, 3, \cdots, m$）为第i个序参量的第j个指标，其值为X_{ij}；A_{ij}与B_{ij}是序参量的最大值和最小值，因而数字经济系统与实体经济系统的功效系数U_{ij}可表示为：

$$U_{ij} = \begin{cases} (X_{ij} - B_{ij}) / (A_{ij} - B_{ij}), & U_{ij}具有正功效 \\ (A_{ij} - X_{ij}) / (A_{ij} - B_{ij}), & U_{ij}具有负功效 \end{cases} \qquad (7-1)$$

其中，U_{ij}是变量X_{ij}对系统有序的功效贡献大小，介于0和1之间，越趋近于0贡献度越小，越趋近于1贡献度越大。数字经济与实体经济是两个存在差异但又相互关联、相互作用的系统，本章通过线性加权求和的方法实现两个系统内有序程度"总贡献"的集成，公式如下：

$$U_i = \sum_{j=1}^{m} \lambda_{ij} \mu_{ij}, 其中 \sum_{j=1}^{m} \lambda_{ij} = 1, \lambda_{ij} \geq 0 \qquad (7-2)$$

其中，U_i代表子系统对总系统有序度的贡献程度；λ_{ij}代表各个序参量的权重。确定权重的方法包括层次分析法和熵值法，其中熵值法是客观赋权法，不依赖人的主观判断，有较强的数学理论依据。因此，本章采用客观赋权法的熵值法来确定各项指标的权重，权重具体计算公式如下：

$$\alpha_j = \frac{1 + \frac{1}{\ln m} \sum_{i=1}^{m} \left(\frac{x_{ij}}{\sum_{i=1}^{m} x_{ij}} \ln \frac{x_{ij}}{\sum_{i=1}^{m} x_{ij}} \right)}{\sum_{j=1}^{q} g_j} \qquad (7-3)$$

其中，$i = 1, 2, 3, \cdots, m$，代表了不同的省份，m即中国省份的个数31（不含港澳台地区）；$j = 1, 2, 3, \cdots, q$，代表了不同的指标，q即指标个数；x_{ij}为标准化后的数据。

2. 耦合度函数

利用物理学中的容量耦合系数模型，推广得到多个系统的耦合度模型：

$$C_n = \left\{ f(u_1, u_2, \cdots, u_m, v_1, v_2, \cdots, v_n) / \prod (u_i + u_j) \right\}^{1/n} \qquad (7-4)$$

其中，C_n为耦合度；$u_1, u_2, \cdots, u_m$是第一个系统的各属性变量；$v_1, v_2, \cdots, v_n$是第二个系统的各属性变量；$f(u_1, u_2, \cdots, u_m, v_1, v_2, \cdots, v_n)$是两个系统变量的函数形式。耦合度$C_n$介于0和1之间，由于本章度量的是由数字经济和实体经济两个系统构成的耦合度模型，故n取2。为便于分析，耦合度测算式简化为：

$$C = 2\sqrt{U_1 U_2} / (U_1 + U_2) \qquad (7-5)$$

其中，U_1代表数字经济发展水平；U_2代表实体经济发展水平；$0 \leq C \leq 1$，C等于 1 表示两个系统是极度耦合状态，C 等于 0 则表明两个系统处于无关状态。

3. 耦合协调度测算模型

耦合度 C 作为评价数字经济与实体经济耦合程度的重要指标，对判断系统耦合的状态具有重要意义。然而，当数字经济系统与实体经济系统的贡献水平数值都较低且相近时，会出现不具现实意义的较高耦合度结果。因此，需要在耦合度模型的基础上增加耦合协调度模型。耦合协调度模型表示为：

$$\begin{cases} D = (C \times T)^{1/2} \\ C = a U_1 + b U_2 \end{cases} \tag{7-6}$$

其中，C 为耦合度；D 为耦合协调度；T 为数字经济与实体经济综合调和指数，反映数字经济与实体经济的整体协同效应或贡献；a、b 为待定系数。修正耦合度 D 的数值可以划分为四个层次：若 $0 \leqslant D \leqslant 0.3$，表明数字经济与实体经济两个系统处于低度协调阶段；若 $0.3 < D \leqslant 0.5$，表明两个系统处于中度协调阶段；若 $0.5 < D \leqslant 0.8$，表明两个系统处于高度协调阶段；若 $0.8 < D \leqslant 1$，表明两个系统处于极度协调阶段（见表 7-1）。

表 7-1　　　　　　　　　　　　　　耦合协调度划分区间

数值	等级标准	系统状态
$0 \leqslant D \leqslant 0.3$	低度协调	两个系统发展受阻，呈衰退趋势
$0.3 < D \leqslant 0.5$	中度协调	处于磨合阶段，匹配有待加强
$0.5 < D \leqslant 0.8$	高度协调	系统发展水平较高并相互促进，初步实现了协调发展
$0.8 < D \leqslant 1$	极度协调	最理想状态，完全实现了协调发展

（二）数字经济与实体经济耦合协调发展指标体系构建

为了科学评价数字经济与实体经济之间的耦合协调度，本书在既有研究的基础上，遵循科学性、系统性、完备性、层次性和可操作性的原则，构建了数字经济与实体经济耦合协调发展的指标体系。在数字经济系统的指标体系构建上，参考钞小静等（2021）的做法，从数字化、网络化、智能化、平台化四个维度来衡量数字经济发展水平。在实体经济系统的指标体系构建上，参考黄群慧（2017）的研究，从发展规模、市场环境、经济效益和增长潜力四个维度衡量实体经济。考虑到数据的可获得性，选取 2013～2020 年全国 31 个省、自治区、直辖市的数据（不含港澳台地区），对我国数字经济与实体经济的耦合协调发展进行分析，指标体系如表 7-2 所示。

表 7-2　　　　　　数字经济与实体经济耦合协调发展评价指标体系

序参量	一级指标	二级指标
数字经济系统	数字化	数字普惠金融指数
		有电子商务交易活动的企业数比重
		软件业务收入/GDP
	网络化	每百家企业拥有网站数
		信息化就业人员占比
		移动电话交换机容量占全省人口比重
	智能化	人工智能专利数量
		工业机器人专利数量
	平台化	电子商务销售额/GDP
		Ipv4 协议下的 IP 地址持有量占总地址持有量的比例
实体经济系统	发展规模	除金融、房地产以外的所有产业增加值/GDP
		进出口总额/GDP
		社会消费品零售总额/GDP
	市场环境	工业生产者出厂价格同比增速
	经济效益	规模以上工业企业利润总额占营业收入的比重
	发展潜力	规模以上工业企业 R&D 经费占利润总额的比重

资料来源：历年《中国统计年鉴》《中国工业统计年鉴》及北京大学数字普惠金融指数报告、专利汇数据库。

四、中国数字经济与实体经济融合的测度评价结果分析

本章依据构建的数字经济与实体经济耦合协调发展评价指标体系，测算二者的耦合协调度，以此评判中国数字经济与实体经济发展的融合程度。在此基础上分析我国数字经济、实体经济子维度的时空分布与发展特征，以及我国各省份数字经济与实体经济融合发展的区域特征，进而分析我国数字经济与实体经济融合推动高质量发展面临的挑战。

（一）我国数字经济与实体经济融合发展的耦合协调度测算

根据耦合协调度模型，在数字经济与实体经济耦合协调度指标体系的基础上，分别计算数字经济序参量（U_1）、实体经济序参量（U_2）和耦合协调度（D）。在确定数字经济系统与实体经济系统对系统整体贡献率参数 a、b 的值时，考虑到我国实际情况，认为数字经济与实体经济同样重要，故取 a = b = 0.5，因此 T = 0.5a + 0.5b。实证结果如表 7 - 3 所示。

表 7 - 3　　　　　数字经济系统与实体经济系统耦合协调度测算结果

省份	2013 年	2014 年	2015 年	2016 年	2017 年	2018 年	2019 年	2020 年
北京	0.66	0.72	0.71	0.78	0.85	0.84	0.84	0.83
天津	0.49	0.53	0.58	0.62	0.68	0.69	0.66	0.71
河北	0.39	0.39	0.36	0.43	0.53	0.56	0.57	0.61
山西	0.34	0.37	0.22	0.42	0.44	0.48	0.47	0.51
内蒙古	0.37	0.36	0.37	0.42	0.50	0.47	0.48	0.47
辽宁	0.53	0.55	0.55	0.59	0.66	0.65	0.64	0.65
吉林	0.36	0.39	0.34	0.38	0.46	0.47	0.46	0.47
黑龙江	0.37	0.40	0.41	0.47	0.54	0.50	0.50	0.53
上海	0.63	0.69	0.71	0.74	0.80	0.82	0.85	0.86
江苏	0.60	0.62	0.64	0.68	0.78	0.83	0.84	0.84
浙江	0.61	0.63	0.64	0.70	0.84	0.84	0.84	0.84
安徽	0.43	0.45	0.50	0.57	0.69	0.71	0.73	0.77
福建	0.53	0.51	0.53	0.57	0.60	0.63	0.64	0.65
江西	0.39	0.37	0.38	0.41	0.49	0.51	0.51	0.56
山东	0.46	0.57	0.53	0.56	0.70	0.76	0.76	0.80
河南	0.35	0.40	0.37	0.41	0.51	0.58	0.59	0.69
湖北	0.45	0.47	0.49	0.53	0.63	0.65	0.69	0.70
湖南	0.42	0.44	0.47	0.52	0.58	0.61	0.62	0.63
广东	0.66	0.68	0.71	0.78	0.86	0.88	0.87	0.87
广西	0.32	0.35	0.35	0.40	0.50	0.48	0.49	0.54
海南	0.37	0.41	0.42	0.41	0.50	0.54	0.47	0.44

续表

省份	2013 年	2014 年	2015 年	2016 年	2017 年	2018 年	2019 年	2020 年
重庆	0.44	0.49	0.49	0.53	0.61	0.63	0.68	0.70
四川	0.45	0.47	0.49	0.55	0.65	0.63	0.68	0.68
贵州	0.32	0.33	0.36	0.41	0.46	0.46	0.48	0.51
云南	0.34	0.38	0.41	0.44	0.47	0.47	0.48	0.52
西藏	0.28	0.30	0.24	0.41	0.42	0.35	0.35	0.35
陕西	0.41	0.45	0.46	0.49	0.60	0.60	0.66	0.63
甘肃	0.26	0.32	0.21	0.41	0.44	0.48	0.47	0.42
青海	0.30	0.30	0.35	0.40	0.41	0.39	0.31	0.36
宁夏	0.28	0.34	0.39	0.41	0.47	0.48	0.44	0.46
新疆	0.32	0.33	0.33	0.33	0.42	0.43	0.37	0.34

资料来源：笔者依据表 7 - 2 中的原始数据通过耦合协调度模型计算整理得出。

（二）我国数字经济与实体经济融合发展的结构特征与时空演变

1. 数字经济已进入稳步增长阶段，数字化和网络化是决定数字经济发展的主要因素

就数字经济整体的发展状况而言，如图 7 - 1 所示，我国数字经济贡献度在 2013 ~ 2020 年持续稳步增长，2013 年各省份数字经济贡献度平均值为 0.12，到 2016 年上涨到 0.21，到 2020 年快速攀升至 0.38，2020 年各省份数字经济贡献度平均值是 2013 年的 3 倍多。就数字经济增速而言，经过 2017 年的高速增长后，近几年的增速有所放缓，表明我国各省份数字经济由高速增长进入稳定增长阶段。在疫情的冲击下，2020 年平均值增速仍然达到 9.8%。

分维度来看，2013 ~ 2020 年智能化维度的贡献度平均增长速度最快，其次是数字化、网络化、平台化。如图 7 - 2、图 7 - 3 所示，相比其他维度，2013 ~ 2018 年智能化维度贡献度的中位数始终最低，但在 2015 ~ 2019 年实现最快增速，且存在进一步拓展的空间。与之相反，平台化维度前期贡献突出，但在 2018 年后贡献度低于其他维度。这也意味着，数字经济的发展在前期体现为平台化带来的规模扩张和市场成长，而在后期则体现为智能化带来的技

术突破与生产可能性边界的拓展。此外，2014 年数字化维度贡献度的中位数增长速度最快，高达 177%，之后一直保持在较高水平。网络化维度贡献度的中位数始终处于较高水平，其增速也处于相对平稳状态。综上所述，就目前分维度贡献度的增长趋势而言，数字化和网络化已经成为数字经济发展的主要驱动力，平台化维度的作用在数字经济前期强于后期，智能化存在进一步拓展的空间，未来有成为数字经济主要驱动力的可能。

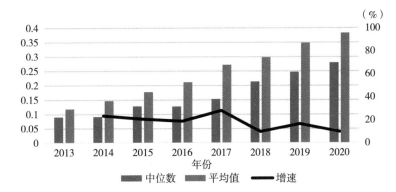

图 7 - 1　2013～2020 年省级数字经济序参量均值、中位数和增速

资料来源：笔者依据表 7 - 2 中涉及的原始指标数据基于熵值法计算整理得出。

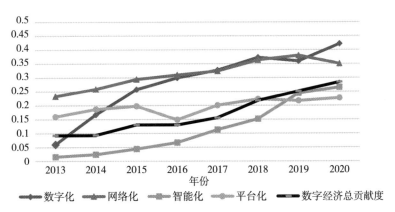

图 7 - 2　2013～2020 年数字经济总贡献度及分维度贡献度的中位数

资料来源：笔者依据表 7 - 2 中涉及的原始指标数据基于熵值法计算整理得出。

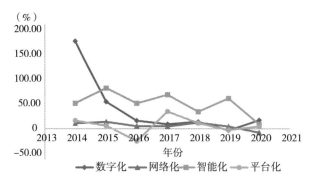

图 7 - 3　2013 ~ 2020 年数字经济各维度贡献度中位数的增速

资料来源：笔者依据表 7 - 2 中涉及的原始指标数据基于熵值法计算整理得出。

2. 不同区域数字经济指数存在两极分化现象

如图 7 - 4 所示，我国不同区域数字经济贡献度差异明显，呈现由东部地区向西部地区递减的趋势。2013 ~ 2020 年，年我国东部地区数字经济贡献度的均值始终高于中部和西部地区。2020 年数字经济贡献度排名前六的省份全部属于东部地区，而排名居于最后七名的省份都属于西部地区。从分维度角度看，2020 年数字化、网络化、智能化、平台化的极差分别为 0.786、0.822、0.992、0.994，可见智能化和平台化维度贡献度的差异最大，也是导致东、中、西部数字经济贡献度差异的主要因素。

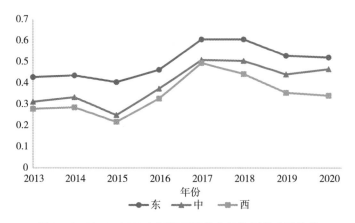

图 7 - 4　2013 ~ 2020 年不同区域数字经济贡献度平均值

资料来源：笔者依据表 7 - 2 中涉及的原始指标数据基于熵值法计算整理得出。

3. 各省份数字经济与实体经济耦合协调度上升较快，但仍有深化空间

2013～2020年，整体上各省份数字经济与实体经济的融合水平实现了跨越式增长，2013年处于高、中、低度耦合阶段的省份比例分别为22.58%、64.51%、12.9%，到2016年这一比例为45.16%、54.84%、0，到2020年北京、上海、广东、浙江、江苏五个地区的耦合协调度数值已经大于0.8，进入极度耦合阶段，说明我国各省份数字经济与实体经济的融合不断深化。但由于数字经济子系统的滞后及发展受阻，各省份的耦合协调度仍然存在较大差距，且不同区域之间的耦合协调水平存在进一步两极分化的可能。从耦合协调度结果来看，各省份的耦合协调水平与国内生产总值之间存在明显的相关性。以2020年为例，耦合协调度排名前五的北京、上海、广东、江苏、浙江，其2020年人均GDP也居于我国前列；而耦合协调度排名靠后的内蒙古、甘肃、宁夏、新疆、青海、西藏等区域，其经济发展水平也相对较低。

4. 大部分省份的数字经济发展滞后于实体经济

就数字经济与实体经济的关系而言，从2013～2020年全国各省份的数据看，整体上呈现数字经济发展相对滞后。如图7-5所示，2013～2020年，数字经济贡献度的均值不断上升，但始终低于实体经济贡献度的均值，说明我国数字经济与实体经济存在非均衡发展现象。以2020年为例，在我国31个省、自治区、直辖市中（不含港澳台地区），有67.74%的省份数字经济贡献度小于实体经济贡献度，存在数字经济发展滞后现象。

5. 数字经济与实体经济耦合协调度呈现"东部领先、中西部追赶"的空间格局

就各省份数字经济与实体经济的耦合协调度而言，东部地区仍然是融合发展的核心区域。根据评价结果，2020年耦合协调度最高的前五个省份都属于东部地区。但从耦合协调度的动态变化来看，中西部地区耦合协调度上升最快，河南较2013年的排名上升了11位，广西、安徽分别上升了7位和6位，贵州上升了4位。从数字经济角度看，北京、上海和广东领跑全国。其中，北京在数字化、网络化、平台化三个维度均排名榜首；上海在数字化、网络化维度排名第二，智能化和平台化维度排名第四和第三；广东在智能化维度排名榜首，在数字化、网络化和平台化维度表现也较为亮眼。从实体经

济角度看，呈现"中西部追赶"的空间格局。实体经济处于前5位的重庆、安徽均属于中西部地区。分维度来看，重庆在发展潜力和市场环境维度表现突出，贵州、陕西、内蒙古在经济效益维度表现突出，体现出中西部地区在实体经济领域的追赶趋势。

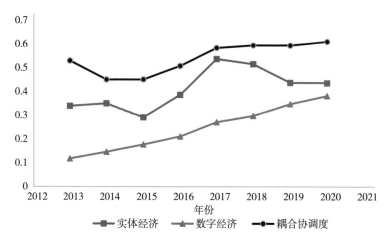

图7-5 2013~2020年实体经济贡献度、数字经济贡献度与耦合协调度的平均值

资料来源：笔者依据表7-2中涉及的原始指标数据基于熵值法和耦合协调度模型计算整理得出。

（三）我国数字经济与实体经济融合促进高质量发展的约束与挑战

从我国数字经济与实体经济发展的耦合协调度及其结构性特征来看，数字经济与实体经济融合发展中还存在一些约束和挑战，包括数字技术供需不足、融合深度广度不够和数字治理水平较低等。

第一，关键数字技术储备不足，技术应用场景仍然缺乏，技术供需两侧的短板限制了数字经济与实体经济的融合发展。数字经济与实体经济深度融合既需要前沿技术的突破，也需要数字技术在企业中的广泛应用。随着数字技术研发、应用的不断深入，新型数字技术成为融合发展的关键力量。从数字技术的供给来看，我国数字经济的关键技术和核心部件仍有待加强，渗透性尚未完全发挥。集成电路芯片是数字经济的核心基础和关键要素，然而当前我国集成电路芯片产业对外依存度仍较大，芯片、高灵敏度器件和传感器等产品自主供给能力薄弱，在国际竞争中处于不利地位。此外，软件是数字经济赋能实体经济的重要引擎，但我国基础软件错过了发展的窗口期，国际性技术标准缺失，工业研发设计、数字孪生、生产信息化管理系统、制造装备控制优化、企业资源计划调度、产品生命周期管理等主流工业软件开发起步较晚。从数字技术需求来看，新一代工业数字技术应用场景仍然缺乏，多数企业数字化普及率、核心环节数控化率仍然偏低，核心生产环节数字赋能较弱无法为融合发展提供软件的可靠供应。关键数字技术储备的缺乏使数字经济与实体经济的融合发展受到限制，进一步制约数字时代下我国由要素驱动发展模式向创新驱动发展模式的转变。

第二，数字经济对实体经济的融合渗透深度、广度不足。从融合深度来看，传统企业与数字企业在融合过程中存在认知差异，在生产运营过程中未能实现优势互补。从传统企业而言，很多企业数字化转型的积极性和动力不足，企业对数字化转型的认知存在分化。不少传统制造企业已经开始数字化转型的探索，但面临资金、技术创新、人才培养等方面的挑战，加之传统制造企业以生存作为首要目标，对数据价值、数字技术的战略作用认识不足，更倾向于延缓数字化转型投资。同时，对新型数字企业而言，虽然其具备数字技术与能力，但缺乏产品生产环节和业务流程的相关经验，从而对实际生产运营形成巨大掣肘。从融合广度来看，数字经济对各个行业和领域的渗透存在失衡，对服务业的渗透程度高于工业和农业。此外，数字经济与实体经济的融合发展也不平衡，仍然呈现高中低梯度发展特征，落后地区的数字基础设施远远不足，导致数字经济与实体经济融合效应的发挥大打折扣，不利于实体企业的数字化转型。

第三，数字治理水平整体滞后，无法为实体经济与数字经济的融合发展提供安全有序的市场环境。目前，我国社会治理仍处于转型阶段，现有的数字治理机制已不能适应数字化时代的需要，给数字经济与实体经济的融合发展带来了诸多风险。首先，数字经济带来的群体性技术变革，在推动整个社会生产力变革的同时，也对政府治理、社会治理产生了极其深刻的影响。但不同区域的监管标准不同，资源平台也并不互通，而数字交易的异地特征也是实体经济数字化转型的重要阻碍。其次，数据成为数字经济下最为重要的生产要素,大数据的收集为企业带来巨大的外部价值,但数据要素的作用并未积极发挥,在融合过程中脱离企业的生产经营,加之数据要素市场标准化不足、专业人才缺乏、产权归属不清,难以实现数据流通与数实融合的双轨并进。最后,头部数字平台的爆炸式发展形成了"赢家通吃""一家独大"的格局,头部平台的巨大力量会阻碍潜在的市场进入者,对创新创业产生了挤出效应,扭曲数字市场的正常发展,给数字经济和实体经济的融合发展带来了负面影响。以上问题在数字时代的暴露说明当前与融合发展相匹配的治理模式尚未建立,数字治理改革亟须深化。

五、数字经济与实体经济融合路径与对策

本章通过耦合协调度模型,对我国 2013～2020 年数字经济与实体经济融合发展进行统计分析,结果表明:第一,数字经济由高速增长进入稳定增长阶段,数字化和网络化已经成为数字经济发展的主要驱动力,平台化在数字经济发展的前期的作用强于后期,智能化存在进一步拓展空间;第二,各省份数字经济指数存在两极分化现象,呈现由东部地区向西部地区递减的趋势;第三,各省份数字经济与实体经济的融合不断深化,但大部分省份的耦合协调度仍偏低,在空间上呈现"东部领先、中西部追赶"的格局;第四,数字经济与实体经济存在非均衡发展现象,呈现数字经济发展滞后于实体经济的状况;第五,制约数字经济与实体经济融合发展的关键因素在于数字技术供需不足、融合深度广度不够和数字治理水平较低。基于上述结论,从以下五个方面提出加快数字经济与实体经济深度融合发展的路径与对策。

第一,强化数字经济共性技术、关键技术供给,加快推进数字经济智能化发展。发挥数字经济对实体经济的加速、叠加效应。数字基础技术、关键技术是新一轮发展的重点领域,其中最重要的就是加快发展新一代人工智能。在人工智能的发展逻辑里,与实体经济结合一直是重中之重。人工智能技术作为逐渐融入一二三产业应用的关键技术,在很多数字化解决方案及场景化应用落地的过程中发挥了至关重要的推动作用,是推动实体经济创新发展的关键所在。一是在政策层面不断强化人工智能的战略地位,加大对人工智能

研发和创新的激励和资金支持。二是通过应用牵引人工智能技术落地，引导人工智能技术在各行业、各领域的创新和融合应用，打造人工智能产业集群。三是深入基于可信人工智能的产业实践，构建人工智能规制框架。

第二，加快新型数字基础设施建设，为释放数字生产力奠定基础。与有形可见的物理基础设施不同，新型数字基础设施是以数据、软件、芯片、通信及分子涂层等"数字材料"为主体构建的软硬件一体的基础设施。在数字经济时代，数字基础设施正在成为推动经济高质量增长的源头基础和新生动力。要建设智能敏捷、绿色低碳、互联互通、服务便捷的新型数字基建体系。在信息基础设施领域，应加快建设信息网络基础设施，推进千兆光纤网络升级，加强对于云数据发展定位的引导与资源整合，进一步提高云计算基础设施建设力度，在发展中不断提升云计算领域的自主创新能力，促进云计算与其他产业的融合。在融合基础设施领域，应抓住工业互联网发展机遇，突破工业软件瓶颈，做强工业互联网平台，实现工业互联网纵深发展。加快推进布局数字孪生城市相关基础设施和行业应用，加快城市基础设施数字化改造，打造便捷高效的新型数字基础设施。

第三，依托数字技术打造更高水平、更有竞争力的先进制造业，提升制造业数字技术质量和效益。一是以数字技术提升传统企业生产和运营管理水平，这是制造业数字化转型的重要切入点。持续推进云化、轻量化、低成本工业软件的探索，大幅降低数字化转型的技术难度和成本，加速转型步伐。二是打通企业内部研发、制造、管理等环节，构建智能制造自主创新体系，发展智能装备与系统，推动建立生产管控一体化、产品全生命周期管理等模式，在更大范围内实现智能辅助决策与全流程系统性提升，推进制造业智能化改造。三是打造系统多层次的工业互联网平台体系，培育数据驱动型制造业，形成资源集中、分工细化、合作高效的制造业生态体系。

第四，根据不同区域的资源禀赋与产业基础，形成优势互补、联动发展的数字经济—实体经济空间布局。各个区域应精准研判产业发展优势，有重点、有选择地发展数字经济相关产业。数字经济高梯度地区创新要素丰富，应集中区域资源，打造数字经济科创中心，发挥数字增长极的辐射带动作用，向周边区域输送所需的资源、要素，带动周边地区摆脱孤岛局面，刺激周边区域数字经济增长，缩小数字鸿沟，带动数字经济整体发展。数字经济中、低梯度区域创新资源存量相对匮乏，产业结构和技术缺乏活力，应该依据自身的区位优势，发展特色产业，融入地区产业链，推动区域传统产业数字化转型，与周边区域实现互联互通，充分释放数字红利。

第五，构建新型数字治理框架，应对数字经济时代不断涌现的新议题。目前，隐私保护、数据安全、数据确权、数字税收、数据法治等方面的监管法律制度依然有较大的完善空间，需要进一步完善相关监管法律制度，服务数字经济发展。同时，加快构建数字化世界的伦理秩序。数字化转型中的伦理问题很多属于多元价值观下的规范和规则冲突。要坚持科技伦理，打击网络不法行为，将提升数字化时代公众的数字素养纳入数字化转型时期基础建设的实施框架。此外，应构建政府、企业、科研机构、行业协会等多方参与的数字治理机制，推动治理主体由单一走向多元，针对各行各业研发、生产、销售、应用等全过程，实现发展与治理的融合推进，打造全方位、多领域、立体化的监管治理体系。

第八章　新常态下中国经济增长质量：
数字经济与生产性服务业融合

党的二十大报告提出"构建优质高效的服务业新体系，推动现代服务业同先进制造业、现代农业深度融合"，为服务业高质量发展指明了方向。生产性服务业是促进技术进步、提高生产效率、保障工农业生产活动有序进行的服务行业，更是实体经济实现高质量发展不可或缺的重要支撑。它是与制造业直接相关的配套服务业，是从制造业内部生产服务部门独立发展起来的新兴产业。虽然生产性服务不直接参与生产或者物质产品的转化，但却是生产制造须臾不可或缺的产业活动。2022年中央经济工作会议将"推动制造业高质量发展"作为2023年的一项重点工作，其中特别强调"推动先进制造业和现代服务业深度融合，坚定不移建设制造强国"，这充分反映了服务业尤其是生产性服务业对于促进高端制造业发展进而实现实体经济高质量发展的重要支撑作用。然而，现实情况是我国生产性服务业的发展严重滞后于发达国家。根据国家统计局关于服务业增加值的统计数据，我国服务业增加值占GDP比重已达54.6%，[①] 是经济发展的主要动能，但服务业特别是生产性服务业供给质量不高，专业化、社会化程度不够，与高质量发展要求还有差距。发达国家的产业结构普遍存在"两个70%"现象，即服务业占GDP的70%、生产性服务业占服务业的70%，[②] 与之相比，我国还有较大差距。

与此同时，数字经济的加速发展正在日益融入经济社会发展各个领域。2023年中共中央、国务院印发的《数字中国建设整体布局规划》明确，推动

---

① 国家统计局．服务业地位作用更加彰显，发展质效持续提升［EB/OL］．https：//www.stats.gov.cn/sj/sjjd/202409/t20240911_1956378.html，2024-09-11.

② 李燕．发展服务型制造，重塑产业价值链［N］．经济日报，2018-06-07.

数字技术和实体经济深度融合，在重点领域要加快数字技术的创新应用。以数字技术为主体的信息技术服务业快速发展，成为服务业成长的重要动力。在数实融合的政策背景下，促进数字经济与生产性服务业融合已成为提升服务业发展能级，构建服务业发展新体系的必经之路。鉴于以上分析，本章旨在探讨以下问题：数字经济能否成为推动生产性服务业结构升级的重要抓手？数字经济会通过何种渠道推动地区生产性服务业产业优化升级？厘清这些问题对促进数字技术等数字新要素与生产性服务业融合发展和构建高质量服务业产业体系具有十分重要的理论与现实意义。

一、中国数字经济与生产性服务业融合的研究背景与现状

针对我国生产服务业结构升级的驱动因素，相关研究主要聚焦于信息化程度（田振中，2019；孟维福和刘婧涵，2023）、城镇化水平（苟利民，2022；庞建刚和李思思，2023）、政府作用（张彦彦，2021；吴继英和李琪，2023）、居民消费水平（董建博和张敏，2021；钟方雷等，2022）和外商合作（陈景华和徐金，2021；王旭和马宗国，2022）等方面。与以上研究的出发点不同，部分学者从数字经济的角度对生产服务业结构升级的作用机制进行了分析（刘洋和陈晓东，2021；廖信林和杨正源，2021；戴魁早，2023）。目前，关于数字经济对我国生产服务业影响的研究主要从以下三个角度展开。

一是基于经济效应的视角。相关研究主要包括数字经济的就业岗位创造效应、技术创新驱动效应和规模经济效应等。数字经济作为促进生产服务业发展的重要动力，不仅会通过扩大生产性服务业的就业规模降低劳动力市场上供需双方的信息不对称性和要素市场扭曲程度，打破阻碍服务业结构升级的"桎梏"（周少甫和陈亚辉，2022；戚聿东等，2020）；而且可以通过数据要素链接的方式缓解市场多方参与主体之间的信息不对称性和道德风险，降低交易成本，使企业得以节约更多的经费用于研发活动从而增强企业的技术创新水平（卢福财和徐远彬，2018；赵宸宇等，2021）。有研究发现，数字技术还可以通过结构效应、赋能效应和规模经济三方面促进产业虚拟集聚与技术扩散，加强行业间研发合作与资源共享，提升产业生产率，从而实现生产

服务业结构升级（李晓华，2022；刘家旗等，2023）。

二是基于高质量发展的视角。相关研究多从理论层面展开。从学理意义上来说，数字经济对以生产性服务业为代表的现代服务业高质量发展具有颠覆性的作用（任保平和巩羽浩，2023）。而对所有实体经济进行数字化、网络化和智能化改造，积极抢占产业发展制高点，全面重塑产业核心竞争力，可以以更大力度、更实举措为产业结构迈向中高端注入强大动力（张于喆，2018）。从数字经济引领生产服务业高质量发展的理论基础入手，祝合良和王春娟（2020）在剖析数字经济引领生产服务业高质量发展的内在机理后，认为中国须从创新构建数字化产业体系和政府引导产业数字化转型两方面来推进生产服务业高质量发展。

三是基于空间效应的视角。这部分研究主要是从空间效应视角考察数字经济对生产服务业集聚的影响。技术进步引致的互联网发展通过扩大知识溢出、节约交易成本和增强范围经济效应等路径，显著推动了生产性服务业多样化集聚（鲁玉秀等，2022）；且地区信息化程度越高，生产服务业的空间集聚程度也越高（纪玉俊和韦晨怡，2023）。数字经济虽然能够显著提高生产性服务业专业化集聚水平，推动地区产业优化升级，但抑制了多样化集聚（刘玉荣等，2023）。

综上所述，现有文献中大多研究只是将数字技术简单应用于生产服务行业，探讨数字经济新要素多方面渗透入生产性服务业全过程的研究相对较少。数字经济与生产服务业产业的深度融合发展对于提高制造业生产效率、促进产业结构转型升级进而推动经济高质量发展均具有重要意义。基于此，本章运用2011～2021年中国生产服务业上市公司数据，实证检验数字经济对生产服务业的影响，并从多个角度全方位探究数字经济与生产服务业深度融合的约束因素与优化路径。本章可能的边际贡献有以下三点：第一，结合文本分析法与熵值法对城市数字经济进行了较为全面的测度，能够从更加细微的尺度刻画其时空演化特征；第二，基于生产、研发和业态三个视角考察了数字经济发展与生产服务业深度融合的理论逻辑，为推动生产服务业结构优化升级提供了新思路；第三，将"宽带中国"战略作为数字经济的一项准自然实验，在采用双重差分方法估计数字经济对生产服务业结构升级影响的基础上，综合使用平行趋势检验、安慰剂检验以及其他稳健性检验等，从而有效避免潜在内生性问题，确保研究结论的可靠性。

二、数字经济与生产性服务业深度融合的理论机制

随着数字经济纵深发展，数实融合从单一的流通环节融合到推动前端、中端和后端的深度融合，推进数字经济在技术研发环节、生产环节和生态环境多方面深入实体产业的全生命周期。数字经济与生产性服务业的深度融合也并非仅是将数字技术简单应用于生产服务行业，而是数字技术、数据要素、数字平台和数字场景等这些数字经济发展的新要素渗透入生产性服务业的全过程，以技术、要素、平台和场景多轮驱动对生产性服务业进行改造。

1. 数字经济与生产性服务业的生产深度融合机制：直接效应

首先，传统服务业受限于其实物产出的不可储存性与交易方式的同步性，离不开时空同步的"刚性要求"，因此传统服务业的供给产品存在市场规模限制问题，又反过来会约束服务业规模效益的产生。当生产性服务业与服务需求企业的空间距离较短时，服务商提供无形服务产品与提供有形工业产品的交易成本差异不明显，当距离较长时，交易成本就成为制约生产性服务业发展的重要影响因素（席强敏等，2015）。伴随着数字经济快速发展的是数字技术水平的不断提升，数字技术独特的经济属性决定了其能够突破时空限制、强化连接传统生产服务供需双方，克服传统经济条件下服务业的非存储性、不可远距离贸易、生产消费同时性等因素的制约，生产服务逐渐可标准化生产并赋予其规模经济的特点（江小涓，2017）。软件等计算机相关服务业是数字经济与生产性服务业深度融合发展的重要产业，依托于数字技术的信息服务发展出了与传统服务业截然不同的特征，信息服务的初始投入成本很高但其优势在于边际生产（复制）成本很低或接近于零。数字信息技术的快速变革催生了数字经济的发展，而数字经济的发展又推动着信息服务业的升级，使其趋向规模化、智能化，提升了服务供给质量与生产的深度融合。

其次，从要素配置角度出发，传统生产性服务业生产总值的快速增长多依赖粗放式的资源投入，随着服务业发展规模的不断壮大与内部结构的不断升级，由传统的劳动密集型转为以资本密集型为主，并向着知识、技术型密

集型转变。数字化时代的到来，使数据要素进入生产中，生产要素也不再只有土地、劳动力、资本、知识等传统要素，技术与数字要素正在发挥越来越重要的作用。数据要素融入生产函数后改变了生产函数的性质，通过直接效应深度提升生产性服务业的生产效率。一是数据要素的非竞争性、零边际成本以及同时具有资源和资产的双重属性，使数据具有显著的递增规模收益和增长倍增效应，这与传统生产要素的独占性和规模收益递减性是不同的。尤其对于互联网及软件服务行业而言，数据要素生产的边际成本很低几乎为零，企业可以持续扩大其生产规模，直接赋能生产率的增长。二是数据作为生产要素，其本身就具有很强的渗透性、高关联性以及高创新的特点，使其参与生产过程还改善了劳动、资本等传统生产要素的配置效率。在深度融合数字技术的前提下，生产性服务业企业在生产、销售、流通等全过程中能够更有效地利用劳动力、资本以及土地，使其他传统要素能够得到充分利用，实现了更高效率新组合的创新发展，即熊彼特所称的"创造性破坏"的过程。数据本身的融合协同作用，增加了与其他传统要素之间的协同性，提高了资源生产效率。综上所述，本章提出如下理论假说：

假说1：数字经济发展新要素（技术、数据、平台、场景）的发展深化与传统生产性服务业的生产深度融合，即通过直接效应提升生产性服务业生产效率。

2. 数字经济与生产性服务业的研发深度融合机制：渗透效应

数字经济起始于信息技术的发展，无线传输技术、数字编码、远程电报、电话和广播网络等技术成就了信息时代。信息记录与分析能够促进产业内知识体系形成与知识积累，开启了由链接和数据推动的知识加速研发生产，易形成全球创新网络（巴纳德和夏米纳德，2011）。长期以来，一系列原生障碍性因素的掣肘令本土服务业难以深度融入全球贸易及创新网络，而数字经济所蕴含的开放式创新逻辑却在很大程度上改变了这一局面。其一，经济社会的数字化转型提供了开放式创新的新方式并倒逼服务业加速融入全球创新网络，实现产业内的数字化创新。软件代码类服务业深度衔接数字技术的开源特性，构建全产业链分布合作模式与无边界产业研发生态圈。目前，全球97%的软件开发者和99%的企业使用开源软件，全球70%以上的新立项软件项目均采用开源模式，显著提高了研发活动的专业化程度和效率水平。其二，传统知识溢出的空间受制于行政地理边界，并且知识溢出存在空间衰减效用。数字技术与数字平台的发展在一定程度上打破了知识溢出的地理边界，促进以研发要素为载体的知识溢出，这种数字形态的非物化型知识在网络公共平台实现正外部性的溢出效应，在优化创新环节的同时，提升了作为产业链核心枢纽的生产性服务业协同创新效率。其三，生产性服务业产业创新能力的重要提升得益于与数字经济发展新要素深度融合后实现分布式分工。许多生产性服务业的服务呈现出项目制式众包分工、网络化多主体协同等特征，这是数字时代生产者服务内部分布式分工深化的结果。分布式分工的深入能够通过服务产品的买卖环节链接不同企业。通常，资源、技术禀赋较高的企业会出售服务产品到发展水平相对较低的企业，而这些服务产品一般都含有比较高的技术水平及创新水平。因而，这会极大地刺激发展水平较低的企业去学习先进技术，即产生"干中学"效应而提高各环节本身创新效率。

假说2：数字经济发展新要素（技术、数据、平台、场景）的发展加深与传统生产性服务业的研发深度融合，即通过渗透效应促进生产性服务业创新提升。

3. 数字经济与生产性服务业的业态深度融合机制：集聚效应

究其根本，生产性服务业脱胎于制造业，其服务价值最终体现到赋能制造业的发展，因此服务业的高质量发展无法脱离其服务主体。实现生产性服务业聚集既是服务业结构升级的要求，也是制造业、农业等其他产业升级发展的依托。当数字经济作为一种新经济形态、新技术和新模式全方位嵌入生产性服务业价值体系中之后，将对其内部的业态集聚模式造成颠覆性影响。传统生产性服务集聚化发展受到地理空间总体有限性的限制，当生产要素密度过高时就会产生拥塞效应，导致城市内企业运输成本、生产成本和管理成本上升（任保平和巩羽浩，2022）。而数字平台的出现能够将多样化的生产服务嵌入全产业链，有利于服务供给方寻找客户、服务需求企业更易于获得服务。对于主要生产无形产品的生产性服务业而言，数字化平台的出现能够有效降低信息传输成本及交易成本，对其在空间上的集聚形态有更强的解释力。数字技术的溢出效应也在一定程度上改变了生产性服务业集聚模式，头部生产性服务业企业通过内在知识与技术，紧密汇聚物流、金融、研究开发、知识产权、技术转移等各类生产性服务业企业，在更大空间范围内凝聚和延伸产业链，进而促进整个服务产业实现结构升级。

假说3：数字经济发展新要素（技术、数据、平台、场景）的发展催化与传统生产性服务业的业态深度融合，即通过集聚效应推动生产性服务业结构升级。

三、数字经济与生产性服务业深度融合的实证分析

1. 研究设计

为了检验数字经济发展对于生产性服务业的融合效果，设定如下基本模型：

$$\text{Independ}_{i,c,t} = \alpha_0 + \alpha_1 \text{Score}_{c,t} + \alpha_2 \sum \text{Controls} + \lambda_t + \delta_i + \vartheta_i + \varepsilon_{i,t}$$

$$(8-1)$$

i 表示生产性服务业企业个体，t 代表年份，$\text{Independ}_{i,c,t}$ 表示生产性服务业企业 i 在 t 年的生产效率、创新效率、产业集聚水平，$\text{Score}_{c,t}$ 为企业 i 所在的城市 c 在 t 年数字经济发展指标，$\sum \text{Controls}$ 表示为控制变量，δ_i 为城市固定效应，$\varepsilon_{i,t}$ 为误差项。

本章选取 2011~2021 年沪深 A 股生产性服务业上市公司为研究对象，研究城市数字经济新要素发展对生产性服务业多维度融合的影响效果。企业层面的财务数据来源于国泰安数据库（CSMAR），并参照国家统计局最新印发的《生产性服务业统计分类（2019）》，将生产性服务业企业界定在二位数代码 51~63、65、68~78 的区间内。[①] 地区层面数据选取于 2012~2023 年《中国城市统计年鉴》和国家统计局网站等公开出版的年鉴资料。具体变量说明如下：

（1）核心解释变量：城市数字经济指数（$\text{Score}_{c,t}$）。如何度量城市层面的数字经济发展水平是本书的重点。首先，由于城市层面相关数据难以获得，涉及数字经济发展状况的测算多集中于国家与省级层面。已有文献主要采用单指标替代法或综合评价法度量城市数字经济发展状况，考虑到单指标替代

---

① 研究所涉及的生产性服务业包括：（F）交通运输业、仓储和邮政业；（G）信息传输、计算机服务和软件业；（H）批发零售业；（J）金融业；（L）租赁和商业服务业；（M）科学研究、技术服务业。具体代码界定留存备索。

法不能多维度地衡量城市数字经济的特征，本章借鉴郭晗和全勤慧（2023）的做法，从数字化、网络化、智能化和平台化四个维度综合衡量城市层面的数字经济发展状况。其次，针对传统经济统计数据对数字经济发展水平反映程度有限的问题，本章部分指标的度量采用文本抓取分析法，尽可能准确衡量城市数字发展程度。考虑到城市数字经济发展的相关特征信息更容易体现在具有指导意义的城市政府工作报告中，因此本章通过 Python 程序抓取各城市 2011～2021 年政府工作报告中与数字经济特征有关的关键词，统计"四化"相关词汇出现的频次，构建中国城市经济综合评价指标，包括 4 个一级指标和 16 个二级指标，指标体系及数据来源如表 8 - 1 所示。通过熵值法对上述指标数据进行计算处理，得到城市层面的数字经济指数（$Score_{c,t}$）。由于数字经济测度相关指标的限制，为了保证数据的可比性、完整性和可获得性，选取中国 282 个地级市及以上城市的数据进行测度。

表 8 - 1   中国数字经济综合评价指标体系

一级指标	序号	二级指标	来源
数字化	1	数字普惠金融指数	北京大学数字金融研究中心
	2	上市公司数字化相关词频占比	上市公司年报
	3	电子商务企业数	爱企查
	4	政府工作报告数字化相关词汇出现频率	政府工作报告
网络化	5	信息化就业人员占比	城市统计年鉴
	6	电信业务收入/国内生产总值	城市统计年鉴
	7	互联网宽带接入用户数	城市统计年鉴
	8	政府工作报告网络化相关词汇出现频率	政府工作报告
智能化	9	城市人工智能专利数	大为专利搜索引擎
	10	城市工业机器人专利数	大为专利搜索引擎
	11	城市人工智能企业数	爱企查
	12	政府工作报告智能化相关词汇出现频率	政府工作报告

续表

一级指标	序号	二级指标	来源
平台化	13	有应用程序（App）的企业数量	爱企查
	14	淘宝村数量	阿里研究院
	15	数字经济创新创业指数	北京大学企业大数据研究中心
	16	政府工作报告平台化相关词汇出现频率	政府工作报告

资料来源：笔者根据城市统计年鉴、爱企查网站、大为 Innojoy 专利搜索引擎、阿里研究院等自行整理得出，部分词频数据通过爬虫方法基于文本分析得出。

（2）被解释变量一：生产性服务业企业生产效率（$TFP_{i,t}$）。企业作为经济运行的微观基础，是宏观经济发展的关键主体。企业全要素生产率的发展水平具象体现了产业的生产效率，因此本章选择生产性服务业企业全要素生产率来衡量生产性服务业生产效率。全要素生产率是衡量常见的企业全要素生产率的计算方法有最小二乘法（OLS 法）、固定效应法（FE 法）、广义矩估计法（GMM 法）、Olley-Pakes 法（OP 法）、Levinsohn-Petrin（LP 法）。传统的 OLS 法、FE 法和 GMM 法存在损失有效信息量、不足以解决内生性问题等。参考鲁晓东和连玉君（2012）对企业全要素生产率研究方法的总结，LP 方法使用中间品投入指标作为代理变量，而 OP 方法所要求的代理变量为投资额，从数据获取角度来说，中间品投入的数据更易获得，因此可有效避免企业样本损失。综合考虑之下，本章最终选择了 LP 方法来计算企业全要素生产率，以 LP 计算结果为基准进行分析。限于篇幅，未报告企业全要素生产率的详细计算过程，留存备索。此外，本章采用 OP、OLS、FE 和 GMM 等方法的计算结果做适当稳健性分析。

（3）被解释变量二：生产性服务业企业创新效率（$Apply_{i,t}$）。与上文一致，本章选择企业创新数据微观展现产业创新发展状况。已有文献主要从产出和投入两个角度对企业研发创新效率进行测度：投入角度主要选择 R&D 经费支出占营业收入比例，产出角度主要包括企业年度新产品产值占营业收入比例、专利和发明数量之和、无形资产增量与企业期末总资产比值。本章参考现有文献做法，将企业专利申请数分为两个档次：一是企业专利申请总数；二是企业发明专利申请数，并将这两个变量加 1 后取对数，分别命名为 Apply 与 IApply，作为生产性服务业企业研发创新能力的代理变量。

（4）被解释变量三：生产性服务业集聚水平（HHI$_{i,t}$）。对于产业集聚水平的测度，已有研究主要采用区位熵、因子分析法、主成分分析法及赫芬达尔指数等方法。本章参考现有文献，选择赫芬达尔指数（HHI）作为生产性服务业集聚效率的代理变量。赫芬达尔指数是衡量产业集聚程度的指标，具体指一个行业中各企业总资产占全行业资产的百分比（即市场占有率）之和。赫芬达尔指数的计算公式为：HHI = $\sum$（Si^2）。其中，Si 是第 i 家公司的市场份额（通常以销售额或者资产来衡量，能够得到两种计算结果）。若赫芬达尔指数越接近 1，表示该市场或者产业的集中度越高，竞争程度越低。反之，赫芬达尔指数越接近 0，表示该市场或产业的集中度越低，竞争程度越高。

（5）控制变量。在控制变量的选择上，参考其他文献，本章控制了影响生产性服务业发展的其他因素。其中，企业层面的因素包括：是否是国有企业（SOE）、公司年龄（age）；地区层面的因素包括：经济增长水平（GDP）、产业结构高级化（ind）、人力资本水平（hum）、政府干预程度（gov）等。

2. 基准回归与稳健性检验

本章使用 Stata 软件根据基准模型（1）检验假说 1，表 8 – 2 列示了检验结果。表 8 – 2 以城市数字经济指数作为解释变量，企业全要素生产率（TFP_LP）作为被解释变量。列（1）结果显示，在控制行业固定效应和控制变量后，发现城市数字经济指数的回归系数在 1% 的统计水平上显著为正，说明数字经济对于生产性服务业的生产效率具有显著的推动作用。系数值 α_1 为 0.574 意味着城市数字经济每提升 1 点，所在地区生产性服务业企业的全要素生产率将增加 57.4%。列（2）~列（5）结果显示，在更换多种生产率计算方式后，发现数字经济对企业高质量发展依旧存在显著的正向促进效应，再次验证了本章的假说，进一步证实了核心结论具有稳健性。

表 8 – 2　　　　　　　　　　基准回归与稳健性检验

变量	(1)	(2)	(3)	(4)	(5)
	TFP_LP	TFP_OP	TFP_FE	TFP_OLS	TFP_GMM
score	0.5741***	0.4059**	0.6384**	0.6120**	0.4056**
	(0.2067)	(0.1792)	(0.2531)	(0.2393)	(0.1796)

续表

变量	（1）	（2）	（3）	（4）	（5）
	TFP_LP	TFP_OP	TFP_FE	TFP_OLS	TFP_GMM
age	0.0359 ***	0.0278 ***	0.0613 ***	0.0561 ***	0.0176 ***
	（0.0025）	（0.0022）	（0.0031）	（0.0029）	（0.0022）
SOE	0.3326 ***	0.2734 ***	0.5615 ***	0.5164 ***	0.1822 ***
	（0.0557）	（0.0483）	（0.0681）	（0.0644）	（0.0484）
GDP	0.4665 ***	0.3818 ***	0.4352 ***	0.4338 ***	0.4126 ***
	（0.1206）	（0.1045）	（0.1476）	（0.1396）	（0.1048）
ind	0.0248	0.0375	0.0378	0.0354	0.0255
	（0.0760）	（0.0659）	（0.0931）	（0.0880）	（0.0661）
hum	− 3.0003	0.9631	− 14.8856	− 12.4869	5.4519
	（13.1619）	（11.4128）	（16.1137）	（15.2371）	（11.4372）
gov	0.7760	0.0256	0.5552	0.5366	0.2797
	（1.3928）	（1.2077）	（1.7052）	（1.6124）	（1.2103）
_cons	2.8383 ***	2.2425 **	5.9733 ***	5.3817 ***	0.9746
	（1.0200）	（0.8845）	（1.2488）	（1.1809）	（0.8864）
固定效应	是	是	是	是	是
观测值	3271	3271	3271	3271	3271

注：**、***分别表示在 5%、1% 水平上显著，括号内为稳健标准误。

3. 机制分析

本章对数字经济与生产性服务业创新效率之间关系进行检验，结果如表8 – 3列（1）和列（2）所示。通过模型（1）的检验，城市数字经济指数 Score对于研发创新能力 Apply 与 IApply 的系数均显著为正，表明城市数字经济的发展能够提升生产性服务业新产品新发明的产出，有助于生产性服务业企业创新能力的提升。在基准回归最后的部分，本章对于数字经济是否促进了生产性服务业的集聚或者离散进行讨论。在同样控制了固定效应及多个控制变量检验后，根据列（3）和列（4）结果可得，数字经济指数对赫芬达尔指数在 5% 显著水平上具有促进作用，说明数字经济的出现有助于生产性服务业集聚水平的提升，证明了假说三的成立。

综上可得，数字经济与传统生产性服务业的深度融合，能够通过生产融合、研发提升、集聚效应推动生产性服务业结构升级。

表 8 - 3   机制检验

变量	(1)	(2)	(3)	(4)
	Apply	IApply	HHI1	HHI2
score	0.5913 **	0.5658 **	0.0143 **	0.0148 **
	(0.2651)	(0.2481)	(0.0393)	(0.0308)
age	- 0.0128 ***	- 0.0125 ***	0.0026 ***	0.0010 **
	(0.0041)	(0.0039)	(0.0006)	(0.0005)
SOE	0.3501 ***	0.2145 **	0.0233 *	0.0125
	(0.0937)	(0.0877)	(0.0139)	(0.0109)
GDP	- 0.1058	- 0.0663	0.0105	0.0033
	(0.0659)	(0.0617)	(0.0097)	(0.0076)
ind	- 0.0640 **	0.0233	- 0.0193 ***	- 0.0235 ***
	(0.0310)	(0.0290)	(0.0045)	(0.0036)
hum	74.1186 ***	51.6269 ***	3.5172 ***	4.6674 ***
	(8.2223)	(7.6941)	(1.2026)	(0.9429)
gov	- 6.1178 ***	- 5.5767 ***	0.0279	0.3021 ***
	(0.8690)	(0.8132)	(0.1303)	(0.1022)
_cons	1.7723 ***	1.3048 **	0.0629	0.0375
	(0.5686)	(0.5321)	(0.0736)	(0.0577)
固定效应	是	是	是	是
观测值	3271	3271	3124	3124

注：* 、** 、*** 分别表示在10%、5%、1%水平上显著，括号内为稳健标准误。

四、基于"宽带中国"准自然实验的扩展性分析

前文从理论和实证方面分析了数字经济驱动生产服务业结构升级的作用机制及影响效应，为了确保上述估计结果的可靠性，接下来将"宽带中国"视为数字经济发展的一项准自然实验，进一步严格检验数字经济与生产服务业结构升级之间的因果关系。高速宽带网络的推广可以为数字经济的各个领域提供更多的机会和潜力。它不仅为初创企业、科技公司和数字化服务提供

商提供了稳定、快速、可靠的网络连接，而且会成为中国产业结构升级的重要载体。认识到宽带连接在推动经济增长、社会进步和技术创新方面的关键作用，国务院于 2013 年制定了《"宽带中国"战略及实施方案》后，2014 年工业和信息化部与国家发展和改革委员会两部门便联合发布了《关于开展创建"宽带中国"示范城市（城市群）工作的通知》，旨在通过加快建设高速宽带网络，提高网络基础设施覆盖范围和质量，推动数字经济的快速增长。工业和信息化部和国家发展和改革委员会在 2014～2016 年分三批选择了 117 个城市作为"宽带中国"试点城市。首批试点城市于 2013 年 8 月 1 日开始运行，第二批于 2014 年 11 月 5 日实施，第三批于 2015 年 10 月 9 日实施。目前试点城市已从沿海逐步展开到内陆，形成了东西双向互济的发展格局，未来国家和地方将持续出台相关政策，扩围并逐渐深入三四线城市，这必将对数字经济发展和产业结构升级产生重大而深远的影响。

1. 基于"宽带中国"准自然实验的基准回归

本章参考袁航和夏杰长（2022）的研究，将"宽带中国"战略政策视为一项准自然实验。为了确定数字经济对生产服务业的影响，本章使用企业是否在这些试点城市之一作为该地区数字经济发展水平的代理变量。考虑到"宽带中国"战略政策是分批次扩大试点城市范围的，从而采取多期 DID 来评估数字经济对生产服务业发展的影响。具体构建回归模型如下：

$$\ln Y_{it} = \alpha_0 + \alpha_1 did_{it} + \gamma Controlfirm_{it} + \delta Controlcity_{ct} + \mu_i + \theta_t + \varepsilon_{it} \quad (8-2)$$

式（8-2）中，i、t、c 分别代表公司、时间、城市；Y_{it} 为公司 i 第 t 年的生产性服务业发展水平，包括生产效率、创新效率和产业集聚水平；did_{it} 是根据政府指定试点城市这一外生事件设置的虚拟变量。具体而言，如样本期内企业注册地被选为"宽带中国"试点城市，则该年及以后年份的 did 设置为 1；否则，它被设为 0。α_1 显著为正表明数字经济对生产服务业结构升级有正向影响。$Controlfirm_{it}$ 和 $Controlcity_{ct}$ 分别是公司层面和城市层面的一组控制变量。由于选择试点城市的地区不是随机分配的，受"宽带中国"政策影响的城市和未受影响的城市之间可能存在差异，因此我们控制了企业和年度固定效应。

表 8-4 报告了式（8-2）的估计结果。列（1）～列（3）估计了当未加

入控制变量时"宽带中国"战略对生产服务业生产效率、创新效率和集聚水平三个方面发展的基本影响，初步说明实施"宽带中国"战略能显著促进我国生产性服务业发展；列（4）~列（6）给出了带控制变量的回归结果，可以看到"宽带中国"战略对生产性服务业的估计系数依旧显著为正，再次说明"宽带中国"战略能显著促进生产性服务业发展，并有效带动生产服务业结构升级。在控制所有变量后，平均而言，"宽带中国"战略政策的实施使得试点城市的生产性服务业企业生产效率提高 0.0137%，创新效率提高 0.1130%，并使产业集聚水平提高 0.0769%。从中可知，无论是否加入控制变量，"宽带中国"战略政策效应的方向和显著性均与理论预期一致。这表明，"宽带中国"战略对生产性服务业结构升级产生了明显的政策效果。

表 8 - 4　　　　　　　　　　　　　基准模型估计

变量	（1）	（2）	（3）	（4）	（5）	（6）
	lnTFP	lnApply	lnHHI	lnTFP	lnApply	lnHHI
did	0.0280***	0.1147**	0.0696*	0.0137*	0.1130**	0.0769*
	(0.0095)	(0.0520)	(0.0407)	(0.0078)	(0.0533)	(0.0412)
SOE				0.0260***	-0.0645	-0.0426*
				(0.0058)	(0.0435)	(0.0257)
size				0.0557***	0.0867***	-0.0544***
				(0.0016)	(0.0111)	(0.0154)
df				0.0004***	0.0025***	0.0027***
				(0.0001)	(0.0007)	(0.0006)
hum				0.7706*	3.6862	-7.8085
				(0.4408)	(2.9577)	(6.2772)
fi				-0.0209*	0.2570***	0.1185*
				(0.0116)	(0.0836)	(0.0685)
_cons	2.0883***	0.7371***	-1.7198***	1.5595***	-0.8384***	-1.8967***
	(0.0066)	(0.0382)	(0.0268)	(0.0337)	(0.2457)	(0.2718)
固定效应	是	是	是	是	是	是
观测值	2178	1558	2156	2178	1558	2156
R^2	0.0456	0.0441	0.8606	0.4328	0.0914	0.8634

注：*、**、*** 分别表示在 10%、5%、1% 水平上显著，括号内为稳健标准误。

2. 平行趋势检验

采用多期双重差分法进行估计需要满足平行趋势检验，即处于"宽带中国"战略试点城市的企业与处于非试点城市的企业在政策实施前具有相同的变化趋势。因此，本章借鉴雅各布森等（1993）的事件分析法，建立如下模型进行检验：

$$\ln Y_{it} = \beta + \sum_{\tau=-5}^{\tau=-2} \beta_\tau \, pre_{it} + \beta_0 \, current_{i0} + \sum_{\tau=1}^{\tau=5} \beta_\tau post_{it}$$
$$+ \gamma Controlfirm_{it} + \delta Controlcity_{ct} + \mu_i + \theta_t + \varepsilon_{it} \qquad (8-3)$$

其中，pre_{it} 表示企业 i 所在城市处于"宽带中国"战略实施前的第 t 年，$current_{i0}$ 表示企业 i 所在城市处于"宽带中国"战略实施当年，$post_{it}$ 表示企业 i 所在城市处于"宽带中国"战略实施后的第 t 年。企业 i 所在城市处于非试点城市的相对时间虚变量均为 0，将研究时间范围缩尾至政策实施前 5 年和实施后 5 年，所有其他变量与式（8-2）中引入的变量相同。

本章以"宽带中国"战略实施前一年（pre1）为基期。分别以生产性服务业的生产效率、创新效率和产业集聚水平 3 个指标为因变量，绘制平行趋势检验图。具体结果如图 8-1 所示。可以发现，估计系数在"宽带中国"战略实施前均不显著，且系数值在 0 附近波动。这说明在政策实施之前，受影响企业和未受影响企业在"宽带中国"政策出台前不存在显著差异，即满足平行趋势假设条件。

3. 动态政策检验

图 8-1 还显示了"宽带中国"战略实施对生产服务业生产效率、创新效率和集聚水平三个方面促进效果随时间的动态影响。结果表明，随着时间的推移，政策的实施效果整体来说呈现增强趋势。具体而言，变量的估计系数均在"宽带中国"战略实施后第 2 年及之后显著，并且逐渐上升，表明"宽带中国"战略的实施对生产服务业发展的促进效果具有一定的滞后性。其影响滞后的原因一方面可能是"宽带中国"战略在实施之后建设数字基础设施需要一定的周期；另一方面可能由于生产效率和创新效率需要数字经济在技术研发方面的效应，这种效应具有投资大、周期长的特点，而且产业集聚也需要一定时间才能体现出来效果，所以最终反映在政策效果上有一定的滞后

性。其影响逐渐增大的原因可能是：随着"宽带中国"战略的实施，数字经济对生产服务业的直接、渗透和集聚效应都在不断增强。因此，政策的实施对生产服务业结构升级的促进作用也越来越大。

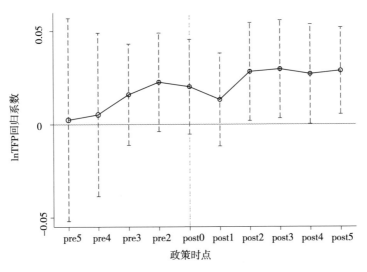

（a）生产效率

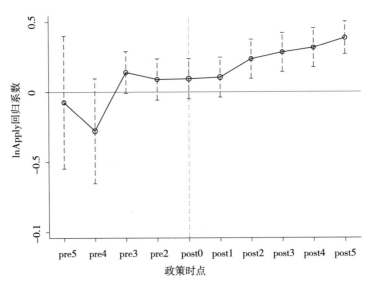

（b）创新效率

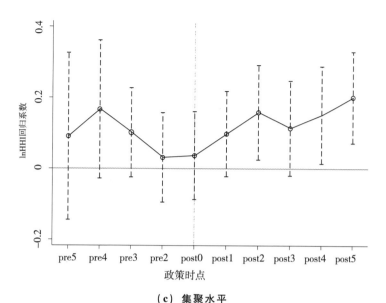

（c）集聚水平

图 8 - 1　平行趋势检验

4. 安慰剂检验

上述检验表明，本章的基准结果满足平行趋势假设。因此本章接下来通过进行安慰剂检验进一步增强 DID 估计的稳健性。该检验包括虚构政策干预时间和虚构实验组与虚构政策时间相结合两种方法，以排除是否可能受到其他随机因素的影响的可能性。

（1）虚构政策干预时间。为进一步验证表 8 - 4 结果的可靠性，本章通过将"宽带中国"战略的试点时间统一提前 1 年、2 年之后根据基准模型分别进行回归，结果如表 8 - 5 所示。列（1）～列（3）估计了"宽带中国"政策时间提前 1 年对生产性服务业三方面发展的基本影响，列（4）～列（6）估计了"宽带中国"政策时间提前 2 年对生产性服务业三方面发展的基本影响。从表 2 结果可知，"虚假"的"宽带中国"战略对我国生产性服务业的生产效率、创新效率和产业集聚水平三个方面均无显著影响，由此证实基准结论中"宽带中国"战略能显著促进我国生产服务业结构升级的观点。

表 8-5 安慰剂检验结果

变量	(1) lnTFP	(2) lnApply	(3) lnHHI	(4) lnTFP	(5) lnApply	(6) lnHHI
xjdid	-0.0009 (0.0082)	-0.0094 (0.0842)	-0.0728 (0.0510)	-0.0047 (0.0072)	-0.1125 (0.0747)	0.0037 (0.0447)
SOE	0.0049 (0.0041)	-0.0161 (0.0407)	-0.0384 (0.0257)	0.0051 (0.0041)	-0.0177 (0.0407)	-0.0400 (0.0257)
size	0.0346*** (0.0025)	0.0540** (0.0242)	-0.0515*** (0.0154)	0.0347*** (0.0025)	0.0565** (0.0242)	-0.0526*** (0.0155)
df	-0.0001 (0.0001)	0.0013 (0.0009)	0.0027*** (0.0006)	-0.0001 (0.0001)	0.0013 (0.0009)	0.0027*** (0.0006)
hum	-2.6902*** (0.9985)	10.1661 (8.9886)	-9.9854 (6.2178)	-2.7551*** (1.0029)	8.4742 (9.0361)	-9.4883 (6.2500)
fi	0.0195* (0.0110)	0.2200* (0.1161)	0.1001 (0.0686)	0.0188* (0.0110)	0.2021* (0.1164)	0.1090 (0.0687)
_cons	1.9073*** (0.0437)	-0.2934 (0.4163)	-1.7580*** (0.2718)	1.9107*** (0.0436)	-0.1976 (0.4165)	-1.8209*** (0.2715)
固定效应	是	是	是	是	是	是
观测值	2178	1551	2156	2178	1551	2156
R^2	0.8391	0.5706	0.8633	0.8392	0.5713	0.8631

注：*、**、***分别表示在10%、5%、1%水平上显著，括号内为稳健标准误。

(2) 随机选取实验组与虚构政策时间。此外，本章借鉴白俊红等 (2022) 的相关研究成果通过随机选择处理组与虚构政策实施时间相结合进行安慰剂检验。具体而言，本章在每次随机抽样中选出部分企业作为虚拟实验组，剩余样本作为虚拟对照组，并将实验组城市设定政策实施年份提前1年，进而通过模型 (2) 对新样本进行模型回归，重复进行500次，将所得到的500个虚假估计系数与基准模型的真实估计系数进行对比。图8-2绘制了500个估计系数的核密度分布及其P值。

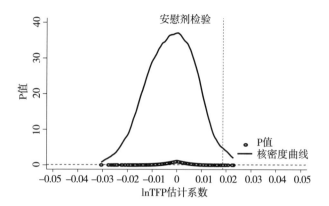

（a）生产效率

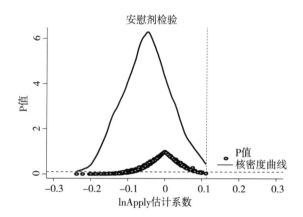

（b）创新效率

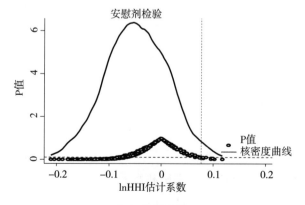

（c）集聚水平

图 8 - 2　核密度系数

从图 8-2 中可以看出，当政策时间发生变化时，安慰剂检验得到的系数与实际基准回归得到的系数（0.0137、0.1130 和 0.0769，虚线标识）有显著差异。此外，大部分结果的 P 值大于 0.1，表明缺乏统计学意义。这进一步加强了本章在前一节中提出的实证结果的稳健性，表明未观察到的因素并没有对数字经济推动生产服务业结构升级产生积极影响。

五、小结与对策建议

生产性服务业是我国经济社会发展的重要组成部分，也是实现高质量发展的关键环节。以上研究已经表明，以数字化推动生产服务业结构升级已成为提升服务业发展能级，构建服务业发展新体系的必经之路。本章在梳理数字经济与生产服务业相关研究和"宽带中国"政策背景的基础上选用 2011～2021 年生产服务业上市公司面板数据为样本，实证分析了数字经济驱动生产服务业结构升级的影响效应及作用机制，并将"宽带中国"视为数字经济发展的一项准自然实验，严格检验了数字经济与生产服务业结构升级之间的因果关系。经验证据支持理论分析的结论，即数字经济通过生产融合、研发提升和集聚效应显著推动了生产性服务业结构升级。这一结论在经过一系列稳健性检验后仍然成立。

然而，通过实证研究发现，数字经济与生产服务业融合的过程中可能存在一些约束因素。一是数字技术和基础设施不完善。融合数字经济和生产服务业需要先进的技术和高速可靠的网络基础设施。数字经济与传统生产服务业的生产深度融合、研发深度融合和业态深度融合都具有投资大、周期长的特点。然而，一些地区可能存在技术水平不足或基础设施建设滞后的问题，这可能限制了数字经济和生产服务业的融合发展。二是数据共享问题。数据实现共享可以使所有生产服务业企业大大降低数字化转型的成本，促进数字经济与生产服务业的研发深度融合。然而数字经济涉及大量的数据收集、存储和处理，生产服务业也需要对机密和敏感信息进行保护。因此，数据共享是存在一定的难度的。三是"宽带中国"战略的实施不彻底。完善的网络基础设施建设是城市生产服务业数字化转型的硬件根基，"宽带中国"战略的推行使试点城市的网络基础设施建设得到了进一步的完善，也使数字经济与生产服务业在生产深度、研发深度和业态深度形成了全面融合。然而截至2023年底我国仅有117个城市实施"宽带中国"战略政策，非试点城市一方面由于数字基建还不够完善，另一方面由于数字经济发展的载体还未形成一定的空间集聚，导致生产服务业数字化转型存在一定阻碍。第四是数字化专业人才不足。数字经济和生产服务业的融合需要具备相关技能和知识的人才。将数字技术引入生产服务业需要重新设计和调整现有的操作模式和业务流程。这可能涉及员工培训等方面的工作，但这种转型过程可能需要时间和资源。然而，现有的人力资源可能不足以满足这种需求，或者缺乏相关的培训机会。因此，培养和吸引具备数字技术和生产服务领域专业知识的人才是数字经济与生产服务业融合的一个关键挑战。

针对数字经济与生产服务业融合的约束因素，本章可以提出以下推动数字经济与生产服务业融合发展的实现路径。

第一，加强技术和基础设施建设。数字基建为数字经济和生产服务业融合提供必要的技术和基础设施支持至关重要。政府和企业应加大投资力度，推进高速宽带网络的建设，提升网络质量和覆盖范围。政府可采用税收补贴、税收优惠等政策工具为实体企业与数字经济的深度融合提供资金支持，加强各地区的数字基础设施建设，为产业数字化提供技术支撑和前提保障。此外，企业还需加强数字化技术的研发和应用，促进相关技术的创新和普及。鼓励公私合作，吸引更多的投资者和企业参与基础设施建设，以提供更好的技术和基础设施支持。

第二，净化数据资源、加速公共领域数据共享开放。充分发挥数字共享平台的信息传导和资源配置等功能，降低中小企业使用门槛，使企业在数字化转型过程中通过"干中学"迅速进步。同时在确保数据的安全性、合规性和保护用户的隐私权的前提条件下，推动数字技术创新资源共建共享，鼓励开源社区、开源代码托管平台等新型数字服务基础平台发展，优化服务业数字化转型生态。

第三，适时引导"宽带中国"战略政策下沉，以点带面促进区域协调发展。结合本地经济发展水平、产业结构、地理条件情况，政府要加强政策实施过程中的包容性，继续深入推进三四线城市"宽带中国"战略的实施。在有序增加"宽带中国"试点城市数量的同时，充分发挥示范城市的数字引领和辐射带动作用，带动服务业结构转型升级。同时可以加快推进研发创新中心、数字经济产业园等数字经济产业聚集区的建设，引导资本、劳动力和技术要素的深度融合与聚集，实现溢出效应最大化，进而推动技术效率提升。把握数字产业的空间布局，使高等学校、研发机构等数字经济发展的载体在空间上集聚，发挥数字产业集聚的规模经济优势和知识溢出效应。

第四，加大对数字技术和生产服务领域的人才培养投入，包括教育机构的调整和技能培训项目的扩大。鼓励企业与学术界、行业组织等建立合作关系，共同进行人才培养和技能提升，满足市场需求。相关部门可以提供培训和教育资源，帮助企业和员工适应数字经济和生产服务业的转型，这包括技术培训、管理能力培养等方面。同时，要进一步健全人才激励和保障机制，加强科技人才的培养培训、加大科教投入以及完善人才培养和引进政策，并注重发挥数字经济优势提高地区整体劳动效率。政策层面要注重对数字技术人才的培育，突破创新活动的智力瓶颈。要持续完善人才引进与奖励机制，做到人力资本与数字技术的有效整合利用，为高科技领域人才搭建对口工作平台和提供良好的发展环境。

第九章 新常态下中国经济增长质量：
从分割走向整合的区域结构

本章采用 1997～2020 年中国省级面板数据，从要素流动和技术扩散的视角研究了区域结构转化影响经济增长的理论逻辑，并基于空间计量的方法验证了区域结构转化的增长效应。研究表明，区域结构转化能够有效提升经济增长，劳动要素和资本要素流动对本地增长的直接效应较高，而技术要素扩散对周边地区的溢出效应要高于本地的提升效应。从各区域的情况来看，东部地区受到劳动和技术要素流动的影响较大，而中西部地区受到资本要素流动的影响较大。中国未来应当继续消除影响要素流动的不合理因素，进一步强化区域结构转化的市场决定特征，从而提升整体的资源配置和使用效率，促进长期持续增长。

一、中国区域结构转化的研究背景与现状

改革开放以来，中国经济实现了持续快速增长，也经历了一个从计划经济向市场经济转型的过程，而这个转型过程最突出的特征是区域经济发展不平衡与快速的经济增长共存。进入 21 世纪以来，这种区域发展不平衡的状况并没有得到明显改善。区域发展不平衡，一方面是因为各区域的资源禀赋、基础设施、历史发展基础等有所不同；另一方面也是由于各区域之间存在市场分割和市场壁垒，相互并没有实现完全开放，要素和产业不能自由流动和转移，影响了资源的空间配置效率，对区域间贸易扩大形成了阻碍，而区域间的经济发展差距也随着市场的分割进一步扩大。

区域发展不平衡的状况，在经济起飞的初期有利于集中优势资源，实现

区域的经济集聚，促使部分地区先实现工业化，但在经济发展后期，先发展地区的要素边际产出下降，由于其先发优势的存在，原来的利益分配格局会在经济发展的长期过程得到固化，而这种区域不平衡的特征会被持续锁定，从而制约了资源有效配置，加剧区域间发展的不平衡，影响经济增长率的提升。因此，本书主要从要素流动和技术扩散的角度来研究区域结构转化，进而研究区域结构转化对促进区域经济增长的作用。

区域结构可以理解为要素和资源在空间上的分布结构，区域结构转化意味着要素在区域之间的流动。在国内外现有的研究中，新经济地理学已经开始将区域结构引入经济增长理论，以研究经济活动的空间分布特征（Krugman，1991；Crozet，2004）。新经济地理学研究区域结构的视角主要有两个：一是集聚效应视角，认为交通成本和交易成本会引起区域空间结构的变化，从而决定区域的产业和经济集聚，进而影响增长；二是空间优化视角，认为要素流动能够改善空间资源配置，从而影响增长。

近20年来，国内外大量学者开始将空间因素纳入增长理论，分析区域结构变化对经济增长的影响，特别是从要素流动层面进行研究。合理的要素流动是一种内涵式空间优化增长方式，有助于实现区域协调发展和经济快速增长。克鲁格曼（Krugman，1991）基于规模报酬和冰山成本的假设，通过一个包含两地区的"核心—外围"模型分析了贸易成本、劳动力流动和产业集聚间的关系，认为产业市场需求依赖于产业空间分布。鲍德温（Baldwin，1999）通过对内生资本积累与产业集聚关系的探讨，研究了资本要素在区域之间流动对经济增长的影响机制。福斯里德和奥塔维亚诺（Forslid and Ottaviano，2003）建立了一个自由企业家迁移模型，在要素空间流动的基础上，进一步分析了产业空间迁移对经济增长的影响。林毅夫等（1999）指出在一个要素和产业流动程度较低的国家，资源配置效率是低下的，因此很难实现快速发展。邹璇（2008）提出要素流动能够消除地区间的壁垒，从而实现空间资源配置的优化，实现区域经济增长。潘越和杜小敏（2010）通过非参数可加模型分析了劳动力在区域间流动对中国经济增长的影响，认为劳动力跨区域流动对增长的影响强度在不同区域间存在明显差异。

本书在现有文献研究基础上，借鉴新经济地理学空间优化的思想，从要素流动和技术扩散的视角研究区域结构转化对长期增长趋势的影响。

二、新常态下中国区域结构转化的逻辑机理与实证框架

传统的新古典增长理论没有考虑经济空间因素，因此在对经济增长和经济周期的分析中没有考虑区域结构。区域结构表现为要素和产业在区域之间的分布结构，区域结构决定了一个经济体增长的空间差异。区域结构变化则意味着要素在区域间的流动和产业在区域间的转移，区域结构变化不仅能够改变经济体内部各区域间的空间差异，也能够改变总体的增长趋势。因此，不考虑空间因素的增长是有缺陷的。

区域结构对经济增长率的影响，主要体现在从区域经济分割到区域经济整合的转换过程中。由于发生了空间上的要素流动和产业转移，一方面能够实现区域间的资源整合和优化配置，另一方面能够加强产业关联与技术溢出，进而导致经济结构升级，从而提升经济增长率。要素流动是区域结构转化的本质，而产业转移则是区域结构转化的具体形式。

要素流动指资本、劳动力和技术等要素实现空间上的转移。从资本要素来说，自从罗默（Romer，1986）将资本流动作为内生变量引入增长分析框架以来，西方学者有大量关于资本流动如何影响经济增长的文献，这些研究大多指出，经济落后的地区引进外资对本地区经济增长具有显著的积极影响。当然，资本要素的跨区域流动对增长的积极影响往往是针对资本流入地或不发达地区的。而对于资本流出地或是发达地区而言，则需要进一步分析。发达地区的资本要素流出后，基于要素边际产出递减的规律，地区资本要素的价格和收益率可能上升，而流出的资本在不发达地区的利用效率高于在原有发达地区的利用效率。因此，就发达地区的所有原有资本而言，其要素收益相对于资本流动前都会有所提升。当然，在这一过程中，资本外的其他要素的收益下降了，但只要原有资本要素收益的提升超过了其他要素收益下降的幅度，那么资本流动给发达地区带来的收益仍然是正向的。因此，在区域结构转化过程中资本要素流动的增长效应表现为两个方面，对于流入地而言主要是要素总量增加，提升经济增长率；而对于流出地而言，则是通过资源优

化配置提升经济增长率。

从劳动要素来说，劳动力流动的增长效应机制与资本流动的增长效应机制是类似的，即对于流入地而言，能够增加劳动要素的总量，从而改善经济供给面，提升增长；对于流出地而言，则是劳动力效率得到提升，从而提升增长。在经济发展早期，劳动力的流动趋势往往表现为从经济不发达地区向发达地区的流动，此时转出的往往是不发达地区内由于产业吸纳就业能力不足而产生的"剩余"劳动力，而在经济发展中后期，劳动力的流动趋势也可能会出现从经济发达地区向不发达地区的流动，此时的流动主要还是伴随着产业在空间上的转移和结构变迁进行。

资本要素流动和劳动要素流动的具体形式，主要体现为产业在空间上的转移和变迁。对某一具体地区而言，资本要素和劳动要素的相对变化程度决定了产业转移的内涵。对于要素流入地而言，如果资本要素流入规模超过了劳动要素流入规模，在产业转移形式上表现为资本密集型产业的流入，实质则是该地资本集约程度提升；如果劳动要素流入规模超过了资本要素流入规模，在产业转移形式上表现为劳动密集型产业的流入，实质是该地资本集约程度下降。同样，对于要素流出地而言，如果资本要素流出规模超过了劳动要素流出规模，在产业转移形式上表现为资本密集型产业的流出，如果劳动要素流出规模超过了资本要素流出规模，就表现为劳动密集型产业的流出。而在产业发生空间转移的同时，也会发生技术的扩散和外溢，这就体现为技术要素在空间上的流动。

新增长理论已经有很多关于技术要素扩散促进增长的内在逻辑机理的研究。对于一个国家或地区而言，技术水平决定了经济的长期均衡增长路径，发达国家或地区往往具备前沿的技术和高级的经济结构，但其面临的问题是市场饱和或产业生命周期进入衰退阶段，这就会导致企业利润率下降，进一步出现向国外或外围地区的产业转移和技术扩散，以提升所有国家或地区的整体技术存量，促进长期经济增长。

因此，结合以上逻辑机理分析，可得本书的基本命题如下：

命题1：区域结构转化是通过空间上的要素流动和产业转移来实现的。资本和劳动要素在空间上的流动在能够在两个方面促进增长，对流入地而言，主要是要素总量增加提升增长；对流出地而言，则是资源配置优化从而提升增长率。

命题2：对于某一具体地区而言，资本和劳动要素的相对流出或流入在形式上表现为产业空间转移和产业结构变迁。在这一过程中，同时会发生技术要素在空间上的扩散，从而提升技术存量，进而提升经济增长率。

三、区域结构转化对中国经济增长影响的空间计量分析

（一）模型构建

为了对区域结构转化与中国经济增长的关系进行验证，我们需要将区域结构转化效应引入生产函数。因此，基于已有文献研究，我们设定模型为如下形式：

$$Y = AK^{\partial(t)} L^{\beta(t)} H^{\lambda(t)} TRAN^{\eta(t)} \qquad (9-1)$$

在式（9-1）中，Y为产出水平，K为资本存量水平，L为劳动力供给，H为人力资本存量。$\partial(t)$代表资本边际产出弹性，$\beta(t)$代表劳动边际产出弹性，$\lambda(t)$代表人力资本产出弹性。TRAN代表区域结构转化的增长效应。对上式求导即得可用于估计的函数关系式：

$$\ln Y = \ln A + \partial(t) \ln K + \beta(t) \ln L + \lambda(t) \ln H + \eta(t) \ln TRAN \qquad (9-2)$$

根据前文的分析，区域结构转化实质是资本要素、劳动要素和技术要素在地区间的流动和扩散。因此，在式（9-2）基础上，我们进一步将区域结构转化效应分解为资本、劳动力和技术等要素流动的效应。即对于地区i而言，有：

$$f(TRAN_{it}) = f(CT_{it} + LT_{it} + TT_{it}) + \varepsilon_{it} \qquad (9-3)$$

在式（9-3）中，CT_t代表地区i资本要素在t时刻的净流动规模，LT_t代表地区i劳动要素在t时刻的净流动规模，TT_t代表地区i技术要素在t时刻的净扩散规模。因此，为了考察区域结构转化对经济增长的影响机制，我们将计量模型设定如下：

$$\ln Y_{it} = \ln A + \partial \ln K_{it} + \beta \ln L_{it} + \lambda \ln H_{it} + \eta_1 \ln CT_{it} + \eta_2 \ln LT_{it} + \eta_3 \ln TT_{it} + \varepsilon_{it}$$

$$(9-4)$$

在式（9-4）中，下标 i、t 分别代表第 i 个地区和第 t 年，ε_{it} 为随机扰动项。

（二）计量方法设定

考虑到本书衡量的是区域结构转化对经济增长的影响，这里采用空间计量方法对模型进行估计。空间计量模型考虑了地区某一属性值与其邻近地区该属性值的相关性。目前的空间计量模型主要包括空间自回归模型、空间误差模型和空间杜宾模型。

空间自回归模型（SAR）主要是考察被解释变量在子区域的空间相关性，进而研究一个地区是否存在溢出效应或扩散效应。SAR 面板模型的一般形式如式（9-5）所示。i 和 t 分别代表地区和时间，u 代表空间个体效应，w 为空间权重矩阵中的值，δ 为空间自回归系数，代表相邻区域的观测值对本地观测值的影响，ε 为误差项。

$$y_{it} = \delta \sum_{j=1}^{N} w_{ij} y_{jt} + \beta X_{it} + u_i + \varepsilon_{it}, \varepsilon_{it} \sim N(0, \sigma^2 I_n) \qquad (9-5)$$

空间误差模型（SEM）。主要考察存在于误差扰动项中的空间依赖作用，探讨相邻地区对变量误差的影响能够在多大程度影响本地区的观测值。SEM 面板模型的一般形式如式（9-6）所示。φ 和 λ 分别为空间误差项和空间误差自相关系数，考察的是相邻地区观测值误差冲击对本地观测值的影响。

$$y_{it} = \beta X_{it} + u_i + \varphi_{it}, \varphi_{it} = \lambda \sum_{j=1}^{N} w_{ij} \varphi_{jt} + \varepsilon_{it} \qquad (9-6)$$

空间杜宾模型（SDM）既考虑了因变量的空间相关性，也考虑了残差项的空间自相关性，并认为自变量对因变量的影响也存在空间交互作用。SDM 面板模型的一般形式如式（9-7）所示。如果系数 γ 等于 0，那么 SDM 模型简化为 SAR 模型，如果 $\gamma + \delta\beta$ 等于 0，那么 SDM 模型简化为 SEM 模型。

$$y_{it} = \delta \sum_{j=1}^{N} w_{ij} y_{jt} + \beta X_{it} + \gamma \sum_{j=1}^{N} w_{ij} X_{jt} + u_i + \varepsilon_{it} \qquad (9-7)$$

我们将要估计的模型（9-4）分别写成 SAR 模型、SEM 模型和 SDM 模型。

$$\text{SAR}: \ln Y_{it} = \delta \sum_{j=1}^{N} w_{ij} \ln Y_{jt} + \ln A + \partial \ln K_{it} + \beta \ln L_{it} + \lambda \ln H_{it} + \eta_1 \ln CT_{it}$$
$$+ \eta_2 \ln LT_{it} + \eta_3 \ln TT_{it} + u_i + \varepsilon_{it} \quad\quad (9-8)$$

$$\text{SEM}: \ln Y_{it} = \ln A + \partial \ln K_{it} + \beta \ln L_{it} + \lambda \ln H_{it} + \eta_1 \ln CT_{it} + \eta_2 \ln LT_{it}$$
$$+ \eta_3 \ln TT_{it} + u_i + \varphi_{it} \quad\quad (9-9)$$

$$\varphi_{it} = \lambda \sum_{j=1}^{N} w_{ij} \varphi_{jt} + \varepsilon_{it} \quad\quad (9-10)$$

$$\text{SDM}: \ln Y_{it} = \delta \sum_{j=1}^{N} w_{ij} \ln Y_{jt} + \ln A + \partial \ln K_{it} + \beta \ln L_{it} + \lambda \ln H_{it} + \eta_1 \ln CT_{it}$$
$$+ \eta_2 \ln LT_{it} + \eta_3 \ln TT_{it} + \sum_{j=1}^{N} w_{ij} (\partial \ln K_{it} + \beta \ln L_{it} + \lambda \ln H_{it}$$
$$+ \eta_1 \ln CT_{it} + \eta_2 \ln LT_{it} + \eta_3 \ln TT_{it}) + u_i + \varepsilon_{it} \quad\quad (9-11)$$

本书的实证部分主要是对以上三个模型进行分析。

（三）数据说明

我们选取了1997～2020年全国30个省份（不包括西藏和港澳台地区）的面板数据进行估计，具体各指标的数据来源与处理方法如下：

（1）产出水平（lnY）。对于代表增长的产出水平变量，本书采取各省份人均GDP衡量。

（2）实际资本存量（lnK）。选择目前普遍采用的永续盘存法来计算各地区的物质资本存量。

（3）劳动力（lnL）。关于劳动力指标我们采取就业人数来进行衡量。《新中国70年统计资料汇编》和各省份统计年鉴提供了各地区就业人数。

（4）人力资本存量（lnH）。以各教育层次人口占总人口比例作为权重，加权计算出各地区就业人口的平均受教育年限，作为衡量人力资本的变量。

（5）资本流动净规模（lnCT）。参考李小平和陈勇（2007）的做法，主要是测度省级物质资本的相对流动程度。具体方法如下：将地区资本存量占全国资本存量的相对比重变化作为测度资本流动规模的指标。如式（9-12）所示，CAPI代表一个地区的资本存量，CT代表一个地区的资本要素流动规模，如果一个地区i在t时刻的CT大于0，表明该地区资本存量占全国的比重是在上升的，这也就是说在i地区是存在资本流入的，相反，如果i地区在t时刻的资本存量小于 0，就表明 i 地区资本存量占全国资本存量的比重在下降，从另一个角度来说，也就意味着 i 地区存在资本流出。CT 数值表明了资本流动的规模。最终数据通过各年《中国统计年鉴》计算得出。

$$CT_{i,t} = \frac{CAPI_{i,t}}{\sum\limits_{i=1}^{30} CAPI_{i,t}} - \frac{CAPI_{i,t-1}}{\sum\limits_{i=1}^{30} CAPI_{i,t-1}} \qquad (9-12)$$

（6）劳动转移净规模（lnLT）。对于劳动要素流动的测度，我们借鉴林理升和王晔倩（2006）的思想，提出地区人口变动中的自然增长因素。由于这里测度的是劳动要素的流动，因此以就业人数作为测度指标，并作出这样一个假定，即在不发生劳动要素流动的情况下，全国各地区的劳动力数量将以统一的增长率增长。如式（9-13）所示，我们将全国就业人数的增长率 N 作为统一增长率，LABOR 表示某地区的就业人数，LT 表示某地区剔除了全国统一增长因素后的劳动力的净变化，实际上也就是劳动力跨区域的净流入规模。最终数据通过各年《中国统计年鉴》计算得出。

$$LT_i(t_1, t_2) = LABOR_{i,t_2} - LABOR_{i,t_1} \prod_{t_1}^{t_2} (1 + N_{t_1}) \qquad (9-13)$$

（7）技术扩散净规模（lnTT）。对于技术要素扩散的测度，我们从专利形成的角度来进行分析。专利的形成过程可以间接反映技术要素扩散的过程，新专利的产生都是在现有专利基础上发展起来的（Keller，2002）。基于此，我们参考张辽（2014）的测度方法，将地区申请专利增长率作为衡量地区间技术扩散的指标 TT，这一指标越大，表示该地区受到其他地区技术扩散效应越大。最终数据通过各年《中国统计年鉴》计算得出。

$$TT_{i,t} = \frac{INV_{i,t} - INV_{i,t-1}}{INV_{i,t-1}} \qquad (9-14)$$

空间权重矩阵（W）是空间地理特征的表现，我们按照 Rook 相邻规则，采用简单二分权重矩阵，将两个地区拥有共同边界记为 1，将两个地区不相邻记为 0（Lesage，2010）。根据这样的方法获得空间权重矩阵 W。通过整理计算，我们得出中国各省份相邻信息如表 9-1 所示。

表 9 - 1　　　　　　　　　构建空间权重矩阵的各省份相邻信息

序号	省份	相邻信息	序号	省份	相邻信息
1	北京	2、3	16	河南	3、4、12、15、17、27
2	天津	1、3、15	17	湖北	12、14、16、18、22、27
3	河北	1、2、4、5、6、15、16	18	湖南	14、17、19、20、22、24
4	山西	3、5、16、27	19	广东	13、14、18、20、21
5	内蒙古	3、4、6、7、27、28、30	20	广西	18、19、24、25
6	辽宁	3、5、7	21	海南	19
7	吉林	5、6、8	22	重庆	17、18、23、24、27
8	黑龙江	5、7	23	四川	22、24、25、27、28、29
9	上海	10、11	24	贵州	18、20、22、23、25
10	江苏	9、11、12、15	25	云南	20、23、24
11	浙江	9、10、12、13、14	26	陕西	4、5、16、17、22、23、28
12	安徽	10、11、14、15、16、17	27	甘肃	5、23、27、29、30、31
13	福建	11、14、19	28	青海	23、28、31
14	江西	11、12、13、17、18、19	29	宁夏	5、27、28
15	山东	2、3、10、12、16	30	新疆	28、29

资料来源：表中省份相邻数据为笔者根据标准中国行政区划地图自行整理得出。

（四）空间面板模型选择

关于模型的实证部分，根据洛斯特（Elhorst，2012）对空间面板模型选择的分析，我们具体分为两个步骤。第一步，不考虑空间自相关性，采用 LM 检验或者稳健的 LM 检验对因变量或残差的空间自相关性进行检验，以确定空间面板模型是否适用；第二步，如果模型存在空间自相关性，再进一步通过 Wald 检验和 LR 检验验证 SDM 面板模型的两个假设，假设一 $H_0: \gamma = 0$，假设二 $H_0: \gamma + \delta\beta = 0$。如果两个假设均被拒绝，则应当选用 SDM 模型。如果假设一不被拒绝，则应当选用 SAR 模型，如果假设二不被拒绝，则应当选用 SEM 模型。

根据以上方法，我们首先对模型的因变量和残差的空间自相关性进行 LM 检验。在实际分析中，有空间固定效应、时间固定效应和双固定效应三种模型可供选择，具体根据模型的估计结果进行判断。检验结果如表 9 - 2 所示。

表 9 – 2　　　　　　1997～2020 年模型回归和 LM（Robust LM）检验结果

变量	混合面板	空间固定效应	时间固定效应	时间空间固定效应
lnK	0. 319 ***	0. 209 **	0. 309 **	0. 209 **
	(0. 0245)	(0. 0121)	(0. 1421)	(0. 0545)
lnL	0. 512 ***	0. 433 ***	0. 453 ***	0. 464 *
	(0. 0434)	(0. 0421)	(0. 0275)	(0. 0251)
lnH	0. 223 ***	0. 263 ***	0. 127 ***	0. 211 ***
	(0. 0256)	(0. 512)	(0. 073)	(0. 031)
lnCT	0. 165 ***	− 0. 010 *	0. 062 ***	0. 097 ***
	(0. 103)	(0. 203)	(0. 078)	(0. 124)
lnLT	0. 412 ***	0. 0369 ***	0. 211 ***	0. 247 ***
	(0. 058)	(0. 014)	(0. 021)	(0. 126)
lnTT	0. 125 **	0. 131 ***	0. 079 **	0. 123 **
	(0. 045)	(0. 118)	(0. 049)	(0. 050)
Constant	4. 462 **			
	(0. 212)			
σ^2	0. 0202	0. 0046	0. 0078	0. 0104
R^2	0. 9253	0. 8793	0. 8312	0. 7666
lnL	23. 567	131. 466	48. 045	73. 156
LM test no spatial lag（p）	0. 0062	0. 0201	0. 0019	0. 0156
Robust LM test no spatial lag（p）	0. 0064	0. 0167	0. 0000	0. 0079
LM test no spatial error（p）	0. 0005	0. 0000	0. 1456	0. 0641
Robust LM test no spatial error（p）	0. 0002	0. 0000	0. 1667	0. 1463

注：*、**、***分别表示在 10%、5%、1% 水平上显著，括号内为稳健标准误。

　　从表 9 - 2 的检验结果来看，在关于因变量空间自相关检验中，混合面板、空间固定效应、时间固定效应和双固定效应的 LM 检验以及稳健 LM 检验结果都在 5% 的显著性水平上拒绝了原假设，这意味着因变量的空间自相关性是存在的。但在关于残差项空间自相关检验中，混合面板和空间固定效应模型的 LM 检验和稳健 LM 检验在 1% 显著性水平拒绝了原假设，而时间固定效应模型的 LM 检验和稳健 LM 检验没有拒绝原假设，在双固定效应模型中，LM 在 10% 显著性水平上拒绝了原假设，而稳健 LM 检验没有拒绝原假设。这也表明，残差项是否存在空间自相关性还需进行进一步分析。

进一步，我们针对 SDM 面板模型的两个假设 H_0：$\gamma = 0$ 和 H_0：$\gamma + \delta\beta = 0$ 进行检验，具体的方法采用 Wald 检验和 LR 检验，以确定最终用于估计的模型。检验结果如表 9 - 3 所示。

表 9 - 3　　　　　　　　　　1997 ~ 2020 年模型检验结果

变量	空间固定效应（P 值）	时间固定效应（P 值）	双固定效应（P 值）
Wald test no spatial lag	0.0011	0.3643	0.7851
LR test no spatial lag	0.0008	0.2713	0.2026
Wald test no spatial error	0.0000	0.0005	0.0007
LR test no spatial error	0.0000	0.0000	0.0001

根据表 9 - 3 的检验结果可看出，在时间固定效应模型和双固定效应模型中，Wald 检验和 LR 检验的结果不能拒绝假设一，Wald 检验和 LR 检验的结果都在 5% 的显著性水平上拒绝了假设二，这表示这对时间固定效应模型和双固定效应模型的估计比较适用 SAR 模型。在空间固定效应模型中，假设一和假设二的 Wald 检验和 LR 检验均被拒绝，因此应当采用 SDM 模型。

（五）估计结果与效应分解

根据 Wald 检验和 LR 检验的结果，我们对空间固定效应模型的估计采用 SAR 模型，而对时间固定效应模型和双固定效应模型的估计采用 SDM 模型。回归结果如表 9 - 4 所示。

表 9 - 4　　　　　　1997 ~ 2020 年基于 SAR 和 SDM 估计的模型回归结果

变量	空间固定效应	时间固定效应	时间空间固定效应
lnK	0.113 ***	0.198 **	0.212 **
	(0.0307)	(0.0803)	(0.0236)
lnL	0.421 ***	0.0866 ***	0.0478 *
	(0.0426)	(0.024)	(0.0272)

续表

变量	空间固定效应	时间固定效应	时间空间固定效应
lnH	0.389 ***	0.403 ***	0.416 ***
	(0.00935)	(0.00823)	(0.00851)
lnCT	0.2288 ***	0.163 ***	0.204 **
	(0.103)	(0.093)	(0.104)
lnLT	0.418 **	0.362 ***	0.356 ***
	(0.054)	(0.052)	(0.122)
lnTT	0.131 ***	0.111 **	0.012 **
	(0.099)	(0.057)	(0.009)
WlnK		0.012 **	0.22 **
		(0.046)	(0.026)
WlnL		0.086 ***	0.0458 *
		(0.0279)	(0.0272)
WlnH		0.417	0.414
		(0.833)	(1.997)
WlnCT		0.051 ***	0.018 ***
		(0.103)	(0.004)
WlnLT		0.002 ***	0.045 ***
		(0.002)	(0.006)
WlnTT		0.011 **	0.013 **
		(0.008)	(0.059)
Wdep. var	0.051 **	0.071 **	0.041 **
	(0.136)	(0.069)	(0.098)
σ^2	0.0440	0.0312	0.0230
Corrected R^2	0.9643	0.9267	0.9486
Likelihood	197.56	73.43	67.13

注：*、**、*** 分别表示在10%、5%、1%水平上显著，括号内为稳健标准误。

根据表9-4的估计结果可知，三个模型的调整后的 R^2 分别为 0.9643、0.9267 和 0.9486，表明模型的估计结果很好。从各个变量的系数来看，空间固定效应模型的自变量均在5%的显著性水平上拒绝原假设，而时间固定效应模型和双固定效应模型的空间效应除 WlnH 外，其余变量也均在5%显著性水平上拒绝了原假设。从这一点来看，空间固定效应模型的估计效果要好于其余两个模型。同时，从三个模型的理论含义来看，空间效应反映随地理区位变动而变动的背景变量对增长的影响，时间效应代表随时间变动而变动的背景变量对增长的影响，考虑到本书主要研究区域结构与增长的关系，因此对空间效应当重点考虑。在三个模型中，空间固定效应模型的似然函数值（likelihood）的值最大，达到211.23，因此其估计结果也最为可靠，因此在最终的模型估计中，我们选取基于空间固定效应的SAR面板模型来进行估计。具体的方法采用乐萨哥和皮斯（Lesage and Pace，2014）的方法，通过模型自身偏导数和交叉偏导数来推导直接效应和间接效应，从而正确估计模型中自变量对因变量的影响，并对这一影响进行结构分解。偏导数的矩阵表达式如下所示：

$$S_r(W) = (I_n + \sum_{i=1}^{N} \delta^i W^i) I_n \beta_r \qquad (9-15)$$

乐萨哥和皮斯（2014）用M(r)$_{Indirect}$、M(r)$_{Direct}$、M(r)$_{Total}$分别代表平均直接效应、平均间接效应和平均总效应；其中直接效应表示自变量变化对本地因变量的影响，间接效应表示自变量对相邻地区因变量的影响。三种效应的关系如式（9-16）所示。

$$M(r)_{Indirect} = M(r)_{Total} - M(r)_{Direct} = n^{-1} tr[S_r(W)] - n^{-1} S_r(W)$$
$$(9-16)$$

我们采用该方法对空间固定SAR面板模型进行计算，为了反映各个区域的不同状况，我们还运用该模型对东、中、西部分别进行了估计，结果如表9-5所示。

表9-5　　　　1997~2020年全国和分区域的效应分解结果

地区	变量	总效应	直接效应	间接效应
全国	lnCT	0.302*** (0.0242)	0.165** (0.0831)	0.123*** (0.0316)
	lnLT	0.498*** (0.0081)	0.323*** (0.0065)	0.175*** (0.0156)
	lnTT	0.206*** (0.0313)	0.175*** (0.0231)	0.058*** (0.0214)

续表

地区	变量	总效应	直接效应	间接效应
东部	lnCT	0.117 * （0.2221）	0.054 ** （0.1426）	0.049 ** （0.1734）
	lnLT	0.579 ** （0.0081）	0.367 *** （0.0098）	0.225 *** （0.0119）
	lnTT	0.445 *** （0.0321）	0.298 *** （0.0375）	0.123 *** （0.0237）
中部	lnCT	0.321 *** （0.0320）	0.208 *** （0.0106）	0.114 *** （0.0165）
	lnLT	0.122 *** （0.0167）	0.036 *** （0.0204）	0.088 *** （0.0086）
	lnTT	0.141 *** （0.0120）	0.112 *** （0.0104）	0.028 *** （0.0079）
西部	lnCT	0.358 *** （0.0235）	0.245 *** （0.0150）	0.121 *** （0.0153）
	lnLT	0.321 * （0.8425）	0.167 （0.7489）	0.161 （0.9533）
	lnTT	0.129 *** （0.0340）	0.084 *** （0.0109）	0.043 *** （0.0039）

注： * 、 ** 、 *** 分别表示在 10% 、 5% 、 1% 水平上显著，括号内为稳健标准误。

从表（9-5）的检验结果可看出，在全国层面，lnCT 的总效应和间接效应在 1% 的显著性水平上显著，直接效应在 5% 的显著性水平上拒绝了原假设。从三种效应的系数来看，资本流动对增长的效应均为正，但直接效应大于间接效应。lnLT 的三种效应均在 1% 的显著性水平上拒绝了原假设，从三种效应的系数来看，劳动要素流动对增长的效应均为正，但直接效应大于间接效应。lnTT 的三种效应均在 1% 的显著性水平上拒绝了原假设，从三种效应的系数来看，技术要素扩散对增长的效应均为正，但间接效应大于直接效应。这表明，就全国层面来说，资本要素和劳动要素流动主要是能够提升流入地的产出水平，而技术要素扩散对周边地区有着比较明显的溢出效应。同时，从三种要素总效应的绝对值来看，劳动要素流动对增长的积极影响最大，资本要素流动对增长的积极影响次之，技术要素扩散对增长的积极影响最小，这也表明，目前在区域结构转化过程中，劳动要素流动起的作用最大，技术要素扩散的作用还未充分发挥，未来要在进一步促进劳动和资本市场化流动的同时扩大技术要素扩散规模，以推进区域结构转化，从而提升中国经济增长的潜力。

此外，从各区域的估计结果可看出，除去西部地区的 lnLT 之外，其余变量的三种效应均在 10% 的显著性水平上拒绝了原假设。从三种要素的总效应系数来看，区域结构转化的增长效应在区域间的状况有所不同，在东部地区，区域结构转化的增长效应主要体现在劳动要素流动和技术要素扩散方面，而在中部地区和西部地区，资本要素流动的作用相对更大。同时，从各个区域三种效应的情况来看，在东部地区和全国情况类似，即资本要素流动和劳动要素流动对本地增长率的提升效应较大，而技术要素扩散对周边地区的溢出效应较大；在中部地区，资本要素流动和技术要素扩散对本地产出水平提升效应强，而劳动要素流动对周边地区溢出效应较大；在西部地区，劳动要素流动对本地增长和周边溢出效应均不显著，而资本要素流动和技术要素扩散均对本地增长率的提升效应较大。由此可见，技术要素扩散的溢出效应仅在东部地区较为明显，在中西部地区相对较弱。

四、小结与政策建议

本书采用空间面板估计模型根据 1997～2020 年中国省份数据验证了区域结构转化提升产出水平的机制，从要素流动视角分析了区域结构转化对经济增长的影响。并通过空间面板模型的估计方法，论证了区域结构转化对中国区域经济增长的影响。最终结论表明：区域结构转化能够促进长期经济增长，劳动要素和资本要素对本地增长的直接效应较高，而技术要素对周边地区的溢出效应要高于对本地的提升效应。从各区域的情况来看，东部地区受到劳动和技术要素流动的影响较大，而中西部地区受到资本要素流动的影响较大。基于以上研究结论，提出以下三条建议。

第一，建立健全区域间要素流动的市场机制，进而贯彻实施区域发展总体战略，通过进一步推进区域结构转化，促进区域经济协调发展，提高经济整体增长潜力。一是用价格杠杆引导各类生产要素在区域之间合理流动，从而纠正体制机制因素导致的区域间要素价格扭曲现象，促进生产要素合理流动和优化配置，实现区域优势互补，促进社会总产出增加。二是正确应对生产要素供需的结构性变化，提升整体的资源配置和使用效率，改善经济供给面，促进经济长期持续增长。

第二，建立区域间利益协调机制，加快从区域市场分割向全国市场整合的转变。通过全面推进负面清单管理，明确界定政府权力边界；取消妨碍统一市场建设的不当规定和做法，建设全国性统一开放、竞争有序的市场体系，通过市场的对内开放为深度对外开放奠定基础；继续消除阻碍要素流动的不合理制度因素，进一步强化区域结构转化的市场决定特征，使社会流通和分工更有效率，从而提升全社会产出水平。

第三，针对区域间的不同特征，差别化引导要素流动。在市场决定要素流动的前提下，通过推进产业的梯次转移，有针对性地引导要素流动。具体而言，一是积极支持东部形成技术前沿优势的同时，推进东部地区的劳动密集型产业向中西部地区转移，形成国内产业结构阶梯转移的"雁阵模式"，从而继续引导部分行业的过剩资本向落后地区流动，提高要素的边际产出效率；二是充分发挥东部地区技术要素扩散的溢出效应，在积极促使传统产业技术改造的同时，也使中西部地区技术水平有所提升，从而提高劳动生产率和经济增长潜力。

第十章 新常态下中国经济增长质量：
从失衡走向平衡的需求结构

构建新发展格局是提升我国经济发展水平、塑造我国国际经济合作和竞争新优势的战略选择，而优化需求结构是构建新发展格局、实现经济高质量发展的重要因素。本章通过经济增长理论论证了需求结构优化路径的存在性以及实际与最优需求结构的偏离对经济增长质量的影响，在此基础上通过构建经济增长质量指数和最优需求结构偏离系数，对理论假说进行实证检验。结果表明：实际与最优需求结构的偏离对中国经济增长质量有显著的负向影响；异质性分析表明西部地区、低市场化水平地区的结构偏离对增长质量的负向影响更大；分位数回归表明需求结构偏离对经济增长质量较高的地区具有更大的负向影响；中介机制分析表明需求结构的偏离通过影响生产效率从而阻碍经济增长质量的提高，最后本章提出了优化需求结构的相关政策建议。

一、中国需求结构的研究背景与研究现状

（一）研究背景

回顾新中国成立以来的经济增长历程，可以发现在我国"经济增长奇迹"的形成过程中伴随着快速的经济结构变迁，其中，以投资为主导的需求结构是发展中最重要的结构性特征。从 1949 年新中国成立到 1978 年改革开放，为了实现优先发展重工业的发展战略需要，我国逐渐形成了"高积累、低消费"的发展格局。1978 年改革开放后，我国实行了以发展劳动密集型产业和出口导向为特征的"比较优势"发展战略，产业体系从重化工业主导转向了劳动密集型产业为主导，但在地方政府财政分权和"晋升锦标赛"的背景下，

以投资为主导的需求结构并未得到改变，而出口导向的发展战略又使外需迅速扩张，通过"两头在外，大进大出"的国际大循环发展模式，很大程度弥补了内需不足，实现了总供给与总需求的阶段性平衡。但近年来，随着外部经济环境的变化，这种国际大循环模式遭到了挑战，逐渐变得不可持续。而在这种发展模式下形成的高投资、低消费的需求结构，也引发了诸多问题，例如增长效率降低、资源过度消耗、环境质量恶化、收入分配不均等，一定程度上影响了我国经济增长质量的提升，也成为我国实现高质量发展的制约因素。

2020 年以来，习近平总书记多次强调，要"构建以国内大循环为主体、国内国际双循环相互促进的新发展格局"。[①] 构建新发展格局是根据我国当前发展阶段、环境和条件变化，特别是基于我国比较优势的变化审时度势作出的重大战略决策，也是"十四五"期间乃至 2035 年基本实现现代化阶段的主旋律。而构建新发展格局，首要任务就是要培育完整内需体系，形成强大国内市场。这就意味着，传统发展过程中高投资、低消费的需求结构面临终结，形成与新发展格局相匹配的需求结构成为经济增长的重要任务。

因此，对于最优需求结构与经济增长质量的理论与经验研究，是当前经济理论与发展实践都亟待解决的重大问题。目前的文献大多使用理论模型和国际经验比较的抽象方法来判断中国消费投资结构处于失衡状态，然而最优需求结构会随着不同国家处于不同发展阶段而不断变化，这些方法未考虑到发展的动态性，且缺乏与现实数据的联系。因此，本章希冀通过理论与实证方法结合来探索对最优需求结构的偏离会如何影响我国的经济增长质量，并在此基础上提出优化需求结构以构建新发展格局和实现经济高质量发展的路径。

（二）研究现状

关于最优需求结构的文献，目前主要集中在对于消费与投资之间比例结构的研究，特别是对于需求结构失衡的理论与实践探索。其中，与本章高度

---

① 习近平. 加快构建新发展格局，把握未来主动权［J］. 求是，2023（8）.

相关的文献主要有以下三个方面。

第一个方面文献主要关注需求结构失衡的原因。主要分为三类：其一，与我国的经济体制有关。邹卫星（2008）、李永友（2010）等研究表明，在工业化发展过程中，我国正由计划经济转向市场经济，对地方政府实行的绩效考核机制导致官员出于晋升激励形成对投资的过度依赖和重复建设。其二，与经济发展战略造成的要素价格扭曲有关。蔡跃洲（2010）、王宁（2015）、张斌和茅锐（2016）等学者认为，改革开放以来我国处于工业化、城市化快速推进阶段，实行与我国要素禀赋结构不相符的"投资先行"赶超发展战略，造成对劳动力价格的长期压低，收入分配结构扭曲，直接刺激消费投资结构的失衡。其三，技术结构扭曲导致消费投资结构失衡。魏婕（2016）发现，在工业化初期，为迅速改变基础技术薄弱的状况，我国通过技术引进、技术模仿等途径使中国企业能够参与全球分工，造成市场的低端锁定和技术结构的失衡，制约了消费结构的提升。

第二个方面文献关注如何衡量需求结构失衡。研究思路主要分为两类：其一，依据"钱纳里标准模式"及国际经验。钱纳里（Chenery，1975）通过对 100 多个国家的 2 万多个数据进行回归，计算出不同经济发展阶段国家的标准需求结构，在探究需求结构变化一般规律的文献中，最具代表性也最有影响力，为各个国家判断消费投资结构是否失衡提供了可供操作和比对的方法。基于此方法，再结合我国的经济发展阶段确定我国消费率、投资率的合意区间（卢中原，2003；贺铿，2006）。但李永友（2012）通过研究发现，其不足之处在于，同处一个发展阶段的两个经济体，可能因为其内部结构差异，投资率和消费率就可能不同，仅靠单纯的国际对比得出的合意区间有误导之嫌。其二，通过经济理论模型数理求导出投资率和消费率的合意水平。费尔普斯（Phelps，1961）根据索洛增长模型提出了著名的黄金律法则，根据该法则，在一个经济体内，如果资本边际生产率恰好等于人口增长率与劳动生产率增长率之和，该经济体资本存量就处于最优水平。黄金律法则意味着，在假定储蓄能够转换为投资的情况下，社会最优资本存量水平一旦确定，社会最优储蓄率和消费率也就相应被确定。根据费尔普斯的黄金律规则，阿贝尔（Abel，1989）将不确定性引入代际交叠模型，提出了一个更简便的经济最优资本积累率判断标准，即资本净收益大于总投资的 AMSZ 准则。基于黄金律规则和 AMSZ 准则，我国学者荆林波（2011）、吴忠群（2011）、纪明（2014）、王宁和史晋川（2015）进行了大量研究来推导估算最优消费率和投资率。相比前一种方法，此种方法考虑了国家内部经济结构，但也存在局限性，一方面决定消费率、投资率的模型多种多样，莫衷一是；另一方面黄金律法则中含有一系列严格的假定，现实情况难以满足这些假定。尽管如此，已有文献对于观察我国消费投资结构具有很大价值的参考意义。

第三个方面文献关注需求结构失衡对经济增长的影响。随着我国的消费投资结构比例失调，商品供给过多造成了产能过剩问题，国内学者开始了需求结构失衡与经济增长的研究。主要分为两类：其一，研究需求结构变动对经济增长的影响，纪明（2013）等研究表明，在经济赶超阶段一定程度的需求结构不合理实现了经济增长，但当需求结构不合理程度较大时，则会对经济增长产生明显的负面影响。其二，研究需求结构如何影响产业结构从而对经济增长产生影响，沈利生（2019）以及格拉维立亚（Garavaglia，2012）研究发现消费投资结构与产业结构之间是相互促进的关系，我国产业结构难以调整的根源在于需求结构的失衡。当今我国经济已由高速增长阶段转向高质量发展阶段，需求结构失衡对经济增长的关系的研究较多，而关于其对经济增长质量特别是高质量发展的影响的研究文献比较匮乏，金碚（2018）、余泳泽（2019）等学者对经济高质量发展的含义、特征、内在机理、实现途径等方面进行了定性探讨，但对于需求结构与经济高质量发展之间的实证分析研究尚不多见。

综上所述，已有研究关于需求结构失衡问题大致可以分为三方面：需求结构失衡的原因、需求结构失衡程度的衡量以及需求结构失衡对经济增长的影响，这三方面的文献为研究需求结构失衡对我国经济高质量发展的影响提供了良好的基础。同时也可以发现，一方面，研究消费投资结构失衡背后原因的文献较多，而研究其对我国经济发展影响的文献较少；另一方面，我国经济已步入高质量发展阶段，研究消费投资结构失衡对高质量发展的影响意义重大。此外，在研究我国消费投资两者合意区间的问题上，推导理论模型和与钱纳里"标准值"比较两种方法都存在一定缺陷，理论模型的推导往往缺乏相应数据经验验证，而现有基于合意区间的经验分析，往往是基于对发达国家的经验数据进行借鉴参照，并不能真正反映"最优"。缺乏需求结构的"最优"，则无法定义对"最优"的偏离，缺乏对"结构均衡"的定义，则无法界定"结构失衡"，这是现有研究需求结构失衡问题的普遍存在的问题。

　　鉴于此，本章参照陈斌开和林毅夫（2013）对于最优技术选择指数的设计思路，尝试开展如下方面的拓展研究：一是考虑从消费率和投资率的比率关系入手，在假定存在最优消费投资比的基础上，构建一个偏离最优消费投资比的程度系数；二是实证检验实际消费投资比偏离最优消费投资比是否会对经济高质量发展产生显著的负向影响。

二、需求结构影响中国经济增长质量的理论机制

　　经济结构包括消费投资结构、产业结构、金融结构、区域经济结构和国际收支结构。其中体现需求结构的主要是投资消费结构，即一国经济中积累率和消费率之间的关系。如果投资率不足，将影响到一国经济积累水平，进而影响到经济增长的可持续性；如果投资率过高而消费率不足，那么将可能出现过剩投资产能无法被有效消化，投资效率逐渐降低，进而出现总需求与总供给的失衡，也即经济发展过程中出现了过度储蓄或过度投资所引发的"动态无效率"，经济中资源配置无法实现帕累托有效。在这种情况下，尽管短期经济实现了由于投资需求扩张推动的增长，但居民消费水平长期处于较低水平，增长的可持续性不足，而居民的福利水平也难以提升，从而造成经济增长数量和质量的"双重损失"。

　　因此，从经济增长理论出发，我们可推理出经济中存在着一个最优的"投资—消费"路径，即在每一个时点上都存在着一个最优的需求结构比例关系。这一最优结构将能够实现居民长期福利总水平的最大化，经济资源配置达到帕累托有效，最优消费投资比将能够实现最优的资本边际产出水平，实现经济长期可持续增长。

（一）最优需求结构研究的基准模型

　　我们可以基于一个 Ramsey-Cass-Koopmans 一般均衡框架来论证这一理论

命题。假定经济中存在着大量厂商和相同家庭，家庭成员在每一时点供给以单位劳动，并将所拥有资本租给厂商，家庭拥有企业，所以企业产生的利润均归于家庭。那么，在这一框架下，我们需要求解的社会最优化问题为：

$$\underset{C_t}{\text{Max}}\ U_0 = \int_{t=0}^{\infty} u(C_t)\ e^{-\theta t} dt \tag{10-1}$$

其中，社会瞬时效用函数为 CRRA 型：$u(C) = \dfrac{C^{1-\eta}}{1-\eta}$，$\eta > 0$，代表相对风险规避系数，消费的跨时替代弹性 $\sigma_c = 1/\eta$。个人消费的时间偏好率为 θ。

将 $C = c \times A_L L$ 代入式（10-1），则社会最优化问题中的目标函数可表述为以下集约形式：

$$\underset{c}{\text{Max}}\ U_0 = \int_{t=0}^{\infty} \{\frac{c_t^{1-\eta}}{1-\eta} \times \exp[-\theta + (1-\eta)(n+g_L)]t\} dt \tag{10-2}$$

收入约束条件可写为：

$$\frac{dk}{dt} = f(k_t) - c_t - (n+g_L+\delta)k_t \tag{10-3}$$

非蓬齐条件（NPC）可写为：

$$\lim_{t\to\infty} k_t \exp\{-\int_0^t [f'(k_v) - (n+g_L+\delta)]dv\} = 0 \tag{10-4}$$

由于 U_0 积分需要实现收敛，因此 $\theta > (1-\eta)(n+g_L)$ 要求。

（二）模型求解与最优需求结构的证明

根据求解动态最优的方法，由收入约束条件和目标函数，直接写出以下汉密尔顿方程：

$$H(c_t, \lambda_t) = \frac{c_t^{1-\eta}}{1-\eta} \times \exp[-\theta + (1-\eta)(n+g_L)]t + \lambda_t[f(k_t) - c_t - (n+g_L+\delta)k_t] \tag{10-5}$$

分别通过对式（10-5）中的 c_t 和 λ_t 求导并令其等于零，可得到实现动态最优的一阶条件。结合横截性条件，就构成动态最优的充要条件。

首先令 $\dfrac{\partial H}{\partial c_t} = 0$，整理后得到：

$$c_t^{-\eta} \times \exp[-\theta + (1-\eta)(n+g_L)]t = \lambda_t \tag{10-6}$$

在式（10 - 6）中，公式左边代表的经济含义是 t 时刻一单位消费品的边际效用的贴现值。结合收入约束条件：

$$\frac{dk}{dt} = f\left(k_t\right) - c_t - \left(n + g_L + \delta\right) k_t \qquad (10 - 7)$$

公式的右边代表的经济含义是 t 时刻一单位资本品的影子价格，当其等于 t 时刻一单位消费品的边际效用的贴现值时，消费和投资之间达到了均衡状态。此时，意味着在 t 时刻的需求结构是最优的，经济中用于积累和消费的资源配置状况实现了帕累托最优。

其次令 $\frac{\partial H}{\partial k_t} = -\dot{\lambda}$，即欧拉方程。通过整理可得到：

$$\frac{\dot{c}}{c} = \sigma_c \left[f'\left(k_t\right) - \theta - \delta - \eta\left(n + g_L\right) \right] \qquad (10 - 8)$$

式（10 - 8）即消费的动态方程，也称为拉姆齐最优储蓄规则，它给出了最优化条件下一国消费（或储蓄）的动态变化路径。通过这一公式可看出，影响最优消费投资比例的因素包括人口增长率、技术增长率、资本折旧率、相对风险规避系数、个人对消费的时间偏好率以及消费的跨期替代弹性等多种因素影响。同时，最优消费投资比例也不是固定不变的，为了实现长期的效用最大化以达到帕累托最优，经济中的最优消费投资比例会随着时间呈现动态的演变路径。

除了以上两个动态最优的一阶条件外，还有一个横截性条件为：

$$\lim_{t \to \infty} \lambda_t k_t = 0 \qquad (10 - 9)$$

横截性条件中的 λ_t 是 t 时刻一单位资本品在当前的影子价格，$\lambda_t k_t$ 就是 t 时刻资本存量的现值。横截性条件意味着无限远期资本的价值应当渐进地趋于零，否则一个正的资本品终值就可以被转而用于消费，以提高总效用水平，这与"最优"相矛盾。此外可证，由基准模型中的非蓬齐条件可以推得上述横截性条件，即 NPC 是横截性条件的充分条件。

我们将消费动态方程和投资动态方程并列，可以解出最优时间路径上的 k^* 与 c^*。其中最优的 k^*，也即是资本积累"修正的黄金律"水平为：

$$k^* = f^{-1}{}' \left[\theta + \delta + \eta\left(n + g_L\right) \right] \qquad (10 - 10)$$

资本积累的"黄金律"水平仍然要求 $f'\left(k_{gold}\right) = n + g_L + \delta$，但由于效

用贴现效应的存在，资本积累"修正的黄金律"水平 k^* 将小于 k_{gold}。

此时，当有效劳动人均资本 k 确定位于修正的黄金律水平 k^* 上，最优消费则为：

$$c^* = f(k^*) - (n + g_L + \delta) k^* \qquad (10-11)$$

此时我们定义一个最优的消费投资比 RCI^*，即可用下式来进行表示：

$$RCI^* = \frac{f(k^*) - (n + g_L + \delta) k^*}{(n + g_L + \delta) k^*} \qquad (10-12)$$

（三）最优需求结构的动态分析及其对经济增长质量的影响

我们将以上消费的动态方程和资本的动态方程在相图中进行分析，具体如图 10 - 1 所示。

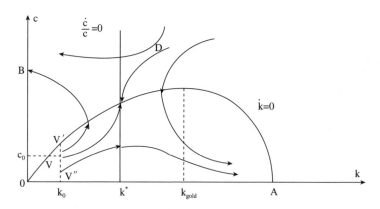

图 10 - 1　最优需求结构证明的相图分析

如图 10 - 1 所示，消费的动态方程与投资的动态方程形成了两条曲线，两条曲线的交点处决定了一般均衡的模型求解结果，也即经济处于最优需求结构下，将通过鞍点路径实现经济最优的均衡增长，进入平衡增长路径。两条动态方程曲线将这个象限分为了四个区域，观察相图可以发现，只有左下区域和右上区域才可能达到这个平衡增长路径。

结合图 10 - 1 分析，假定一个经济体初始的有效劳动人均资本存量水平为 k_0，那么在这一资本存量水平下，经济中每个同质的代表性个体可以选择自己的消费水平，进而决定了自身的消费投资比例，而整个经济体的需求结构也将被确定。如果个体在此时选择了消费水平 c_0，那么经济将沿着鞍点路径 V 最终实现经济向均衡增长的收敛，达到最优的（c^*，k^*）结果。如果代表性个体选择了高于 c_0 的消费水平，也即此时的消费投资比高于最优的消费投资比，那么经济将沿着另一条路径 V′ 向左上逐渐发散到结果 B，此时随着时间的演进，经济中的积累率将逐渐降低，暂时的高消费水平也将受限于总产出的下降而变得不可持续。反之，如果代表性个体选择了低于 c_0 的消费水平，也即此时的消费投资比低于最优的消费投资比，那么经济将沿着另一条路径 V″ 向右下逐渐发散至结果 A，此时，尽管从有效劳动人均资本存量水平来看是增加的，但此时代表性个体的消费水平和效用水平都低于平衡增长路径，经济中出现了过度储蓄的动态无效率的情况。沿着这一路径长期持续下去，需求侧的疲软会形成对供给侧的严重桎梏，资本的投资效率逐渐降低，造成经济增长质量的下降。

同时，投资不仅具有需求效应，还具有投资效应，因为生产性固定资产会再投入生产，为生产提供劳动资料，并与流动资金相结合，通过生产劳动，再生产出产品供给社会，产生一系列与之相关联的刺激其他产品生产增加的效应（2001）。而消费只具有需求效应，那么需求结构的失衡就会造成供需结构的失衡，进而影响经济的可持续性。

结合以上分析，我们可以提出以下三点理论推论。

推论 1：在一个一般均衡经济中存在着最优需求结构，最优需求结构由合意的投资和消费比例构成，最优需求结构能够使经济收敛至平衡增长路径。

推论 2：各个经济体的最优需求结构可能是不同的，最优需求结构受到人口增长率、技术进步率、折旧率、相对风险规避系数、消费时间偏好率等多重因素影响。同时，一个经济体在经济发展的不同时间阶段，最优需求结构也可能是不一样的，会随着时间发展呈现动态演变路径。

推论 3：实际需求结构偏离最优需求结构，将对经济增长形成负向影响。一方面，对最优需求结构的偏离，会使经济难以收敛至平衡增长路径，影响经济可持续性；另一方面，由于过度偏向投资而对最优需求结构的偏离，会使经济趋于动态无效，影响投资效率进而降低经济增长的效率，进而对经济增长的质量造成负向影响。

结合中国近些年的发展历程，可以发现，我国"高积累、低消费"的发展格局最初形成于新中国成立之后到改革开放前的 30 年，由于赶超战略采取了资本密集型的重工业优先发展战略，人为地压低了劳动力价格，同时政府通过对各级地方政府以及国有企业的控制力实现了特定的技术投资，加之出于招商引资目的对工业用地价格的压低，从而形成资本偏向型的技术进步，从而抑制了就业机会的增加，劳动收入占比长期处于较低水平，也抑制了消费水平的提升。基于此，我们结合前述理论分析，提出一个现实层面的推论：

推论 4：我国长期以来的发展战略，形成了"高投资、低消费"为特征的需求结构，这一结构对最优需求结构的偏离，对我国的经济增长质量形成了负向影响。未来要实现经济高质量发展，需要优化需求结构，强大国内市场，助力新发展格局的构建和经济增长质量的提升。

三、需求结构影响中国经济增长质量的实证检验

根据前述分析，一个经济体在一定的时期内存在一个由各种影响因素共同决定的最优需求结构，若实际的需求偏离最优需求结构，我们称之为需求结构处于失衡状态。因此本章建立在假定我国在一定的时期内存在一个稳定的最优消费投资比的基础上，用实际消费投资比与最优消费投资比的偏离程度来衡量需求结构失衡的程度。

(一) 最优需求结构偏离系数的构建

多数文献对于消费投资结构的度量采用的是用消费率和投资率之比得出消费投资比 (RCI)，本章在此基础上，基于实际的消费投资比和最优消费投资比，构建一个偏离系数，用来度量实际消费投资比偏离最优消费投资比的程度。即：

$$D = |RCI^* - RCI| \qquad (10-13)$$

其中，RCI 代表实际消费投资比，RCI^* 代表最优消费投资比，两者差的绝对值 D 就衡量了实际消费投资比与最优消费投资比之间的偏离，D 越大，表明偏离程度越大。结合我国现阶段消费投资结构的失衡状况，RCI 是小于 RCI^*

的，所以本章仅考虑 RCI ＜ RCI* 的情形，这种情况下，t 时期 i 地区的 D 就进一步演变为：

$$D_{it} = RCI_{it}^* - RCI_{it} \qquad (10-14)$$

然而，在现实数据中，我们只能观察到实际消费投资比，观察不到最优消费投资比。本章借鉴陈斌开和林毅夫（2013）对于最优技术选择指数的处理方法，对最优消费投资比 RCI* 作出以下三个假设，从而使其进入回归方程的常数项，使得估计消费投资结构失衡的影响成为可能。

假设 1：最优的消费投资比 RCI_{it}^*，为一个正常数。

假设 2：最优的消费投资比 RCI_{it}^*，在给定时间点上，为一个正常数。

假设 3：最优的消费投资比 RCI_{it}^*，在给定时间点和给定区域上，为一个正常数。

假设 1 假设 RCI_{it}^* 为一个正常数，即所有样本的最优消费投资比相同。假设 2 是对假设 1 条件的放松，允许 RCI_{it}^* 在不同时点上取不同的值，即样本在同一时点上的最优消费投资比相同。假设 3 则是对假设 2 的进一步放松，允许 RCI_{it}^* 在同一时点和不同区域上取不同的值，即样本在同一时点和同一区域内的最优消费投资比相同。

（二）实证模型构建

本章构造的基准模型如下：

$$Y_{it} = C + \alpha D_{it} + \beta X_{it} + \varepsilon_{it} \qquad (10-15)$$

Y_{it} 代表被解释变量，C 为常数项，D_{it} 为最优需求结构的偏离系数，代表消费投资结构失衡的度量，α 为待估计系数，X_{it} 为控制变量，β 为控制变量的系数，ε_{it} 为残差项。

$$Y_{it} = C + (RCI_{it}^* - RCI_{it}) + \beta X_{it} + \varepsilon_{it} = C - \alpha RCI_{it} + \beta X_{it} + \alpha RCI_{it}^* + \varepsilon_{it}$$
$$(10-16)$$

在假设 1 满足的情形下，αRCI_{it}^* 为常数，从而可以与常数项 C 合并，计量模型为：

$$Y_{it} = C_1 - \alpha RCI_{it} + \beta X_{ti} + \varepsilon_{it} \qquad (10-17)$$

在假设 2 满足的情形下，αRCI_{it}^* 是时间的函数，引入时间虚拟变量 d_τ，以控制最优消费投资比随时间变化的影响。计量模型为：

$$Y_{it} = C - \alpha RCI_{it} + \alpha RCI_t^* + \beta X_{ti} + \varepsilon_{it} \qquad (10-18)$$

$$= C_2 - \alpha RCI_{it} + \sum_{\tau=1}^{T-1} \gamma_t d_\tau + \beta X_{it} + \varepsilon_{it} \qquad (10-19)$$

其中，$\gamma_t = C + \alpha RCI_t^* - C_2$，若 $\tau = t$，则 $d_\tau = 1$，否则 $d_\tau = 0$。从而，在假设 2 满足的前提下，通过引入时间虚拟变量 d_τ 以一致地估计 α。

在假设 3 满足的情形下，αRCI_{it}^* 同时是时间和区域的函数。根据中国资源禀赋的分布，我们将中国分为东部、中部和西部三大区域，并假设各区域内部在给定时间点上的最优消费投资比是相同的。引入区域虚拟变量 d_s，以控制最优消费投资比随区域变化的影响。计量模型为：

$$Y_{it} = C - \alpha RCI_{it} + \alpha RCI_{jt}^* + \beta X_{ti} + \varepsilon_{it} \qquad (10-20)$$

$$= C_3 - \alpha RCI_{it} + \sum_{\tau=1}^{T-1} \sum_{s=1}^{2} \gamma_{jt} d_\tau \times d_s + \beta X_{it} + \varepsilon_{it} \qquad (10-21)$$

其中，$j = 1, 2, 3$ 分别代表中国东部、中部和西部。$\gamma_t = C + \alpha RCI_{jt}^* - C_3$。若 $\tau = t$，则 $d_\tau = 1$，否则 $d_\tau = 0$；若 $s = j$，则 $d_s = 1$，否则 $d_s = 0$。从而，在假设 3 满足的前提下，通过引入时间虚拟变量 d_τ 和区域虚拟变量 d_s 以一致地估计 α。

（三）数据与变量选取

本章选取 2005~2020 年中国除西藏以及港澳台地区以外 30 个省、自治区、直辖市平衡面板数据为研究对象，数据来源于历年各省份统计年鉴以及《中国统计年鉴》《新中国 60 年统计资料汇编》《中国能源统计年鉴》《中国科技统计年鉴》。具体变量的选取和解释如下。

1. 经济增长质量指数（QGI）

本章采用师博和任保平（2018）构建的衡量经济高质量发展的指标体系，对相关数据进行收集整理计算，得到经济增长质量指数。此种方法构建了包括增长的基本面和社会成果两个维度的中国省际经济高质量发展指标体系，其中增长的基本面包括强度、稳定性、合理化、外向性四个维度，社会成果包括人力资本和生态资本两个维度，如图 10-2 所示。

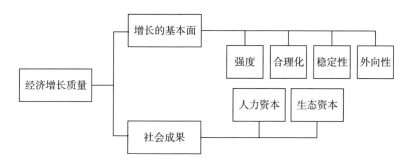

图 10 - 2　经济增长质量指标体系

具体而言，经济增长的强度采用地区实际人均 GDP 来衡量，稳定性采用 GDP 增长率变异系数的倒数来衡量，合理化采用 1 与产业结构泰尔指数的差值来衡量，外向性采用净出口占 GDP 比重来衡量；社会成果的人力资本采用人均受教育年限来衡量，生态资本采用实际 GDP 与二氧化碳排放量的比值来衡量。对这六个指标采用"最小—最大标准化"方法将原始数据转换为无量纲化指标测评值，再用均等权重法进行赋值并加总进而获得经济增长质量指数。

测算方程为：经济增长质量 = 0.5 × 增长基本面 + 0.5 × 社会成果

增长基本面 = 0.25 × 强度 + 0.25 × 稳定性 + 0.25 × 合理化 + 0.25 × 外向性

社会成果 = 0.5 × 人力资本 + 0.5 × 生态资本

2. 消费投资比（RCI）

用消费率与投资率之比代表消费投资比，消费率为最终消费额占 GDP 的比重，投资率为资本形成总额占 GDP 的比重。

3. 控制变量

（1）城市化率（urban）：在城镇化过程中，人口不断从生产率较低的第一产业向生产率较高的第二、第三产业转移，提升经济增长的结构化效率，因此促进经济的高质量发展。本章用各省份城镇人口数占总人口比重来衡量该地区的城镇化水平。

（2）对外开放水平（openness）：通过对外开放，我国得以充分融入国际分工体系，充分提升我国各行业的专业化效率，同时在对外开放过程中充分发挥"干中学"的效应，通过引进、消化和吸收先进的知识和技术，从而促进经济的高质量发展。本章用各省份进出口总额占 GDP 的比重来衡量各省份的对外开放水平。

（3）信息化水平（information）：随着互联网的不断发展，信息得以突破时空的限制在全球高速传播与整合，从而加快人力资本的积累，推动技术进步，促进经济的高质量发展。本章用信息传输、计算机服务和软件业固定资产投资占全社会固定资产投资比重来衡量各省份的信息化水平。

（4）R&D 投入（RD）：技术进步是生产效率提高的主要因素，而 R&D 投入是技术创新的基础，因此 R&D 投入与经济增长质量存在着正向的相关关系。本章用各省份规模以上工业企业的 R&D 投入经费占 GDP 比重来衡量该地区的 R&D 投入水平。

各变量的定义、计算方法及描述性统计如表 10 - 1 所示。

表 10 - 1　　　　　　　　　数据变量定义和计算方法

变量含义	具体计算方法	样本容量	均值	标准差	最小值	最大值
经济增长质量 QGI	基于无量纲化的综合评价法	450	0.3774	0.1167	0.0991	0.8062
消费投资比 RCI	消费率/投资率	450	0.9086	0.2621	0.3842	1.7083
城市化率 urban-ratio	城镇人口/总人口	450	0.5358	0.1390	0.2687	0.9189
对外开放水平 openness	进出口总额/GDP	450	0.3827	0.6399	0.0001	7.1066
信息化水平 information	信息传输、计算机服务与软件业固定资产投资/全社会固定资产投资	450	0.0128	0.0082	0.0004	0.0497
R&D 投入 RD	规模以上工业企业 R&D 经费/GDP	450	0.0088	0.0052	0.0001	0.0221

（四）实证结果分析

本章先利用最小二乘法（OLS）对消费投资结构与经济增长质量的关系进行估计。按照理论推断，对于基准线性计量模型，实际消费投资比越小，其偏离最优消费投资比的程度越大，即消费投资结构失衡程度越大，经济增长质量水平越低，所以我们预期 α 为负值。那么对于三种不同假设下的具体模型来说，RCI$_{it}$的系数 −α 是我们关心的待估计系数，所以预期 −α 为正值，即 RCI 的系数为正值，表明若实际消费投资比增长，经济增长质量会提升。

表 10-2 汇报了假设 1、假设 2、假设 3 条件下的 OLS 基准回归结果。

表 10-2　　　　　　　　　　　OLS 基准回归

被解释变量 QGI	(1)	(2)	(3)
RCI	0.073 ***	0.070 ***	0.061 ***
	(5.20)	(4.69)	(4.41)
urban	0.539 ***	0.479 ***	0.404 ***
	(15.62)	(13.43)	(12.70)
openness	0.009 *	0.020 ***	0.027 ***
	(1.65)	(2.73)	(2.84)
information	0.450	0.799	0.555
	(0.89)	(1.36)	(1.03)
RD	5.366 ***	5.133 ***	2.325 ***
	(7.79)	(7.61)	(3.23)
_cons	−0.034 *	−0.029	0.070 ***
	(−1.88)	(−1.33)	(3.38)
模型假设	假设 1	假设 2	假设 3
N	480	480	480
R^2	0.804	0.816	0.860

注：括号中为 t 统计量，*** 和 * 分别代表在1%和10%的显著性水平上显著不为0。

从表 10-2 中可以看出，在不同假设条件下，RCI 的系数均在 1% 的显著性水平上显著为正，即实际消费投资比偏离最优消费投资比对经济增长质量的影响在 1% 的显著性水平上显著为负，支持了本章提出的假说。

比较不同假设条件下的系数估计值可见，假设 1 的 RCI 系数最大，假设 3 的 RCI 系数最小，说明不同时间、不同区域的最优消费投资比是不同的。从时间角度来说，随着中国经济发展的战略目标从追求经济增长到逐步满足人民日益增长的物质和文化需要的转变，人民的消费观念和生活水平得到了提升，最优消费投资比会随时间而变得越来越大，因此不考虑最优消费投资比时间变化的假设 1 会导致 RCI 回归系数的高估；从区域角度来说，我国同一时间上区域间的经济发展水平是存在差异的，东部地区的商业环境等较中西部更为成熟，消费水平会更高，因此不考虑最优消费投资比区域变化的假设 2 也会导致 RCI 回归系数的高估。在控制变量中，信息化水平对经济高质量发展的影响为正向但不显著，城镇化水平、对外开放水平和 R&D 投入对经济高质量发展均在 1% 的显著性水平上显著为正，说明城镇化水平、对外开放水平以及创新水平的提高对经济增长质量的提升具有正向促进作用。

尽管 OLS 基准回归中加入了一些控制变量，但仍可能存在因遗漏变量带来的内生性问题，因此本章进一步采用基于面板数据的工具变量法和系统 GMM 估计方法对模型进行估计。其中，工具变量法中以滞后一期解释变量即 RCI_lag 作为工具变量，采用两阶段工具变量模型（2SLS）对方程（10 - 17）、方程（10 - 19）和方程（10 - 21）进行估计；系统 GMM 估计方法则利用被解释变量和内生性变量的滞后项即滞后一期 QGI 和滞后一期 RCI 作为工具变量，对方程（10 - 17）、方程（10 - 19）和方程（10 - 21）进行估计。结果如表 10 - 3 所示，表10 - 3 中列（1）~列（3）分别汇报了 2SLS 方法中假设 1、假设 2、假设 3 条件下的估计结果，列（4）~列（6）分别汇报了 GMM 方法中假设 1、假设 2、假设 3 条件下的估计结果。

表 10 - 3   **2SLS 和 GMM 回归**

被解释变量 QGI	(1)	(2)	(3)	(4)	(5)	(6)
	2SLS			GMM		
RCI	0.085*** (5.45)	0.083*** (5.16)	0.082*** (5.42)	0.053*** (3.23)	0.046*** (2.70)	0.051*** (3.38)
urban	0.540*** (15.07)	0.487*** (13.22)	0.429*** (13.83)	0.413*** (11.91)	0.363*** (10.33)	0.368*** (11.98)
openness	0.008 (1.46)	0.018** (2.52)	0.017*** (2.67)	0.011* (1.68)	0.021*** (2.91)	0.020*** (2.95)

续表

被解释变量 QGI	（1）	（2）	（3）	（4）	（5）	（6）
	2SLS			GMM		
information	0.404	0.622	0.331	0.940	1.820***	0.405
	(0.72)	(0.97)	(0.57)	(1.58)	(2.72)	(0.67)
RD	5.143***	4.949***	2.396***	7.092***	6.624***	3.693***
	(7.19)	(7.09)	(3.41)	(9.98)	(9.57)	(5.30)
_cons	-0.041**	0.012	0.109***	0.029	0.092***	0.152***
	(-2.20)	(0.50)	(5.23)	(1.54)	(3.87)	(7.01)
模型假设	假设1	假设2	假设3	假设1	假设2	假设3
N	420.000	420.000	420.000	420.000	420.000	420.000
R^2	0.810	0.821	0.856	0.795	0.808	0.850
AR（1）P值				0.140	0.161	0.154
AR（2）P值				0.359	0.429	0.526
Hansen 检验 P 值				1.000	1.000	1.000
	一阶段结果					
RCI_lag	0.932***	0.957***	0.958***			
	(57.11)	(53.26)	(52.95)			
F	1240.26	462.60	425.07			
N	450	450	450			

注：括号中为 t 统计量，***、** 和 * 分别代表在 1%、5% 和 10% 的显著性水平上显著不为 0。

从 2SLS 一阶段回归结果可以看出，三个假设条件下，滞后一阶消费投资比（RCI_lag）的系数均在 1% 的显著性水平上显著为正，F 值大于 10，表明不存在弱工具变量风险，总体来看，工具变量的选取是合理的。二阶段回归结果中，RCI 的系数均在 1% 的显著性水平上显著为正，支持了本章提出的假说。

GMM 估计方法中，AR（2）P 值不显著，表明模型有效地克服了内生性问题，Hansen 检验是工具变量有效性检验，P 值大于 0.1，表明估计中选择的工具变量不存在过度识别问题，三个假设条件下的 RCI 系数均在 1% 的显著性水平上显著为正，支持了本章提出的假说。各个控制变量对经济增长质量的影响与 OLS 基准回归的结果也基本保持一致，所以三种回归方法均支持了本章提出的假说：对最优需求结构的偏离对我国经济增长质量具有显著的负面影响。

（五）稳健性检验与影响机制分析

1. 异质性分析

（1）基于东中西部区域划分的异质性分析。考虑到我国区域经济发展的不平衡，东部、中部和西部地区间在消费投资水平、城市化水平、对外开放水平、信息化水平以及 R&D 投入水平等方面都存在差异。各个区域的需求结构对最优需求而结构的偏离程度也有所不同，对经济增长质量造成的影响可能也存在区域间的差异。为了检验结果的稳健性，本章将研究样本按照区域进行划分，其中东部地区包括北京、天津、河北、辽宁、上海、江苏、浙江、福建、山东、广东、海南；中部地区包括山西、吉林、黑龙江、安徽、江西、河南、湖南、湖北；西部地区包括广西、内蒙古、重庆、四川、贵州、云南、西藏、陕西、甘肃、宁夏、青海、新疆。

（2）基于市场化水平划分的异质性分析。新中国成立之后，我国在实行计划经济体制，实行重工业优先发展战略，因此形成"高积累、低消费"的需求结构。改革开放以来我国市场化水平不断提升，市场经济体制已成为我国基本经济制度。但各地的市场化程度有所差异，对于市场化高的地区而言，企业可能受到地方政府的"援助之手"作用更大，相应的投资效率可能高于低市场化地区。那么从理论逻辑上可以推导，对于高市场化地区而言，其需求结构对最优结构的偏离对经济增长质量造成的负向影响应当低于低市场化地区。为了检验这一可能性，以及验证本章研究结果的稳健性，本章利用樊纲教授领先测度的中国市场化指数作为市场化水平的衡量指标，以所有省份在 2015 年到 2020 年的市场化指数平均数 6.5 作为分界点，将研究样本划分为两组，低于 6.5 为低市场化水平地区，高于 6.5 为高市场化水平地区。所有省份的分组结果为：始终大于 6.5 的地区有北京、天津、辽宁、上海、江苏、浙江、福建、山东、广东；从 2013 年左右开始大于 6.5 的地区有安徽、江西、河南、湖北、湖南、重庆、四川；从 2017 年左右开始大于 6.5 的地区有河北、吉林、黑龙江、广西、陕西；始终低于 6.5 的地区有山西、内蒙古、海南、贵州、云南、甘肃、青海、宁夏、新疆。

　　由于假设 3 对模型的约束最松，也更符合现实，所以这里基于假设 3 采用系统 GMM 方法进行分组回归，结果如表 10 - 4 所示，列（1）~ 列（3）为按地理位置划分的三组子样本，列（4）和列（5）为按市场化水平划分的两组子样本。

表 10 - 4 异质性分析

被解释变量 QGI	（1）	（2）	（3）	（4）	（5）
	按区域划分			按市场化水平划分	
	东部地区	中部地区	西部地区	低市场化指数	高市场化指数
RCI	- 0. 004	0. 032 *	0. 125 ***	0. 050 ***	0. 033 *
	（ - 0. 19）	（1. 79）	（4. 08）	（2. 59）	（1. 77）
urban	0. 376 ***	0. 103 *	0. 638 ***	0. 301 ***	0. 388 ***
	（9. 78）	（1. 86）	（7. 60）	（5. 55）	（11. 13）
openness	0. 028 ***	- 0. 068	0. 157 ***	0. 093 ***	0. 017 ***
	（3. 34）	（ - 1. 60）	（3. 70）	（2. 91）	（2. 85）
information	2. 591 ***	2. 047 ***	- 1. 942 ***	0. 924 *	1. 800 **
	（2. 59）	（3. 89）	（ - 2. 77）	（1. 73）	（1. 96）
RD	2. 670 ***	3. 820 ***	1. 104	3. 373 **	1. 319
	（3. 21）	（2. 89）	（0. 48）	（2. 23）	（1. 21）
_cons	0. 202 ***	0. 298 ***	- 0. 115 **	0. 139 ***	0. 196 ***
	（7. 29）	（10. 14）	（ - 2. 07）	（3. 65）	（8. 17）
N	165	120	165	238	212
R²	0. 879	0. 674	0. 639	0. 626	0. 874
AR（1）P 值	0. 275	0. 757	0. 448	0. 014	0. 224
AR（2）P 值	0. 294	0. 649	0. 276	0. 333	0. 287
Hansen 检验 P 值	1. 000	1. 000	1. 000	1. 000	1. 000

　　注：括号中为 t 统计量，*** 、** 和 * 分别代表在 1% 、5% 和 10% 的显著性水平上显著不为 0。

　　根据结果显示，列（1）~ 列（5）AR（2）P 值均不显著，表明模型有效地克服了内生性问题，Hansen 检验是工具变量有效性检验，P 值大于 0. 1，表明估计中选择的工具变量不存在过度识别问题。列（1）~ 列（3）显示，东部地区 RCI 系数为很小的负数 – 0.004 且不显著，中部地区和西部地区的 RCI 系数分别在 10% 和 1% 的显著性水平上显著为正，支持本章的假说；从 RCI 系数的大小上来看，西部地区较中部地区系数大，表明在经济发展水平相较更落后的地区，消费投资结构失衡对经济增长质量的负面影响会更大，也就是说，在西部地区消费投资比的提升会对经济增长质量有更显著的提升效果。列（4）和列（5）显示，低市场化水平地区和高市场化水平地区的 RCI 系数分别在 1% 和 10% 的显著性水平上显著为正，支持本章的假说；从 RCI 系数的大小上来看，低市场化水平地区较高市场化水平地区系数大，表明在市场化水平较低的地区，消费投资结构失衡对经济增长质量的负面影响会更大，也就是说，在市场化水平较低的地区消费投资比的提升会对经济增长质量有更显著的提升效果，这进一步验证了我们在基于市场化水平异质性分析中提出的推论。

2. 分位数回归

OLS 回归关注的是因变量的条件均值函数，以残差平方和最小化为目标，容易受极端值的影响，分位数回归估计的是解释变量与被解释变量的分位数之间的线性关系，可以看到各个分位数水平的结果，使用残差绝对值的加权平均作为最小化的目标函数，因此也不易受极端值影响。本章将 OLS 回归结果和比较有代表性的 7 个分位点的估计结果列在了一张表上，如表 10 – 5 所示，为了进一步观察参数变化情况，将 RCI 随着分位点的变化绘制在图 10 – 3 中。

表 10 – 5　　　　　　　　　　　　分位数回归结果

被解释变量 QGI	（1）	（2）	（3）	（4）	（5）	（6）	（7）	（8）
	OLS	QR_10	QR_20	QR_25	QR_50	QR_75	QR_80	QR_90
RCI	0.061***	0.026	0.042***	0.034**	0.028**	0.087***	0.089***	0.101***
	(5.60)	(1.52)	(2.98)	(2.43)	(2.10)	(6.61)	(6.65)	(5.04)
urban	0.404***	0.407***	0.374***	0.357***	0.353***	0.285***	0.309***	0.309***
	(13.56)	(8.82)	(9.65)	(9.39)	(9.67)	(7.86)	(8.40)	(5.64)
openness	0.027***	0.034***	0.031***	0.030***	0.031***	0.034***	0.031***	0.020
	(3.78)	(3.16)	(3.43)	(3.41)	(3.61)	(4.00)	(3.64)	(1.53)

续表

被解释变量 QGI	(1) OLS	(2) QR_10	(3) QR_20	(4) QR_25	(5) QR_50	(6) QR_75	(7) QR_80	(8) QR_90
information	0.555 (1.37)	-0.287 (-0.46)	0.103 (0.20)	0.639 (1.24)	0.848* (1.71)	1.285*** (2.61)	1.066** (2.14)	2.352*** (3.16)
RD	2.325*** (3.26)	2.233** (2.02)	2.491*** (2.68)	2.098** (2.30)	2.958*** (3.38)	4.246*** (4.89)	4.253*** (4.83)	4.676*** (3.56)
_cons	0.070*** (3.31)	0.060* (1.83)	0.067** (2.43)	0.080*** (2.99)	0.117*** (4.56)	0.102*** (3.98)	0.095*** (3.66)	0.081** (2.09)
N	480	480	480	480	480	480	480	480

注：括号中为 t 统计量，***、**和*分别代表在1%、5%和10%的显著性水平上显著不为0。

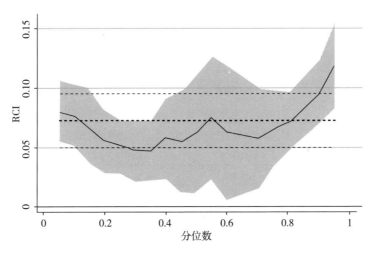

图 10 - 3　RCI 随分位数变动

　　从估计结果可以看出，分位数回归得到的系数符号与 OLS 回归模型的结论基本一致，所有回归系数都显著为证，证明了最优需求结构的偏离会对中国经济增长质量造成比较显著的负向影响。但在分位数回归模型中，可以观察到 OLS 回归模型无法反映的信息。随着分位数的增加，RCI 的分位数回归系数总体呈现出先下降再上升的过程，在10%分位点以下呈一个较高水平，随后开始下降，到80%分位点之间都处于系数均值以下，而突破80%分位点后系数剧烈上升。这表明，最优需求结构的偏离对经济增长质量的影响系数呈现出比较明显的"微笑曲线"效应，即对于经济增长质量处于最低和最高的地区，其负向效应更加明显。而特别是经济增长质量排序在前 1/5 的省份，偏离最优消费投资比造成的需求结构失衡对经济增长质量的负向影响更大。

3. 变量替换

考虑到消费投资结构的失衡对经济高质量发展的影响可能存在滞后效应，所以本书采用滞后一期实际消费投资比即 RCI_lag 作为解释变量，对模型结果的稳健性进行检验，结果如表 10-6 所示。

表 10-6　　　　　　　　　滞后一期解释变量稳健性检验

被解释变量 QGI	（1）	（2）	（3）
RCI_lag	0.079***	0.080***	0.070***
	(5.48)	(5.13)	(4.84)
urban	0.557***	0.502***	0.431***
	(15.44)	(13.28)	(12.76)
openness	0.008	0.017**	0.025**
	(1.49)	(2.31)	(2.52)
information	0.387	0.630	0.301
	(0.69)	(0.97)	(0.50)
RD	5.184***	4.971***	2.139***
	(7.27)	(7.04)	(2.94)
_cons	-0.046**	-0.044**	0.042**
	(-2.42)	(-2.00)	(2.18)
模型假设	假设1	假设2	假设3
N	450	450	450
R^2	0.809	0.822	0.864

注：括号中为 t 统计量，***、** 分别代表在 1%、5% 的显著性水平上显著不为 0。

将表 10-6 结果与表 10-2 对比可以看出，当解释变量滞后一期时，在不同模型设定下，RCI_lag 系数均在 1% 的显著性水平上显著为正，各个控制变量的回归系数与 OLS 基准回归基本保持一致，表明本章模型的结果是比较稳健的；同时可以看出，RCI_lag 的系数大于基准回归中 RCI 的系数，说明需求结构的失衡对经济增长质量的影响确实存在滞后效应，其影响具有持续性。

4. 偏离最优需求结构对我国经济增长质量的影响机制分析

现代经济增长理论和国际经验已经证实，赶超基本上是以结构失衡为"常态"的，其可持续性一定会受到挑战。我国的经济高速增长阶段是通过政府干预资源配置将资源集中在高增长的工业部门，从而产生规模收益递增实现赶超，但依靠投资规模扩张的生产模式帮助产业实现从进入到快速成长的追赶的同时，高投资、低消费造成的供给和需求不匹配的问题逐渐凸显，规模增长效率开始快速递减，对规模偏向、低端市场和模仿创新的路径依赖导致自主创新意识较弱，生产效率难以提升，从而阻碍经济转向高质量发展，因此消费投资结构失衡可能会通过降低生产效率从而对经济高质量发展产生负面影响。

全要素生产率指的是在资本、劳动等生产要素投入既定的条件下所达到的额外生产效率，即由创新带来的效率改进（蔡昉，2013），所以本章采用全要素生产率来衡量生产效率。全要素生产率的测算主要有数据包络分析法、随机前沿法、索洛余值法三大类，本章采用索洛余值法测算 TFP，即基于生产函数采用产出增长率扣除资本、劳动投入要素的增长贡献率后得到。在规模报酬不变假设下，C－D 生产函数形式可以设定为：

$$Y = AK^a L^b \qquad\qquad (10-22)$$

其中，Y 是总产出，L 是劳动投入，K 是资本投入，a 表示资本产出弹性，b 表示劳动产出弹性，A 即为全要素生产率。

劳动投入用各省份就业总人口来衡量，资本投入采用学术界较为常见的永续盘存法测算，公式为：$K_t = (1-\delta_t) K_{t-1} + I_t/P_t$，其中，$K_t$ 为第 t 年的实际资本存量，K_{t-1} 为第 t-1 年的实际资本存量，I_t 第 t 年新增固定资产，采用固定资本形成总额，P_t 为第 t 年的投资价格指数，采用固定资产投资价格指数，δ_t 为第 t 年的资本折旧率，参考现有大部分文献做法，取值9%。根据劳动者报酬占 GDP 的比重确定劳动份额，即劳动产出弹性，使用"1－劳动份额"作为资本份额，即资本产出弹性，由于数据的可得性本章计算得到2007～2017年的全要素生产率。

由于假设 3 对模型的约束最松，也更符合现实，所以基于假设 3，以全要素生产率作为中介变量，采用逐步检验回归系数的方法进行中介效应检验，结果如表 10－7 所示。

表 10 - 7 全要素生产率中介效应

被解释变量	step1	step2	step3
	QGI	TFP	QGI
RCI	0.061 ***	0.292 *	0.052 ***
	(4.41)	(1.87)	(3.91)
urban	0.404 ***	2.158 ***	0.345 ***
	(12.70)	(4.85)	(10.80)
openness	0.027 ***	0.143	0.023 **
	(2.84)	(0.71)	(2.57)
information	0.555	5.215	0.100
	(1.03)	(1.13)	(0.21)
RD	2.325 ***	-29.944 **	2.917 ***
	(3.23)	(-2.53)	(4.40)
TFP			0.022 ***
			(3.29)
_cons	0.070 ***	0.117	0.083 ***
	(3.38)	(0.50)	(4.34)
N	480	420	420
R^2	0.860	0.694	0.874

注：括号中为 t 统计量，*** 、** 和 * 分别代表在 1% 、5% 和 10% 的显著性水平上显著不为 0。

表 10 - 7 中 step1 直接考察了需求结构失衡对经济增长质量的影响，可以看出 RCI 系数在 1% 的显著性水平上显著为正，为 0.061，这一结果与前文基准回归结果一致。step2 考察了需求结构失衡对全要素生产率的影响，RCI 系数依然在 1% 的显著性水平上显著为正，为 0.292，表明实际消费投资比越小，即需求结构对最优需求结构的偏离程度越大，生产效率水平越低。step3 进一步考察了加入全要素生产率后消费投资结构失衡和经济增长质量之间的显著关系如何变化，可以看出，RCI 与 QGI 之间的显著关系没有发生变化，但系数由 step1 的 0.062 减小到 0.052；TFP 与 QGI 之间的关系在 1% 的显著性水平上显著为正，为 0.022，说明全要素生产率在需求结构失衡和经济增长质量之间起到了部分中介的作用，中介效应为 0.292 × 0.022 = 0.006424，在总效应中占比为 0.006424/0.061 × 100% = 10.53%。据此，本章的中介效应机制得到了

支持。

四、小结与政策建议

本章基于一个 Ramsey – Cass – Koopmans 一般均衡框架在理论上证明了最优需求结构的存在性，并针对存在最优消费投资比却观察不到其数据的问题，构建了实际消费投资比偏离最优消费投资比的程度系数，建立模型使最优消费投资比进入常数项，从而利用实际消费投资比数据实证分析了我国需求结构失衡对经济增长质量的影响。本章主要得出以下结论：第一，我国需求结构失衡对经济增长质量具有显著的负向影响。不同时间不同区域的最优消费投资比是不同的，但在一定的时间和区域内存在一个稳定的最优消费投资比，实际消费投资比与此值之间的偏离越大，越不利于经济增长质量的提升。第二，分区域来看，改善西部的需求结构会相较已经较发达的中东部来说对经济增长质量的提升有更明显的效果；分市场化水平高低来看，改善低市场化水平地区的需求结构、提高其市场化水平对经济增长质量的提升有更明显的效果。第三，需求结构的失衡会通过影响生产效率的提升从而影响经济增长质量的提升。

党的十九届五中全会通过的《中共中央关于制定国民经济和社会发展第十四个五年规划和二〇三五年远景目标的建议》提出，要加快构建以国内大循环为主体、国内国际双循环相互促进的新发展格局。《建议》强调要立足国内大循环，我国具有全球最大和最具潜力的消费市场，具有巨大的增长空间，那么从需求结构的消费角度来说，消费作为经济增长的第一驱动力，当外需重要性下降时，提高国内居民的消费水平便是带动国内大循环、提升经济增长质量的重要因素。从需求结构的投资角度来说，投资具有需求效应的同时，其实现为生产性固定资产后则再投入生产，产生供给效应，而供给效应是滞后于需求效应的，再加之有选择性地对第二产业的高投资，就导致产能过剩和产品滞销，造成人员和设备的闲置，从而增加失业，降低企业的投资预期和居民的消费预期。

根据上述结论，未来我国构建新发展格局的重点在于优化需求结构来提升经济增长质量。

一是要提高消费水平，构建高水平内需体系。一方面，应提高人民的当前可支配收入，让人们有能力消费。依据边际消费倾向递减规律，增加低收入人群的可支配收入可以显著提高消费率，所以应采用更大力度的制度和政策措施缩小城乡和区域间的收入差距；另一方面，应提高人民的未来收入预期，建立起完善的社会保障体系，使人们敢于消费，例如医疗保险、子女教育、养老等基本社保的建设会增强人们消费的信心，改变人们以预防为主的消费观念，从而促进消费升级，为构建以国内大循环为主、国内国际双循环相互促进的新发展格局提供有效支撑。

二是要抑制投资"饥渴症"。劳动力、资本、土地等传统要素投入的驱动作用下降后，我国亟须转入创新驱动发展模式，摆脱过度依赖投资与出口的路径依赖。中央政府应注重提供创新驱动所需的制度型公共产品，例如完善知识产权保护相关法律，建立健全激励企业技术创新、专利申请以及成果转化等机制，消除创新者的后顾之忧；同时企业作为技术创新的主体，政府应支持企业建立研发机构，建立产学研相结合的技术创新体系，落实各项税收优惠政策、金融政策等鼓励和支持企业开发新产品、新工艺和新技术，从而加大企业自主创新的外在压力和内在动力；地方政府应改变单纯以经济增长为目的的官员晋升考核体系，从招商引资转向招才引智，着眼于长期的经济社会发展，从而实现经济增长质量的提升。

三是要在优化需求结构的过程中充分考虑到区域之间的经济发展水平差异和体制机制差异，打造区域经济互补的高质量区域经济格局。我国经济发展水平不断提高的同时，东中西部发展不平衡的问题成为当前满足人民日益增长的美好生活需要和实现经济高质量发展的主要制约因素。因此一方面要坚持深化改革，对于市场化水平相对比较低的中西部地区，将有效市场与有为政府相结合，坚持"两个毫不动摇"，破除限制各类市场主体活力的制约因素，减少无效和低效投资供给，增加高效投资，提升投资效率，打造新时代社会主义经济市场经济体制的升级版。另一方面要继续坚持推进新一轮的西部大开发和中部崛起等发展战略，完善对中西部地区的政策投入，推动形成东中西互动、共同发展的区域战略布局，从而缩小中西部与东部之间的发展差距。

第十一章　新常态下中国经济增长质量：
中国经济结构失衡的总体评价

中国自改革开放以来的经济发展过程中最突出的特征是失衡与增长共存。本章从宏观、中观和微观三个层面综合评价中国经济结构失衡，采用基于AHP的模糊综合评价法对1978～2020年中国经济结构失衡的状态和变迁进行更为全面和准确的评价，并以此为基础寻找中国经济结构失衡的原因，从而探寻从失衡走向均衡的路径。评价结果显示，中国过去的经济结构从整体的失衡状况来处于"中度失衡"，同时中国当前的失衡也出现了一系列新的特征。未来中国经济要保持长期平稳较快发展，必须以加快转变经济发展方式为主线，推进经济结构战略性调整，通过宏观、中观和微观三个层次的路径转型，以实现从中国经济从"失衡式增长"向"均衡式增长"的转变。

一、中国经济结构失衡的研究背景与研究现状

改革开放以来，中国的经济发展经历了一个从计划经济的"此岸"向市场经济的"彼岸"转型的过程，在这个转型过程中最突出的特征是失衡与增长共存。特别是20世纪90年代以来，中国经济增长进入"快车道"，但由于受经济发展方式转变滞后和经济改革滞后的影响，导致中国经济在宏观、中观和微观三个层面都面临着比较严重的结构性失衡，这种结构性失衡的存在，制约了资源的有效配置，形成了经济发展与社会发展的不协调，导致中国经济增长出现高速度和低质量的特征。目前中国已进入中等收入水平发展阶段，进入该阶段后可能面临"中等收入陷阱"的困扰，如果不能改善结构性失衡，整个国民经济将很难从主要依靠要素投入扩大的规模优势向主要依靠要素效

率提升的竞争优势转变。同时，在中国经济结构失衡状态下，中国宏观经济既存在通胀的压力，也存在增长乏力的危险，传统的需求管理政策面临两难抉择，需要从更深层次探索改善结构失衡的转型路径。因此，研究中国经济结构失衡的状态，探讨中国经济结构如何从失衡走向均衡，就成为学术界关注的重点问题。

近年来，对于中国经济结构失衡问题的研究主要有如下三个方面。一是对经济结构失衡的状态及其特征进行的定性研究（Blanchard & Giavazzi，2005；Hausman & Sturzenegger，2006；郭树清，2007；刘伟，2007；顾巧明和胡海鸥，2009；李永友，2012），二是采用统计分析方法对经济结构失衡进行测度和评价的定量研究（李宝瑜，2009；陈志勇和夏晶，2012）；三是对中国经济结构失衡的原因和影响因素进行的关联性研究（Blanchard & Giavazzi，2005；Aziz. J，2006；Prasad. E. S，2009；巫文强，2010；吴敬琏，2011；吴建军和刘郁，2012）。但以上研究存在的问题是：在定性研究方面，大多关注某一领域的失衡而非从全面角度考虑经济结构失衡，如现有文献大多仅将经济结构失衡界定为需求结构失衡；在定量研究方面，现有文献主要测度了宏观层面的结构失衡，而忽视了对中观和微观层面结构失衡的评价；在关联性研究方面，现有文献对经济结构失衡原因和影响因素的解读缺乏量化分析基础。

因此，本书的出发点在于从宏观、中观和微观三个层面综合评价中国经济结构失衡，采用科学的统计分析方法对中国经济结构失衡进行更为全面和准确的测度，并从总体维度和分项维度分析结构失衡的变动趋势，寻找结构失衡的原因，探寻从失衡走向均衡的转型路径。

二、新常态下中国经济结构失衡的指标测度与总体评估

1. 经济结构失衡的界定

经济结构失衡是经济结构演进中的一种非均衡状态。一个国家在特定的发展阶段和禀赋结构下会面临一个最优的经济结构，我们将这种最优结构称为经济结构均衡，而对这种最优结构的偏离则称为经济结构失衡。在经济结构失衡背景下，经济发展过程中各个环节的有机联系被割裂，从而导致资源

配置不合理、经济运行效率低下、经济和资源环境不能实现可持续发展，并可能导致经济或社会危机。绝对意义上的经济结构均衡是很难实现的，但对均衡的偏离程度反映了失衡程度的大小，因此宏观经济的运行总是在从失衡走向均衡和从均衡走向失衡两种趋势之间不断转换。

由于经济结构既包括宏观上的城乡结构、供给结构、需求结构、国际收支结构和分配结构，也包括中观上的产业结构、消费结构、投资结构，还包括微观上的人口结构、人力资本结构、企业结构等，因此经济结构失衡也分为局部失衡和全面失衡，局部失衡在特定时期可以促进增长，但发展到一定阶段，形成了全面失衡的特征，必然对经济增长形成阻力，此时需要进行结构优化，对失衡状态进行调整，在从失衡到均衡的转化过程中形成新的发展动力。

2. 中国经济结构失衡评价的维度

为了更加全面、准确地对中国经济结构失衡进行测度和评价，我们将中国的经济结构失衡界定为三个主维度：一是宏观经济结构失衡，其分维度包括城乡二元结构失衡、需求结构失衡、供给结构失衡、国际收支结构失衡和分配结构失衡。二是中观经济结构失衡，其分维度包括产业结构失衡、消费结构失衡和投资结构失衡。三是微观经济结构失衡，其分维度包括人口结构失衡、人力资本结构失衡和企业结构失衡。

在宏观经济结构失衡的各项分维度中，城乡二元结构失衡反映经济结构失衡的基本状态，即在中国经济发展中形成的一系列城乡二元经济结构的失衡负效应；需求结构失衡反映经济结构失衡中的短期因素，即近年来消费占比和投资占比的波动所导致的短期增长波动；供给结构失衡反映经济结构失衡中的长期因素，即产出增长中的资本供给等短期因素增长过快，而技术、公共服务供给等长期因素增长乏力；国际收支结构失衡反映经济结构失衡的外部结果，即国际收支差额扩大带来的外部失衡；而分配结构失衡反映经济结构失衡的内部结果，即由于初次分配失衡所导致的二次分配失衡，具体表现为劳动报酬下降所带来的收入差距不断扩大。

在中观经济结构失衡的各项分维度中，产业结构失衡反映产业层面发展不协调的基本状态，即由于产业发展偏离内生于禀赋结构的比较优势所导致的结构性失衡；消费结构失衡反映居民需求层面未得到满足的不协调状况，消费结构代表居民消费的现状和未来的变动趋势，能够评价产业结构的经济效率并反映居民需求的满足程度，消费结构变化通过居民对消费与积累的选择来影响投资结构，从而对未来经济增长产生影响。投资结构失衡一方面反映为中国经济中储蓄和投资结构严重失衡，另一方面表现为政府投资与民间投资的失衡。

在微观经济结构失衡的各项分维度中，人口结构失衡反映由于人口的年龄结构失衡和性别结构失衡导致的对经济发展的不利因素，其中人口年龄结构失衡意味着中国从"人口红利"阶段步入"人口负债"阶段，从而导致影响长期增长的供给方因素发生变化，使得经济增长乏力，而人口性别结构变化意味着经济社会发展的不稳定因素增加；人力资本结构失衡反映出人力资本结构偏离产业发展需要导致的对经济发展的不利因素，即由于劳动力内部的知识结构差距过大，导致中国经济发展难以从要素驱动型的外生增长向知识技术驱动型的内生增长转变；企业结构失衡主要反映出所有制结构不协调所带来的对经济发展的不利因素，即由于国有企业占据竞争性领域，民营企业发展活力下降，进而导致经济发展的民间推动力不足。

3. 中国经济失衡评价指标体系的构建

（1）模糊隶属度综合评价法基本原理。模糊评价法基于模糊数学，根据模糊数学的隶属度理论把定性评价转化为定量评价，即用模糊数学对受到多种因素制约的事物或对象作出一个总体的综合评价。具体步骤如下：

设评判对象为 P：其因素集 $U_i = \{u_1, u_2, \cdots, u_m\}$，评价等级集 $V_j = \{v_1, v_2, \cdots, v_n\}$，则从因素 U_i 着眼，该评判对象能被评为 V_j 的隶属度为 R_{ij}。一般隶属度的确定采用等级比重法。本书运用模糊统计法对基础指标的数据分组后进行频数分析，进而得到隶属概率，再根据隶属概率的图像确定其对应的隶属函数 f_i，$i \in (1, 2, \cdots, m)$。将被评价的不同时期对应的数据分别代入对应的隶属函数中，可以得到各个指标的隶属度向量 $r_1, r_2, \cdots, r_n$，则评判矩阵为：$R = (R_{ij})_{m \times n}$，其中，$R_{ij}$ 为因素 U_i 对评价等级 V_j 得到的隶属度，$\sum R_{ij} = 1$。

最后采用层次分析法（AHP）来确定权重 A。最终得模糊评价结果（经济结构失衡指数）：B = A×R。

（2）中国经济结构失衡指标体系的构建。根据经济结构失衡的三个主维度：宏观经济结构失衡、中观经济结构失衡、微观经济结构失衡，我们构建的经济结构失衡评价指标体系如表 11 – 1 所示。

表 11 – 1　　　　　　　　　经济结构失衡评价指标构成体系

二级指标		三级指标	计量单位	指标性质
宏观结构失衡	二元经济结构失衡	二元反差指数（X1）	—	正
		二元对比系数（X2）	—	正
		城乡居民收入比（X3）	—	正
		城乡居民消费比（X4）	—	正
	需求结构失衡	投资率（X5）	%	适度
		消费率（X6）	%	适度
		投资消费比（X7）	—	正
		通货膨胀率（X8）	%	正
	供给结构失衡	全要素生产率增长率（X9）	—	逆
		基础设施投入比重（X10）	—	逆
	国际收支结构失衡	经常项目差额占 GDP 比重（X11）	%	正
		外汇储备占 GDP 比重（X12）	%	正
		外债余额与当年外汇收入之比（X13）	—	正
	分配结构失衡	基尼系数（X14）	—	正
		泰尔指数（X15）	—	正
		劳动报酬份额（X16）	%	逆
		工资收入占 GDP 比重（X17）	%	逆
中观结构失衡	产业结构失衡	第一产业比较劳动生产率（X18）	—	逆
		第三产业比较劳动生产率（X19）	—	逆
		第三产业产值比重（X20）	%	逆
	消费结构失衡	全社会消费品零售总额增长率（X21）	—	逆
		全社会消费品零售总额与全社会固定资产投资增速差额绝对值（X22）	%	正
	投资结构失衡	非国有投资占全社会固定资产投资比重（X23）	%	逆
		总储蓄与总投资差额绝对值（X24）	—	正

续表

二级指标		三级指标	计量单位	指标性质
微观结构失衡	人口结构失衡	人口抚养比（X25）	—	正
		人口性别比（X26）	—	逆
	人力资本结构失衡	人均受教育年限（X27）	—	逆
		教育基尼系数（X28）	—	正
	企业结构失衡	国有企业产值与非国有企业产值比（X29）	—	正
		国有企业平均产值与非国有企业平均产值比（X30）	—	正
		国有企业平均利润增速与非国有企业平均利润增速比（X31）	%	正

本书考察的是1978～2020年中国经济结构失衡的问题，由于要考虑43年数据的连贯性与完整性，从而限制了我们选择具体指标来衡量各分项指标。

从对宏观经济结构失衡的指标选择来看，反映城乡二元经济结构失衡的指标，主要选择二元反差指数和二元对比系数来反映城乡二元经济在发展过程上的失衡，选择城乡居民收入比和城乡居民消费比反映城乡二元经济在发展结果上的失衡。反映需求结构失衡的指标，则采取消费率、投资率以及投资消费比作为过程失衡的指标，另外，为了反映需求结构失衡的结果，我们选取了通货膨胀率作为衡量指标。反映供给结构失衡的指标，我们选取了全要生产率增长率和基础设施投入占GDP比重两个指标来衡量。反映国际收支结构失衡的指标，我们采用经常项目差额占GDP比重、外汇储备占GDP比重作为衡量指标，此外，我们采用了外债余额与当年外汇收入之比作为衡量外债水平失衡的指标。反映分配结构失衡的指标，我们采用国民经济核算中收入法统计的劳动报酬份额和工资收入占GDP比重作为衡量初次分配失衡的指标，采用基尼系数和反映城乡收入差距的泰尔指数作为衡量二次分配失衡的指标。

从对宏观经济结构失衡的指标选择来看，反映产业结构失衡的指标，我们选择第一产业比较劳动生产率、第三产业比较劳动生产率来衡量过程失衡，同时选取第三产业产值比重来衡量结果失衡。反映消费结构失衡的指标，我们选取了全社会消费品零售总额与全社会固定资产投资增速差额的绝对值来衡量消费结构对投资结构的背离，并采用全社会消费品零售总额增长率来衡量消费变化。反映投资结构失衡的指标，我们选取了总储蓄与总投资之间差额的绝对值来衡量储蓄与投资的失衡，同时选取非国有投资占全社会固定资产投资比重来衡量政府投资与民间投资之间的失衡。

从对微观经济结构失衡的指标选择来看，反映人口结构失衡的指标，我们选择了人口抚养比来衡量人口年龄结构失衡，同时选择人口性别比来衡量人口性别结构失衡。反映人力资本结构失衡的指标，我们选取人均受教育年限来衡量过程失衡，选取教育基尼系数来衡量结果失衡。反映企业结构失衡的指标，我们选取国有企业与非国有企业的总产值比重来反映微观层面的所有制结构是否失衡，选取国有企业与非国有企业的平均产值比重来反映非国有企业的产值增长是否与非国有企业的数量增长速度相同，同时也选取国有企业与非国有企业平均利润增速比来反映国有经济和非国有经济发展结果的失衡。

4. 中国经济结构失衡评价的基本步骤

（1）数据选择以及处理。本书采用的数据来自历年《中国统计年鉴》《中国工业经济统计年鉴》《中国人口和就业统计年鉴》，以及《新中国 70 年汇编资料》《数字中国 30 年》，以及民政部和外汇管理局等网站的统计数据和相关研究。考虑到数据的可得性以及可比性，本书以 1978 年为基年。缺失数据通过建立回归方程，运用已有的数据进行估计填充。另外，需对有些较为特殊变量的数据进行说明。

在宏观经济结构失衡的维度中，"二元反差指数"采用"｜非农业产值比重－非农业就业比重｜"的公式来计算；二元对比系数采用"（农业产值比重/农业就业比重）／（非农业产值比重/非农业就业比重）"的公式来计算；"城乡居民收入比"采用"城镇居民家庭人均可支配收入/农村居民家庭人均纯收入"的公式来计算，"城乡居民消费比"采用"城镇居民人均消费支出/农村居民人均消费支出"的公式来计算；"消费率"采用"最终消费支出/GDP"的公式来计算，"投资率"采用"资本形成总额/GDP"的公式来计算，其中消费率和投资率作为适度指标，对于其适度值的取值我们参考前人的研究，投资率的适度值为 38%，消费率的适度值为 60%；"投资消费比"采取投资率和消费率的比值；"通货膨胀率"采用环比的居民消费价格指数来衡量；

"全要素生产率增长率"中的全要素生产率采用马强文等（2010）的研究数据；"基础设施投入比重"中1978～2006年的数据采用财政支出项目中的基本建设支出作为计算的替代变量，计算公式为"基本建设支出/GDP"，而2007～2020年的数据采用财政支出项目中的一般公共服务作为计算的替代变量，计算公式为"一般公共服务/GDP"；"经常项目差额占GDP比重"采用经常项目差额的绝对值与当年GDP的比值来计算，其中1978～1980年的数据缺乏，均以1981年数据进行填补；"外汇储备占GDP比重"采用外汇储备与当年GDP的比值来计算，"外债余额与当年外汇收入比"采用统计年鉴中的债务率数据，其中1978～1984年数据缺失，以1985年数据进行填补；"基尼系数"的衡量参考刘霞辉（2008）的研究结果；"泰尔指数"我们采用王少平和欧阳志刚（2008）研究中的定义和计算公式，首先分别计算城镇与农村的收入份额与人口份额之比的自然对数，然后再用城乡收入份额作为权数进

行加权平均，具体计算公式为 $T_t = \sum_{i=1}^{2} \left(\dfrac{p_{it}}{p_t} \right) \ln \left(\dfrac{\frac{p_{it}}{p_t}}{\frac{z_{it}}{z_t}} \right)$，其中 T_t 代表 t 时期的泰尔

指数，i=1，2分别表示城镇和农村地区，T_t 表示 t 时期城镇或农村的人口数量，z_t 表示 t 时期的总人口，p_{it} 表示城镇和农村的总收入（用相应的人口和人均收入之积表示），p_t 表示 t 时期的总收入；"劳动报酬份额"采用 GDP 收入法统计的数据，具体计算公式为"劳动报酬/GDP"，我们将省级数据加总从而计算出全国数据，2008年缺失的数据采用2007年和2009年数据的算术平均值进行填充；"工资收入占 GDP 比重"采用"城镇职工工资收入总额/GDP"的公式来计算，其中货币工资以1978年为定基按照实际工资指数换算为实际工资，同样 GDP 以1978年为定基换算为实际 GDP。

在中观经济结构失衡的维度中，"第一产业比较劳动生产率"和"第三产业比较劳动生产率"采用"第一（三）产业产值占 GDP 比重/第一（三）产业就业人数占总就业人数比重"的公式来计算；"第三产业产值比重"采用公式"第三产业增加值/GDP"来计算；"全社会消费品零售总额增长率"采用《新中国六十年统计资料汇编》和相关统计年鉴中的数据进行算术处理；"全社会消费品零售总额与全社会固定资产投资增速差额绝对值"采用公式

"｜全社会消费品零售总额增长率－全社会固定资产投资增长率｜"来计算；
"非国有投资占全社会固定资产投资比重"采用"（全社会固定资产投资－国
家预算内固定资产投资）/全社会固定资产投资"的公式计算；"总储蓄与总
投资差额绝对值"采用资金流量表中的数据进行计算，但由于资金流量表的
统计只有 1992 年以后的数据，因此 1992 年以前的总储蓄数据采用 GDP 核算
的支出法来计算。

　　在微观经济结构失衡的维度中，"人口抚养比"采用统计年鉴中的数据，
具体计算公式为"（15 岁以下人口 ＋64 岁以上人口）/15～64 岁人口"，但由
于 1995 年以前只提供了 1982 年、1985 年和 1990 年的数据，因此 1978～1981
年的数据我们使用 1982 年的数据代替，而 1983～1984 年、1986～1989 年以
及 1991～1994 年的数据我们通过移动平均法来计算；"人口性别比"采用
"男性人口数/女性人口数"来计算，"人均受教育年限"采用王小鲁等
（2009）测算的关于人均受教育年限 1978～2007 年的数据；"教育基尼系数"
则采用张长征等（2006）研究成果的数据；"国有企业与非国有企业产值比"
采用公式"国有企业产值/（集体企业产值 ＋ 私营企业产值）"来计算，而
"国有企业与非国有且平均产值比"采用"国有企业产值/国有企业个数"和
"（集体企业产值 ＋ 私营企业产值）/（集体企业个数 ＋ 私营企业个数）"的公
式来计算；"国有企业与非国有企业平均利润总额增速比"首先通过"国有企
业利润总额/国有企业个数"和"（集体企业利润总额 ＋ 私营企业利润总
额）/（集体企业个数 ＋ 私营企业个数）"的公式计算国有企业的和非国有企
业的平均利润及其增长率，进而采用公式"国有企业平均利润增长率/非国有
企业平均利润增长率"的公式来计算。

　　另外，由于各指标的单位之间具有不可比性，无法直接进行计算，则需
要对原始数据进行处理和变换。根据指标属性的不同，还要对数据进行无量
纲化处理：对于正指标的计算公式为 $x_i(D) = \dfrac{x_i - \min(x_i)}{\max(x_i) - \min(x_i)}$，而对
于逆指标的计算公式为 $x_i(D) = \dfrac{\max(x_i) - x_i}{\max(x_i) - \min(x_i)}$。其中 $\max(x_i)$、
$\min(x_i)$ 分别为指标 x_i 的最大值和最小值。对于适度指标，我们采用公式
"｜原始值－适度值｜"将其转化为正指标后，再运用正指标的处理公式对其

无量纲化，经过处理后的各指标数值取值范围为 $[0, 1]$。

（2）确定隶属函数以及隶属度。根据各指标所取的数值，运用模糊统计法对数据分组进行频数分析，得到隶属概率后，再根据隶属概率的图像确定其对应的隶属函数，记为 f_i（$i = 1, 2, \cdots, 35$）。在此我们选择最为一般的高斯函数 $\min (x_i)$ $y = y_0 + \dfrac{A}{w \times \sqrt{\pi/2}} \times e^{-2 \times \frac{(x - x_c)^2}{w^2}}$ 作为隶属函数。

同时，建立评语集：$V = \{V_1 \text{（低）}, V_2 \text{（较低）}, V_3 \text{（一般）}, V_4 \text{（较高）}, V_5 \text{（高）}\}$。并根据确定各个指标的隶属函数，将各年份对应各个指标分别代入对应的隶属函数中，最后根据评语集可得在评语集的隶属度，具体结果如表 11-2 所示。

（3）确定各级指标的权重。对于各级指标权重的确定，我们采用将主观与客观结合的层次分析法（AHP）。根据 AHP 法的分析思路，我们采取德尔菲法确定各级指标的相对重要性，并采取九标度法对代表三个主维度的二级指标进行分析，得出判断矩阵 A，然后通过判断矩阵来计算权重向量。具体的方法是根据公式 $\bar{a}_{ij} = a_{ij} \Big/ \sum\limits_{i,j=1}^{n} a_{ij}$ 将判断矩阵 A 每一列归一化，然后每一列归一化的矩阵按行相加得出 $M_i = \sum\limits_{i,j=1}^{n} \widetilde{a}_{ij}$，最后再通过公式 $U_i = M_i \Big/ \sum\limits_{j=1}^{n} M_j$ 将向量 $M_i = (M1, M2, M3)^T$ 归一化，就可以求得权重向量的值。求得权重向量后，还要对构造的判断矩阵进行一致性检验，一致性检验是通过一致性指标 CI 和检验系数 $CR = CI/RI$ 进行的，其中，RI 是参考一致性指标，可以根据矩阵阶数查表得出。首先计算判断矩阵的最大特征根：$\lambda\max = \sum\limits_{i=1}^{n} \dfrac{(AW)_i}{nW_i} = 3.0169$，然后计算 $CI = \dfrac{(\lambda\max - n)}{(n-1)} = 0.0054$，另查表可知当 $n = 3$ 时，$RI = 0.58$，$CR = CI \times RI < 0.1$，所以说明判断矩阵 A 具有令人满意的一致性。

依照此法进一步计算出分维度下的三级指标对于二级指标的相对权重，最后整体归一化，得出各指标权重，具体结果如表 11-2 所示。

表 11－2　1978～2020 年中国结构失衡总指数的各项指标权重及在评语集上的隶属度

一级指标	二级指标及权重	三级指标及权重		评语集上的隶属度				
				低(%)	较低(%)	一般(%)	较高(%)	高(%)
中国经济结构失衡	宏观经济结构失衡(0.5261)	X1	0.0628	8.8	14.7	50.1	23.5	2.9
		X2	0.0613	17.6	29.4	17.6	23.5	11.8
		X3	0.0550	14.7	5.9	26.5	32.3	20.6
		X4	0.0421	17.6	14.7	8.8	11.8	47.1
		X5	0.0454	17.6	5.9	17.6	26.5	32.3
		X6	0.0444	8.8	8.8	20.6	41.2	20.6
		X7	0.0491	17.6	11.8	20.6	35.3	14.7
		X8	0.0603	55.9	26.5	2.9	11.8	2.9
		X9	0.0962	5.9	38.2	44.1	8.8	2.9
		X10	0.0720	5.9	0	14.7	8.8	70.6
		X11	0.0731	35.3	20.6	17.6	11.8	14.7
		X12	0.0450	50.0	23.5	5.9	5.9	14.7
		X13	0.0364	20.6	8.8	35.3	20.6	17.6
		X14	0.0609	44.1	23.5	20.6	5.9	5.9
		X15	0.0486	23.5	23.5	26.5	14.7	11.8
		X16	0.0776	29.4	38.2	11.8	8.8	11.8
		X17	0.0698	17.6	2.9	17.6	11.8	50.0
	中观经济结构失衡(0.2354)	X18	0.1699	14.7	23.5	17.6	8.8	35.3
		X19	0.1672	2.9	26.5	17.6	17.6	35.3
		X20	0.0565	32.3	11.8	26.5	8.8	20.6
		X21	0.1344	14.7	5.9	32.3	38.2	8.8
		X22	0.1370	8.8	38.2	29.4	8.8	14.7
		X23	0.1675	44.1	17.6	5.9	8.8	23.5
		X24	0.1675	14.7	8.8	29.4	38.2	8.8
	微观经济结构失衡(0.2382)	X25	0.1853	17.6	8.8	38.2	14.7	20.6
		X26	0.1500	2.9	14.7	11.8	50.1	20.6
		X27	0.1573	26.5	17.6	29.4	17.6	8.8
		X28	0.1299	23.5	23.5	26.5	14.7	11.8
		X29	0.1094	26.5	35.3	11.8	14.7	11.8
		X30	0.1190	29.4	14.7	17.6	11.8	26.5
		X31	0.1491	35.3	20.6	14.7	14.7	14.7

资料来源：笔者根据表 11－1 指标体系中原始数据基于 AHP 法和模糊隶属度方法计算整理得出。

5. 中国经济结构失衡测度的结果

首先根据 AHP 法得出的表 11 - 2 中的权重，其次根据计算公式 $k_i = \sum\limits_{i=1}^{n} u_i \overline{x_{ti}}$，其中，$u_i$ 为指标权重，$\overline{x_{ti}}$ 为第 t 年第 i 指标的无量纲化指标值，可得中国 1978～2020 年宏观经济结构、中观经济结构、微观经济结构三个分维度的失衡指数以及中国经济结构失衡总指数，如表 11 - 3 所示。

表 11 - 3 中国 1978～2020 年经济结构失衡指数

年份	宏观经济结构 失衡指数	中观经济结构 失衡指数	微观经济结构 失衡指数	经济结构 失衡总指数
1978	0.3348	0.3875	0.6109	0.4129
1979	0.3541	0.3760	0.6074	0.4195
1980	0.3914	0.3758	0.5609	0.4280
1981	0.4310	0.4154	0.5430	0.4539
1982	0.3993	0.4046	0.5305	0.4317
1983	0.3861	0.4098	0.5460	0.4297
1984	0.3472	0.3688	0.5392	0.3979
1985	0.4657	0.2954	0.5376	0.4426
1986	0.4945	0.3761	0.5332	0.4757
1987	0.4528	0.3732	0.4749	0.4392
1988	0.4880	0.3237	0.4685	0.4445
1989	0.5337	0.4226	0.4729	0.4929
1990	0.5184	0.4393	0.4627	0.4864
1991	0.5246	0.3792	0.4429	0.4708
1992	0.4821	0.3834	0.3725	0.4326
1993	0.5162	0.3913	0.3600	0.4494
1994	0.5468	0.4217	0.3436	0.4688
1995	0.4851	0.4712	0.3197	0.4423
1996	0.4695	0.5275	0.2819	0.4383
1997	0.4851	0.5847	0.3263	0.4706
1998	0.5076	0.5978	0.4059	0.5045

续表

年份	宏观经济结构失衡指数	中观经济结构失衡指数	微观经济结构失衡指数	经济结构失衡总指数
1999	0.5115	0.6128	0.4543	0.5216
2000	0.5231	0.6195	0.5413	0.5500
2001	0.5219	0.6289	0.4831	0.5377
2002	0.5122	0.6449	0.4843	0.5366
2003	0.5117	0.6944	0.4915	0.5497
2004	0.5314	0.6821	0.4658	0.5511
2005	0.5393	0.7147	0.5018	0.5715
2006	0.5562	0.7197	0.5261	0.5874
2007	0.5837	0.6994	0.5401	0.6004
2008	0.5769	0.6735	0.5492	0.5929
2009	0.4839	0.6699	0.4987	0.5311
2010	0.5007	0.6817	0.5058	0.5444
2011	0.4871	0.7004	0.5169	0.5443
2012	0.5122	0.6840	0.5211	0.5546
2013	0.5302	0.6819	0.5106	0.5611
2014	0.5028	0.7123	0.5146	0.5548
2015	0.5277	0.7221	0.5321	0.5743
2016	0.5124	0.7031	0.5212	0.5592
2017	0.5095	0.7096	0.5298	0.5613
2018	0.5219	0.6974	0.5111	0.5605
2019	0.4987	0.6878	0.5087	0.5454
2020	0.4892	0.6805	0.5010	0.5369

资料来源：笔者根据 AHP 法获得的权重与去量纲后的具体指标加权求和得出。

三、中国经济结构失衡的基本判断及其特征

关于经济结构失衡程度并无确定标准，但根据前文测算的基本结果，我们将经济结构失衡的总指数和分项指数均折算到 [1，5] 的区间，同时采用五级分类法，将极值 5 定义为"潜在危机"的最大值，将 1 定义为"正常"的最小值，并以公差 0.8 为单位，给出经济结构失衡指数区间的参照标准值，

如表 11 - 4 所示。同时，根据前文阐述的模糊综合评价的方法，可以得出各分维度的失衡度以及经济结构整体的失衡度。据计算结果可知，1978 ~ 2020年中国整体经济结构的失衡度为 2.9127，而宏观经济结构、中观经济结构和微观经济结构三项分维度的失衡度分别为 2.9209、3.1087、2.8624。即中国过去 43 年的整体经济结构变迁处于"中度失衡"状态，同时三项分维度的经济结构变迁也落在了"中度失衡"区间，但宏观经济结构变迁和微观经济结构变迁更加偏向于"轻度失衡"，而中观经济结构变迁更加偏向于"重度失衡"。

表 11 - 4　　　　　　　　　　　经济结构失衡标准值

经济结构失衡程度	正常	轻度失衡	中度失衡	重度失衡	潜在危机
经济结构失衡指数	1 < K ≤ 1.8	1.8 < K ≤ 2.6	2.6 < K ≤ 3.4	3.4 < K ≤ 4.2	4.2 < K ≤ 5

另外，根据中国经济结构各项分维度的失衡指数（见图 11 - 1）可知，中国 43 年来的宏观、中观和微观结构失衡指数基本落在 0.3 ~ 0.7 的区间，而整体经济结构失衡指数基本落在 0.4 ~ 0.6 的区间。从整体结构失衡指数的变迁可知，从 43 年来的整体时间跨度来看，中国的发展路径历经了"均衡—失衡—均衡"的转变。1978 ~ 2008 年，中国整体经济结构失衡呈现出从均衡到失衡的转变。而从 2009 年以来，中国经济结构失衡指数有所降低，反映出结构调整初见成效，但目前的调整来看，经济失衡的程度仍然较高。如果以1998 年为分界点，将 38 年来的经济失衡分为两个主要阶段，我们发现：首先，从总体失衡指数来看，第一阶段的经济失衡指数基本落在 0.4 ~ 0.5 的区间，而第二阶段的经济失衡指数基本落在 0.5 ~ 0.6 的区间，这表明第二阶段比第一阶段失衡程度更重；其次，从各维度失衡指数来看，在第一阶段只有微观经济结构失衡指数在 20 世纪 80 年代中期以前处于 0.5 以上，中观失衡和宏观失衡都在 0.5 以下区间，而自 1999 年以来，宏观失衡、中观失衡和微观失衡都落在了 0.5 以上区间。由于经济结构失衡，形成中国经济发展方式转变的根本阻滞，导致中国经济增长数量与质量不一致，表现出严重的高速度和低质量特征。

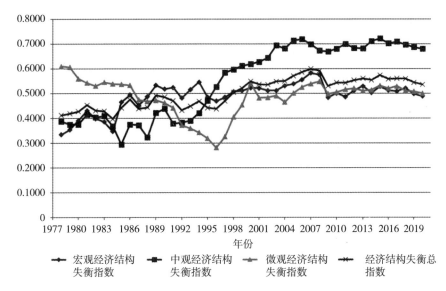

图 11 - 1　中国经济结构失衡指数

资料来源：笔者根据模糊评价法计算整理得出。

从宏观经济结构失衡指数来看，在 20 世纪 80 年代中期以前处于低水平震荡，此后一直在波动增长，在 2007 年达到高峰，自 2009 年后下降明显，但从 43 年间整体来看是增长趋势，其与总体经济结构失衡指数的变迁相关性也最高。宏观经济结构的失衡是中国经济结构全面失衡最集中明显的表现。在城乡二元经济结构失衡背景下城乡居民收入差距仍然较大，在过去的经济增长过程中出现了以资本—产出比率上升为特征的"粗放型"低质量的增长倾向，形成了对中国经济发展的阻滞。在供给结构的失衡背景下，中国形成"为增长而竞争"的局面，在短期能直接带来增长的要素规模持续增长，而长期才能显现效能的技术、公共服务等明显供给不足，使整个供给结构偏离稳态的供给水平，而这种扭曲的供给结构直接导致重复建设、资源浪费和产能过剩，制约了增长方式的转变和增长质量的提高。在需求结构失衡背景下，消费需求长期不足，而投资占比却常年处于高位，进而影响着经济增长的波动性，同时劳动工资的上升引发普遍的资本替代劳动的行为，进一步增强企业的投资动机，导致经济增长的就业创造效应进一步下降。在分配结构失衡背景下，资本收入比重不断提高，而劳动收入比重不断降低，在 20 世纪 90

年代中期以来尤为明显，其中劳动收入比重降低了 12 个百分点，有 10 个百分点来自资本收入扩张的挤压，初次分配失衡进一步又造成了二次分配失衡，居民收入差距持续增大，成为经济社会平稳发展的阻碍因素。

从中观经济结构失衡指数来看，在 1995 年以前中观经济结构失衡指数在分维度指数中的失衡程度最低，基本稳定在 0.3~0.4 的水平，但在 1995 年以后中观经济结构失衡指数迅速提高，特别是自 2000 年以来，中观经济结构失衡指数基本处于 0.6~0.7 的水平，在分维度指数中的失衡程度最高，超过了整体经济结构失衡指数。这也表明第二阶段的失衡主要是由于中观层面的产业结构失衡、消费结构失衡和投资结构失衡所带来的。在产业结构失衡背景下，中国产业结构不合理状况越发严重，农业发展方式落后、工业竞争力弱、消耗高污染多的企业和行业所占比重过高、服务业发展滞后。经济过于依靠第二产业和第三产业发展不足，不仅加重了资源环境的压力，也成为制约经济长期增长以及人民生活改善的最大因素。在消费结构失衡背景下，以消费为主扩大内需的机制难以形成，消费结构的变迁不能与经济增长同步，进而经济发展方式转变的进程滞后。在投资结构失衡背景下，政府投资增长过快，而民间投资不足。政府投资只能改变经济运行的方向，而民间投资才是拉动经济增长的动力，政府投资和民间投资的错位，严重影响了中国经济发展的活力。

从微观经济结构失衡指数来看，自 1978 年以来的变迁比较大，在 1996 年以前的微观经济结构是从失衡走向均衡，从 0.6 下降至 0.3 左右，而自 1996 年到 2015 年的微观经济结构是从均衡走向失衡，特别是进入 21 世纪以来，基本保持在 0.5 以上的水平。而在 2015 年以后，微观经济结构失衡状况有所减缓，表明经济结构又进入从失衡向均衡增长的轨道。在人口结构失衡背景下，中国的适龄劳动人口比重不断下降，人口红利逐渐消失，进而导致经济低成本劳动力的优势丧失，未富先老的状况直接威胁着中国长期的可持续发展。在人力资本结构失衡背景下，出现低素质供给过剩、高素质供给不足的状况，进而造成劳动力的供求不均衡，形成人力资源的浪费与人力资源短缺并存的状态。在企业结构失衡背景下，即便国有企业存在着自身效率低下和"增长拖累"的双重效率损失（刘瑞明和石磊，2010），国有企业却呈现新一轮扩张态势，相比而言民营企业发展则受到限制，对经济增长的推动日趋乏力，经济发展的民间推动力严重不足。

四、小结与政策建议

综上所述，中国过去 40 多年的经济结构从整体失衡状况来看处于"中度失衡"，从中国经济失衡的分项特征来看，中观经济结构失衡更加偏向于"重度失衡"，而宏观经济结构失衡和微观经济结构失衡更加偏向于"轻度失衡"。从中国经济失衡的变迁趋势来看，中国转型过程中的经济结构整体呈现出一种从均衡到失衡的状况，自 2009 年以来中国经济失衡程度有所降低，反映出结构调整初见成效，但目前的调整成果还并不能完全扭转中国经济从均衡走向失衡的整体态势。1978～1998 年是中国经济结构失衡的第一阶段，这一阶段的经济结构失衡程度较低，并且主要体现为微观层面的人力资本结构失衡和企业结构失衡；1999～2020 年是中国经济结构失衡的第二阶段，这一阶段的总体失衡程度较高，中观层面的产业结构失衡、消费结构失衡和投资结构失衡是整体经济结构失衡的主要原因，同时宏观层面和微观层面的失衡也对整体失衡造成了影响。同时，自 2009 年以来，中国经济整体失衡指数有所降低，主要是由于宏观结构失衡指数和微观结构失衡指数的降低所带来的，但中观经济结构失衡指数依然较高，因此中国下一步结构调整的重心是改善中观层面的产业结构、消费结构和投资结构，同时继续优化宏观经济结构和微观经济结构。

随着中国经济发展进入新阶段，当前的发展和转型面临着一系列新挑战，要应对这些新挑战，必须深刻把握经济失衡的特征，坚持深化改革，推进结构调整，实现科学发展。通过本书的论述，我们将过去和当前的失衡特征总结为：过去的经济失衡是单方面失衡，而现在的经济失衡是全面性失衡；过去的经济失衡是中低程度的失衡，而现在的经济失衡是中高程度的失衡；过去的经济失衡在某种程度上成为经济增长的动力，而现在的经济失衡则可能成为经济增长的阻力。未来中国经济要保持长期平稳较快发展，必须以加快转变经济发展方式为主线，继续推进经济结构战略性调整。通过宏观、中观和微观三个层次的路径转型，以完成中国经济从"失衡式增长"向"均衡式增长"的转变。

在宏观方面，一是推进城乡发展一体化，改善二元结构。完善促进城乡发展一体化的制度保障，努力在城乡规划、产业布局、基础设施建设、公共服务一体化等方面取得新突破，促进公共资源在城乡之间均衡配置、生产要素在城乡之间自由流动，推动城乡经济社会发展融合，形成城乡经济社会发展一体化新格局。二是扩大内需，提升消费贡献率，改善需求结构。坚持扩大内需特别是消费需求的战略，充分挖掘内需的巨大潜力，着力破解制约扩大内需的体制机制障碍，加快形成消费、投资、出口协调拉动经济增长新局面。三是实施创新驱动，并增加基础设施投入，改善供给结构。着力构建以企业为主体、市场为导向、产学研相结合的创新体系，依靠技术进步和自主创新，切实增强产业竞争力和提高全要素生产率，同时进一步完善基础设施建设，拓展经济增长的红利空间。四是平衡国际收支，改善国际收支结构。完善国际收支调节的市场机制和管理体制，加强跨境资金双向流动监测预警，加强跨境资金流出入均衡管理，深化外汇管理体制改革，完善汇率形成机制，拓宽外汇资金使用渠道，发展外汇市场，推进国际收支平衡。五是提高"两个比重"，包括劳动报酬占 GDP 比重和居民收入占国民收入比重，改善分配结构。深化收入分配制度改革，要以提高居民收入占国民收入比重和劳动报酬占 GDP 比重为核心，在初次分配领域着力增加中低收入者收入，建立健全职工工资正常增长机制，多渠道增加农民收入，在二次分配领域，要加大区域和城乡间转移支付力度，构建社会安全网，健全覆盖城乡居民的社会保障体系。

在中观方面，一是纠正要素扭曲，发挥比较优势，优化产业结构。深化市场经济体制改革，矫正由不合理的价格体系所导致的不同要素禀赋地区间的利益关系扭曲，消除地区间重复建设和市场封锁。二是平衡投资与消费，改善消费结构。要促进投资消费良性互动，把扩大投资和增加就业、改善民生有机结合起来，创造最终需求，同时加强市场流通体系建设，发展新型消费业态，拓展新兴服务消费，完善鼓励消费的政策，改善消费环境，保护消费者权益，积极促进消费结构升级。三是处理好政府投资与民间投资的关系，改善投资结构。明确界定政府投资范围，加强和规范地方政府融资平台管理，防范投资风险，鼓励扩大民间投资，放宽市场准入，支持民间资本进入基础产业、基础设施、市政公用事业、社会事业、金融服务等领域，引导其向民生和科技创新等领域倾斜，同时有效遏制盲目扩张和重复建设。

在微观方面，一是消除劳动力市场的制度性障碍，收获"二次人口红利"，改善人口结构。继续发育和完善劳动力市场，形成和谐劳动关系，消除劳动力供给的制度障碍，继续释放和发挥劳动力优势。二是加大科教文卫投入力度，推进基本公共服务均等化，改善人力资本结构。加强技能培训和深化教育，显著提高人力资本水平，以适应产业结构升级和经济发展方式转变的需求，打破劳动力数量短缺的瓶颈。三是深化国有企业改革，激发民营经济活力，改善企业结构。深化国有企业改革，鼓励和支持民营企业参与改革进程，同时优化民营企业公平竞争环境，为民营企业提供优良的信息服务、法制服务、融资服务、人才服务，营造适合民营经济快速发展的市场环境，进一步激发全社会的创新能力和经济活力。

下篇

政策研究

第十二章　新常态下提升中国经济增长质量的发展战略转型

改革开放 40 多年来，中国经济建设取得的成就世界瞩目，从 2010 年开始已经成为世界第二大经济体。但这种造就了世界第二大经济体的经济高速增长的模式主要依赖于在经济改革、经济发展和经济开放的过程中所收获的人口红利、资源红利、市场化改革红利和对外开放红利。与这种传统的增长红利相适应，我们采取的是赶超型发展战略。随着中国成为世界第二大经济体，在经济增长步入新常态以及传统红利空间消退的背景下，中国的经济增长需要从经济大国转向经济强国。从经济强国的转变和经济长期可持续发展的需要出发，需要创造新的增长红利空间，而新红利空间的创造需要进行发展战略的转型。因此，本章主要研究在新常态下提升中国经济增长质量的发展战略转型。

一、中国经济旧常态背景下的赶超战略

经济发展战略是指在一定时期内，国家关于国民经济发展的基本思想及其为此而实施的总体规划和方针政策。新中国成立以后，中国经济增长面对的问题是如何改变贫穷落后的状态，因此我们采取和实施了赶超战略。赶超战略是发展中国家高度动员有限的资源依靠工业化实现经济增长，从而赶超发达国家的战略。赶超战略采取扭曲产品和要素价格的办法，提高国家动员资源的能力，进而使经济增长水平和产业结构达到先行发达国家水平的发展战略。赶超是经济上的后进国追赶先进国并最终要超越先进国的一种经济发展过程。新中国成立以来，我们一直采取赶超现代化先进国家的战略，但不

同时期的重点和手段不同。

1. 改革开放前的赶超战略

改革开放以前我们侧重于重工业优先增长，资源配置手段采用计划经济，利用内部资源在封闭经济环境下实施赶超战略。这一时期赶超战略的主要表现为：政府以行政手段干预利率和汇率，保证资本密集型的重工业能够得到资金支持，并能够以较低成本进口设备，最大限度地解决外汇短缺和外汇昂贵的问题，同时压低各种投入要素的价格，包括资金、原材料的价格以及工人工资，形成一套扭曲的价格体系和宏观经济环境。

这样一套扭曲的价格体系对重工业的发展所起到的作用是非常明显的，从 1953 年"一五"计划开始到 1975 年的"四五"计划结束，中国经济发展绩效的各项指标都反映出以重工业优先发展为表现的赶超战略：从资本积累率来看，根据高水平均衡陷阱假说，一个国家经济起飞的必要条件是投资超过国内生产总值的 11%，[①] 而根据《中国国内生产总值核算历史资料（1952 - 2004）》，中国在这一时期的资本积累率一直保持在 20% ~ 35%；从投资结构来看，重工业占总投资比重基本在 50%，而农业在这一时期没有超过 15%，轻工业没有超过 10%；从产业结构变迁来看，中国工业产值占国民收入比重从 1952 年的 19.5% 上升到 1978 年的 49.4%，这反映了中国通过赶超战略快速地完成了工业化的早期过程。

改革开放前的赶超战略带来的负面效应也是明显的：首先，赶超战略造成了经济结构失衡，具体表现为产业结构与就业结构的背离，根据《中国国内生产总值核算历史资料（1952 - 2004）》，从产业结构来看，中国工业比重在"四五"计划后期已经接近 50%，与发达国家类似，但从就业结构来看，工业就业比重尚不到 10%，而农业部门的劳动力比重超过 70%，这表明劳动力资源没有得到最优配置；其次，赶超战略造成了较低的生产效率，根据王华（2018）的研究，1953 ~ 1978 年这一时期的全要素增长率不到 0.5%，1978 ~ 2015 年这一时期全要素生产率增长率则在 3.5% 以上，这充分表明了经济增长中规模报酬不变的特征。

---

① 林毅夫. 中国发展模式及其理论体系构建 [EB/OL]，爱思想 https://www.aisixiang.com/data/68368.html，2013 - 10 - 10.

2. 改革开放后的赶超战略

实行改革开放之后，赶超战略的方向虽然没有变，但是对其重点进行了调整，由重工业片面增长转变为协调发展，并在计划经济为主的前提下引进市场机制，确立社会主义市场经济体制进行资源配置，通过改革开放利用国际国内两个市场和两种资源来实施赶超战略。改革开放初期中国经济发展的资源禀赋条件是：社会生产尚未达到生产的可能性边界，资源的稀缺性尚未完全显示，劳动力充裕，而且低成本。自然资源丰裕，尚未形成对经济增长的制约。产业结构单一，经济总量水平低。市场机制的扭曲构成了对经济增长活力的限制。这一时期支持中国高速经济增长的经济旧常态是：人口红利、资源红利、市场化改革红利、对外开放红利。而这一时期赶超战略形成的激励和动力主要是两大机制：一是财政分权下的政治集权；二是以 GDP 为核心的相对绩效评估。在经济旧常态的支持和激励机制的推动下中国实施了赶超战略，通过赶超战略中国取得了 40 多年来经济增长的奇迹。

这一时期的赶超战略具体表现为：经济增长伴随着人口结构变化和人口红利的形成，人口红利提供了充足的劳动力供给和资本形成率，在市场化改革红利背景下，劳动力资源在农业部门和工业部门间重新配置，从而加速了工业化，使中国成为制造业大国，在对外开放红利背景下，中国实行出口导向战略，利用国际市场消化大量工业制成品，保持了长期的贸易顺差，从而促进经济快速增长。在财政分权、政治集权和 GDP 为核心的相对绩效评估背景下，地方政府行为成为经济增长最大的推动力，为了在政治"锦标赛"中取得优势，地方政府不断扩大投资，同时通过"招商引资"和"出口创汇"充分利用国际市场资源，从而拉动了中国投资和出口的高增长，实现了长达 40 多年的经济高速增长。

这一时期的赶超战略对经济的影响非常深远，甚至被称为"经济增长奇迹"。其主要特征体现在：一是经济增长保持了 40 多年的高速增长，改革开放以来中国实际 GDP 年均增长 9.8%，是同期世界经济的三倍多；二是完成了人类历史上规模最大的劳动力在城乡间的转移，根据国家统计局关于三次产业就业的数据，农业就业比重从 1978 年的 70.5% 降低到 2011 年的 34.8%，完成了从一个落后的农业大国向工业大国的转变。

改革开放后的赶超战略带来的负面影响在于：一是造成了经济结构失衡，具体包括投资消费结构失衡和国际收支结构失衡，消费率多年来持续处于低位，离60%的适度水平有较大偏差，而国际收支方面则保持了长达15年以上的双顺差；二是在地方政府行为影响下部分行业出现了重复建设和产能过剩的问题，如光伏产业的过剩等，降低了经济增长的效益；三是造成了资源的过度消耗和生态环境的破坏；四是在关于经济增长的核算中，全要素生产率贡献要远远低于资本要素的贡献。

在各时期赶超战略实施背景下，中国虽然保持了较高的经济增长速度，但经济增长过程中都体现出高速度、低效率和结构失衡的特征，长时期低下的全要素生产率意味着赶超战略背景下的经济增长模式基本上是规模报酬不变的外延式增长，随着经济增长新阶段要素约束的出现，这种模式亟须得到转变。

二、经济旧常态的终结与经济新常态的到来

经过赶超战略的实施，中国经济得到了快速发展。经济总量已经位居世界第二，而且资源禀赋条件发生了变化：人口红利消退，劳动力成本上升；自然资源的稀缺性开始显现，生态环境问题日益严重，逐渐形成了对长期经济增长的制约；产业结构从单一转向了多元化，但是未实现高级化，产业缺乏竞争力；社会生产的规模已经逼近生产的可能性边界，实际的经济增长率已经接近最大潜在的增长率，支持长期高速增长的传统红利在逐渐消退，经济旧常态开始终结。经济旧常态终结的标志是人口红利的消退、资源红利逐渐消退、市场化改革的红利在消退、对外开放红利遭遇挑战。

人口红利、资源红利、市场化改革红利和对外开放红利的逐渐消退，表明经济旧常态的终结与经济新常态的到来。传统的增长红利是通过需求管理来实现的，这一阶段由于资源的稀缺性尚未完全显示，劳动力充裕，通过总需求中的投资、消费和出口等需求因素的作用，通过要素投入的扩大，从而来形成经济增长。随着经济旧常态的终结，资源稀缺性的显现，劳动力成本的上升，以需求管理为推动力的经济旧常态在消失。经济新常态增长红利的

创造需要从需求管理向供给管理转变，从短期目标向长期目标转变，需要以扩大生产可能性边界为核心创造新增长红利空间，以保持中国经济长期持续的增长。扩大生产可能性边界，需要进行技术创新、制度创新和结构转变。因此，经济新常态经济增长的红利空间在于以下四个方面。

1. 结构红利

西方经济学家库兹涅茨在其名著《各国经济增长》指出"如果不去理解和衡量生产结构的变化，经济增长是难以理解的"，这表明一国的经济增长与结构变动密切相关。经济旧常态的终结与经济新常态的到来表明，制约中国未来经济增长的核心因素将从过去的"制度约束"转向"结构约束"。按照经济学的一般原理，一国的经济增长与结构变动密切相关，在经济旧常态空间背景下，加快了经济结构的多元化，在经济结构多元化背景下，要素投资的驱动造就了规模扩张式的增长模式。但是这种特殊的增长模式，尽管解决了结构的多元化，但是并未解决结构的高级化。在整个产业体系中，以传统产业为主导，产业体系的高级化程度低，形成了产业结构的低端锁定。因此，"结构转型升级"将是中国未来经济增长的关键，未来中国经济增长需要通过结构调整来创造新的红利空间，结构调整的重点在于：一是产业结构的升级。一方面，传统产业要向高科技产业、高附加值产业、低碳和低能源消耗产业升级，促进传统制造业进入新产业的产业链，促进传统产业采用新产业的技术；另一方面，要大力发展战略性新兴产业，形成具有自主创新能力的现代产业体系，带动整个产业结构的升级。二是城乡二元经济结构的转化。城乡二元经济结构的转化是未来新的经济增长点，城乡二元体制改革是继国有经济改革以后又一次伟大的改革。在二元经济结构转化中，实现新型城镇化，扩大经济增长的空间，释放新的消费带动力。在经济旧常态下，城乡二元经济结构转化主要是通过以乡镇企业为代表的农村工业化来推动的。在经济新常态下，城乡二元经济结构的转化需要通过新型城镇化来实现，通过新型城镇化改善资源在部门之间、地区之间和阶层之间的配置效率，释放国内需求，改善消费结构，从而形成新的增长空间。三是国民收入分配结构的优化。一方面，扩大居民的收入来源，尤其是缩小农村居民与城市居民之间的收入差距，使仍占全国人口比例几乎一半的农村居民成为消费需求重要组成部分；

另一方面，优化分配结构和社会保障制度，在保障分配效率与公平的过程中，逐步完善住房、医疗、失业和养老等社会保障体系，通过提高居民对未来生活的乐观预期，激发大多数居民的消费潜能，最终使内需的扩大成为提高经济增长质量和效益的原动力。四是区域经济结构的优化。经济可持续增长来源于经济体内各地区之间平衡协调发展，过大的区域经济差距最终将影响到经济的长远发展。在通过优化区域结构形成新增长红利的过程中，需要在继续发挥东部地区优势和作用的基础上，进一步加大中西部地区的发展，统筹区域经济协调发展，逐步缩小区域间经济差异。同时推动城镇化的发展，提高要素的集聚度，在整体上促进资源、要素、企业、经济部门在空间区域上的相对均衡。通过产业结构升级、二元经济结构转化、国民收入分配结构的优化和区域经济结构的优化引领中国的消费结构升级，并最终推动中国整体的经济结构升级，从而形成未来中国经济增长的新结构红利。

2. 创新红利

传统的经济增长红利空间中，人口红利、资源红利都是要素红利，这种要素红利造就了要素投资驱动的增长模式。要素红利的逐渐消退，使得要素投资驱动的经济增长模式走到了尽头，需要从要素红利转型为创新红利，培育内生增长动力。但是需要注意的是这种创新红利不仅是过去讲的技术创新，而是一系列创新活动的协同创新。通过协同创新形成体现资源节约和环境友好的要求，以知识、技术和人才为依托，以创新为主要驱动力，以发展高新技术、新产品、新市场、新商业模式为重点，以新产业为标志，发展创新型经济。在宏观经济中，国家需要从战略高度上重视自主创新的重大意义，进一步加大对教育和科研领域的投入，实现由技术引进驱动向自主创新驱动转变。在技术创新方面，要从技术创新转向科技创新，实现从模仿创新向自主创新的转型，从分离型创新向协同创新的转变，形成完备的技术创新体系，消除资源红利消退对经济增长的制约。在产业创新方面，要依据全球第三次产业革命的发展趋势加快产业创新，构建现代产业体系，提高产业转换能力，为研发和人力资本作用的真实发挥作用创造条件，遏制资源红利和人口红利消退对中国经济增长的约束。在微观领域的企业创新方面，通过企业的商业模式创新、技术创新、产品创新、管理创新、战略创新、体制创新、机制创新和市场创新，提高企业的核心竞争力，提高企业的竞争优势。

3. 人力资本红利

在人口红利逐渐消退的情况下，中国长期经济增长要依靠人力资本红利，要实现从人口红利向人力资本红利的转变。重点要解决当前经济增长中人力资本的错配现象，使经济结构与人力资本结构在质量上相互适应，在数量上成比例关系。一方面，与产业升级相配套，针对人力资本、研究开发等知识资本需求日渐增大的现实要求加大人力资本投入，优化教育结构，加大教育投入，使教育与经济发展结合起来，加快创新型人才的培养；另一方面，实现劳动力供给结构的升级，以适应中国产业结构转型升级与经济结构调整的需要，为此需要进行大规模的劳动力培训和素质提高工作。同时要完善集聚创新人才的制度。新兴产业的发展和创新型经济的形成，需要高端创新人才的支持，在人力资本红利的形成过程中，要完善创新人才的引进、选拔和使用制度，为人力资本红利的形成创造制度条件。

4. 综合配套改革红利

经济旧常态是通过市场化改革释放增长红利空间的，随着市场化改革任务的完成，市场化改革的红利逐渐消退了，这就需要从单一的市场化改革向综合配套改革转型，通过综合配套改革创造新的红利空间。适应经济发展阶段、第三次科技革命和对外开放的变化而积极推进综合配套改革。一是完善社会主义市场经济体制，建设统一、开放、竞争有序的现代化市场体系，解决当前市场经济发展过程中由于市场机制扭曲而造成的资源错配问题。二是深化政府行政体制的改革，处理好政府和市场的关系，从全能型政府向有限政府转型，从增长主义政府向公共服务政府转型，从管理型政府向治理型政府的转型，减少政府行政干预的同时，加大政府对各种社会利益群体之间的利益关系进行有效调节，调节各种社会各种利益的冲突。三是收入分配体制的改革，健全收入再分配体制，减少由于收入分配差距过大而导致的消费需求不足以及社会不稳定。理顺政府、企业、消费者、中介组织等市场经济相关主体的基本关系。四是以公共需求为主线推进社会体制改革，社会体制改革的内容包括：民生体制保障方面的改革、公共产品和公共服务供给的体制改革、社会分配体制的改革，通过这些新改革领域的改革增加私人部门的发展空间，在改善需求结构的同时，优化供给结构，从而对未来新增长红利空间的创造奠定基础。

三、经济新常态下中国大国战略转型的内容

经济旧常态的终结与经济新常态的到来意味着从新中国成立以来实施的赶超战略也走到了尽头，需要依据中国成为第二大经济体后的经济特征，围绕新增长红利空间的创造，进行发展战略的调整，选择适合当前经济发展新阶段资源禀赋状态以及新红利空间创造需要的发展战略，从而来形成新的增长红利。

中国传统的经济增长战略是追赶战略，这一战略是基于比较优势原理的，按照比较优势原理，在生产可能性边界不变的前提下，通过规模经济的路径形成了传统的数量型增长模式和追赶型发展战略。在新的增长红利时代，需要进行发展战略的转型。原因是：其一，经过改革开放 40 多年的发展，中国经济已经位居世界第二，经济发展进入新的阶段。经济增长的目标需要从经济大国转向经济强国，工业化进入由中期阶段向高级阶段的过渡时期，整体经济发展进入双重转型期，结构调整成为新阶段经济发展的主题，消费的增长效应逐步增强，资源环境构成了对经济增长的强约束。其二，赶超战略的弊端已经凸显。追赶战略拉大了社会收入差距，使收入分配趋向于不平等。以压低价格的方式动员整个经济体中可以动员的资源，来扶持少数地区的发展，实现追赶目标，不发达地区在不断补贴发达地区，违背比较优势的发展模式拉大地区差距。

因此，围绕新增长红利空间的创造，经济发展的战略需要从追赶型战略转向质量效益型战略。这一战略的内容包括以下四个方面。

1. 战略思路的转型

在战略思路上要实现两个转变：一是要从比较优势向竞争优势转变，经济旧常态单纯由比较优势构成的经济竞争力正在被削弱，而由竞争优势构成的竞争力正在被强化。因此，中国新增长时代的战略思路要由过去强调比较优势的战略思路转向强调竞争优势的战略思路，进一步强化知识、技术和人

力资本在经济增长中的真实作用。从比较优势向竞争优势转变的关键是推进产业创新，使这个时代的新型产业成为主导产业，形成具有竞争优势的产业结构。二是要从要素投资驱动向创新驱动转变，经济旧常态中国经济增长的动力在于要素投资驱动，而新增长红利空间的创造需要努力实现增长动力的转换，努力从"要素驱动""投资驱动"转向"创新驱动"，以知识和人才为依托，以"商业模式创新＋技术集成创新"为支撑，以发展拥有自主知识产权的新技术和新产品为着力点，形成以创新产业作为标志的经济新形态。

2. 战略目标的转型

一是要从追求数量向质量效益转变。在经济旧常态背景下，追赶型发展战略的目标是数量和速度。在中国经济增长进入新阶段的背景下，经济增长整体水平提高，市场竞争日益激烈，资源环境约束强化，要创造新的增长红利空间，战略目标需要从数量速度型增长向质量效益型增长转型。二是要从国富向民富转变。经济旧常态经济发展的战略目标是国富，从追赶型战略转向质量效益型战略转型需要以"富民"为目标，谋求人民富裕不仅涉及加快经济增长问题，还涉及经济增长成果如何分配，才能使人民群众得到最大收益、最大的社会福利问题。经济新常态要实现从国富向民富的转变。民富就是富裕人民，富裕人民就要扩大中等收入者的比重，缩小收入差距，突出人民生活质量的提高。在经济增长中把就业作为民生之本，把收入分配作为民生之源，把社会保障作为民生安全之网。强调增长成果的分享性，使人民能够分享经济增长的成果。

3. 战略内容的转型

从追赶型战略转向质量效益型战略转型的内容包括以下四个方面。第一，经济增长的结构要从结构多元化向结构高级化转变。经济旧常态实现了产业结构的多元化，但是没有实现结构的高级化，经济新常态中国产业结构的调整要从结构多元化向高级化转型，积极推动中国产业结构向合理化和高级化演进、加快现代产业体系的形成，增强产业结构的转换能力，使中国未来经济增长的主要方向从以结构多元化求增长速度转向以结构高级化求质量。第二，经济增长的形成机制要从规模报酬不变转向规模报酬递增。经济旧常态，中国经济增长的形成机制是通过规模报酬不变机制来实现的。随着经济发展进入新阶段，经济新常态应该抓住全球第三次产业革命机遇促进经济结构的转化升级，扩大生产可能性边界，使经济增长的形成机制从规模报酬不变转向规模报酬递增，从而形成新的增长红利空间。第三，宏观经济管理从需求管理向供给管理转变。经济旧常态，在生产可能性边界不变的条件下，经济增长红利的实现是通过需求管理来实现的。在新的增长红利时代，需求管理的局限性进一步凸显，需要通过扩大生产的可能性边界来创造新的红利空间，因此需要实现从需求管理向供给管理的转变。一方面，调整供给结构，保障产能过剩行业的平稳发展，使供给结构能够和当前需求结构相适应；另一方面，强调政府在公共品供给方面的责任和职能，调整财政支出方向，保障人力资本供给，使研发创新能够和市场需求相适应，提高生产要素的配置效率。第四，技术创新方式从传统向现代的转型。包括从水平创新到垂直创新的转型，从被动创新向主动创新的转型，从单一政府投入向多元化投入的转型，从模仿创新向自主创新的转型，从分离创新向协同创新的转型。

4. 战略支持的转型

任何战略的实施都需要一定的支持条件。从追赶型战略转向质量效益型战略也需要支持条件进行以下转型。一是在政策支持方面，经济旧常态，政策激励是投资激励和规模激励，政策内容以科技政策为核心。经济新常态政策激励要实现从"投资激励"向"创新激励"的转变，从规模激励转向效率激励。政策内容要从"科技政策"向"创新政策"的转变，从模仿创新政策向自主创新政策的转变，从分离型创新政策向协同型创新政策的转变，把创新政策融入科技政策、产业政策、财税金融政策、贸易政策中去，形成全面的创新政策体系，通过完善的创新政策体系促进新增长红利空间的创造。二是在体制支持方面由速度数量型经济体制转向质量效益型经济体制。经济旧常态的体制是速度数量型体制，在经济新常态要建立质量效益型体制，要正确处理政府和市场的关系，最大限度消除扭曲的体制性因素对经济增长的影响。三是在组织支持方面，一方面促进创新型企业的成长。创新型企业指以不断创新的理念和文化为指导，以自主研发为手段，以创新成果的转化利用为目标的新型企业。从世界范围来看，创新型企业在推动地区经济发展、引领产业变革、推进产学研合作、参与国际竞争中，正发挥越来越重要的作用。

创新型企业是现代经济增长中最有活力的企业，是创新驱动的主力军。在新红利空间的创造中，要促进创新型企业的成长，并使其成为推动创新驱动和新红利空间创造的市场主体。另一方面帮助民间投资主体提高项目的技术含量，加强对民间投资的政策引导作用。鼓励社会中介组织设立专门的信息服务中心、技术创新中心、投资咨询中心等机构，为民间投资提供信息支持。四是机制支持方面，重点是加强产学研合作机制建设。引导和支持有条件的大型企业联合高校、科研院所组建产学研联合体，从事核心技术、关键技术和共性技术研究和应用开发，使拥有很多具备科研能力的大学源源不断地提供实验结果、创新成果和科学突破，促进大学—企业科技中心的协同创新，最终将带动新产业的繁育，新产品的生产和新技术的运用。

四、从经济旧常态向经济新常态的增长路径转型

经济旧常态的消退和经济新常态的到来意味着中国传统的经济增长模式面临挑战，作为一个处于工业化中后期的发展中大国，经济增长新阶段的要素约束和机制约束意味着中国的发展战略必须作出转变，要从赶超战略转向质量效益型战略，这就要求在增长机制、增长管理方式和增长政策方面进行转变，以实现大国发展战略的转型。

1. 从规模报酬不变的增长机制向规模报酬递增的增长机制转变

在经济旧常态背景下，中国经济增长主要是依托要素投入扩张来实现的，即市场化改革红利释放农村的剩余劳动力，对外开放红利提供国际市场和资源，在劳动力无限供给条件下，通过产业规模的扩张来实现增长，这从本质上说是一种规模报酬不变的增长机制。在经济新常态下，要破除经济旧常态消退带来的增长约束，就要推动经济增长动力从要素扩张向全要素生产率提升转变，使经济增长机制从规模报酬不变向规模报酬递增转变，打造中国经济"升级版"。经济增长机制从规模报酬不变向规模报酬递增转变主要包括以下四个方面。一是依靠深化改革，破除制约经济增长机制转变的体制机制约束，包括要素定价机制、市场运行机制、政策考核机制和财税激励机制，消除经济旧常态背景下经济发展对要素的路径依赖，从而形成新的"改革红利"

来提高全要素生产率，进而实现规模报酬递增。二是依靠效率提升，消除资源配置中的结构性扭曲，改善产业结构、城乡结构和区域结构中存在的结构失衡，提高资源配置效率，从而形成新的"结构红利"来提高全要素生产率，进而实现规模报酬递增。三是依靠科技进步提升经济增长的禀赋结构，创造出内生比较优势，从而形成新的"创新红利"来提高全要素生产力，进而实现规模报酬递增。四是依靠公共服务均等化，特别是依靠教育和医疗等来实现人力资本结构升级，从而形成新的"人力资本红利"来提高全要素生产率，进而实现规模报酬递增。

2. 从需求管理向供给管理与需求管理的结合转变

在经济旧常态背景下，由于没有面临要素约束，中国经济增长主要依靠投资需求扩张和出口拉动来形成，经济增长方式主要采取的是需求管理。在供给无约束的情况下，需求管理是有效的，但在经济新常态下，增长红利空间必须依靠生产可能性边界的外移，即通过供给面推动，因此经济增长方式必须从需求管理转向供给管理。在经济新常态下，传统要素红利的消退意味着我们已经达到生产可能性边界，因此要保持长期持续增长必须依靠生产可能性边界外移来实现，而要推动生产可能性边界外移，就必须从需求管理转向供给管理。从需求管理转向供给管理包括以下四个方面。一是改善要素供给，过去的经济发展我们主要是依靠的要素是劳动力和资本的扩张，在未来的经济发展中更要注重人力资本要素的技术要素的投入，从而对传统要素进行替代，以应对经济新常态所面临的要素约束。二是改善产品供给，过去的经济发展在很大程度上是受地方政府"投资饥渴症"的影响，因此在很多行业的产业布局和产品供给上存在着产能过剩和重复建设问题，在未来经济发展中要进一步优化产业结构和产品结构，以提高经济增长的质量和效益。三是改善技术供给，过去的经济发展中中国的技术供给主要是以技术引进和技术吸收为主，缺乏自主创新，特别是缺乏基础科学层面的原始创新，在经济新常态下，中国技术发展在很大层面上已经逼近技术前沿，这就要求我们通过加强自主创新来改善技术供给，实现经济内涵式增长。四是改善制度供给，过去的体制转轨已经为经济发展释放了大量的红利空间，但前一波改革释放的红利空间已经基本完毕，要改善制度供给，就必须进一步深化改革，加快完善社会主义市场经济体制建设，加快实现经济发展方式转变，在经济新常态下释放更多的红利空间。

3. 从短期政策向长期政策转变

在经济旧常态背景下，中国经济增长中的波动主要表现为产出缺口的变动，表现形式为实际增长率围绕潜在增长率波动，这实际上是经济增长的周期性问题，因此中国在进行宏观调控时主要采取的是短期政策。在经济新常态下，中国经济增长的波动主要表现为潜在增长率的变化，此时的波动是经济增长的长期性问题，因此从政策取向上来讲要从短期政策转向长期政策。从短期政策向长期政策的转变主要包括以下四个方面。一是城乡发展一体化的政策，破除传统经济发展过程中户籍制度对于劳动力流动的限制，使价格机制能够在劳动力市场充分发挥作用，改善劳动力配置中的结构性扭曲，从而实现"人的城镇化"，进一步为经济发展释放出更多的红利空间，以实现长期增长。二是自主创新政策，通过加快构建以企业为主体、市场为导向、产学研相结合的全面创新体系，实现经济增长由投资驱动、要素驱动转向创新驱动，从而实现长期增长。三是人力资本政策，加大基础教育和基础医疗投入，特别是加强农村地区和落后地区的教育条件和医疗条件，通过人力资本增量的扩张实现长期增长。四是基础设施投入政策，基础设施包括软性基础设施和硬性基础设施，基础设施的改善能够提升一国的禀赋结构，从而加速产业升级和技术进步，实现长期经济增长，因此在未来经济增长中，要进一步加大基础设施投入，通过基础设施的改善提高经济潜在增长率，从而实现长期持续增长。

第十三章　新常态下提高中国经济增长质量的改革取向转型

回顾过去 40 多年来的经济增长轨迹，尽管中国在经济增长数量方面取得了举世瞩目的成就，但经济增长数量与质量表现出明显的不一致性：中国经济的"高速度，低质量"特征十分显著，过去多年的高速数量增长掩盖了质量方面的问题。随着中国经济发展进入新时代，中国从高速增长阶段进入高质量发展阶段。在高质量发展阶段，质量成为经济发展的核心目标。切实以提高增长质量为中心，关键在于处理好增长质量中存在的问题，以改革来促进经济增长质量的提升。因此，本章在研究新常态下提高中国经济增长质量的改革目标基础上，进一步提出新常态下提高中国经济增长质量的改革导向和具体领域改革措施。

一、新常态下提高中国经济增长质量的改革目标

在新常态下，我国经济要从传统的数量型增长模式转变为质量效益型增长模式，就必须要通过改革的手段，切实提高经济增长的效率，优化经济增长的结构，提升经济增长的稳定性，改善经济增长的福利分配状况，降低经济增长的资源环境代价，提升经济运行的国民经济素质。

1. 新常态下要以改革改变要素投入结构，提高经济增长的效率

资本、劳动、自然资源、创新和制度是影响产出的基本投入要素，但是依据西方经济学经典理论，受要素边际收益递减规律的影响，资本等传统投入要素往往对经济增长仅具有短期效应，而无长期影响。在新常态下，我国人口、资源、投资等传统投入要素的增长红利已经消失，依靠追加资本和资

源等传统要素驱动经济增长的模式已不可持续，尤其是在资源环境代价上升、投资需求不足的条件下，需要将生产要素的投入从传统要素转向创新和制度供给方面，这是当前改革的重要内容之一，即通过提高创新和制度因素对经济增长的贡献，为我国经济增长提供长期的动力支持。新经济增长理论指出，创新特别是技术创新，作为影响长期经济增长的关键因素，对经济增长效率提高有重要推动作用。同样，制度因素在新制度学派看来，在社会中更具有基础性作用，是决定长期经济绩效的根本因素。因此，新常态下的改革要着眼于增加创新和制度因素的供给，通过转变生产投入要素的结构，提高经济增长效率，进而为经济增长质量的提高提供物质基础。

2. 新常态下要以改革调整产业和产品结构，从而优化经济结构

国民经济结构优化是经济增长质量提升的重要标志之一，经济结构是否平衡不仅关系到生产资料在不同部门分配的合理性，而且也关系到生产部门与消费部门之间及其内部之间的协调性，是一国经济平稳运行的重要条件。当前国民经济结构性问题突出，部分产业产能过剩，现代产业又未能有效发展，和居民需求结构升级相脱节，不仅浪费了大量资源，也加剧了国民经济内需和外需之间的失衡。所以，需要通过"去产能、去库存"等方式，推进新常态下的供给侧结构性改革，促进传统产业向现代产业升级，调节产业发展与需求结构的平衡，优化国民经济结构，为经济增长质量提高创造条件。

3. 新常态下要以改革降低经济运行风险，提升经济增长的稳定性

稳健的经济增长是衡量经济增长质量的重要内容之一，经济增长的稳定性主要从产出、就业以及价格三个方面进行判断。经济波动幅度的加大，不仅造成生产要素的错配，也会增加经济主体决策的不确定性，加剧宏观经济运行的风险。在新常态下，随着经济增速快速下滑，资本市场资产价格波动剧烈，加之就业需求显著不足，经济增长的波动性明显加大，给政府宏观经济调控提出了严峻挑战。因此，在改革过程中，一方面强调通过转变政府职能，简化政府审批程序，提高政府服务质量，强化政府对国民经济的引导作用，保障经济增长始终朝国家战略目标方向发展；另一方面深化金融市场改革，强化对金融市场监管，通过"去杠杆"提高金融服务质量，降低金融市场运行风险，为实体经济发展和宏观金融稳定提供保障，从而有效增强经济

增长的稳定性，为经济增长质量的提升提供软环境支撑。

4. 新常态下要以改革完善收入分配体制，改善经济增长的福利分配状况

经济增长质量水平的高低与收入分配直接相关，经济增长的成果是否惠及所有公民，居民收入分配条件是否得到改善，不仅是影响消费需求的增长，也是经济社会稳定的重要因素。新常态下，收入分配差距依然存在，居民消费需求长期不足，而且大量贫困人口存在，加剧了地区和居民之间收入分配的不平衡，进一步约束了国民经济的平稳发展。因此，在改革过程中要通过完善收入分配、医疗保障等制度体系，提高贫困人口收入水平，缩小收入差距，进而改善居民福利分配水平，使全社会成员都能享受经济增长的成果，实现经济增长质量和效益水平的提升。

5. 新常态下要以改革降低经济增长的资源环境代价

能源和生态环境是人类社会生产经营活动的前提和基础，在追求经济增长的过程中，能否有效提升能源利用效率、保护生态环境是提升经济增长质量的重要表现形式。由于长期采取投资驱动的经济增长方式，导致我国部分地区能源过度开采，生态环境严重恶化，经济增长的环境成本和社会成本显著增加，不仅给当地居民的健康和生活造成了严重的负外部性，也抑制了经济增长潜力的开发，致使经济发展的可持续性面临严峻挑战。在经济增长结构性减速的新常态下，为实现"绿色"发展理念，就需要从"降成本"的供给侧入手，不仅要通过结构性改革，提高效率，实现单位产出成本的下降，更重要的是在生产过程中控制单位产出能耗和环境污染等负外部性水平，降低经济产出的生态环境成本和社会成本，在提高资源和环境利用效率过程中，达到保护生态环境的目的，最终在落实中央"绿色"发展理念的过程中，实现国民经济增长质量的提高。

6. 新常态下要以改善基础环境和服务质量提升国民经济素质

国民经济素质主要是指经济主体开发和利用现有资源创造国民财富的能力和条件，是提高经济增长质量的基本保障，而优化基础设施环境、提高政府与金融等行业服务质量是提升国民经济素质的重要举措。以交通为例，基础设施的改善不仅有利于地区经济增长，同时还具有显著的溢出效应。在内生经济增长框架下，政府公共服务水平的提高，通过规模报酬对长期经济增

长有积极影响，而且从长期来看，政府在公共医疗卫生等领域服务水平的提高，不仅为宏观经济繁荣创造条件，也是提高居民福利水平基本保障。另外，对于金融、保险等服务部门来讲，其发展水平越高，越能够为企业技术创新提供资金支持，为技术进步和增长效率的提升提供条件。正是考虑基础设施、政府与金融服务、创新能力作为国民经济素质的主要内容，所以新常态下的改革过程中，要加快完善基础设施，营造良好的金融服务环境，改善国民经济素质基础，提高经济增长质量所需的软环境和硬环境。

7. 新常态下要以构建高水平对外开放新体制构建新发展格局

我国经济增长自 2010 年进入减速下行通道，2020 年以来的新冠疫情更导致了经济在供需两端的严重冲击，在经济下行的背景下，更要通过改革来释放制度红利，要加快构建以国内大循环为主体、国内国际双循环相互促进的新发展格局，以此来扩张经济增长的潜力空间。同时，我国当前已经进入全面深化改革攻坚期，很多领域的改革进入了深水区，改革的复杂性和困难度都比过去有所提升，经济体制中的制度供给创新不足，体制障碍和机制梗阻都比较多。而 40 多年来的改革开放历史也表明，"以开放促改革"的倒逼机制是推动改革的可行路径。基于此，为了推动全面深化改革，更需要构建高水平开放型经济新体制，以扩大开放增强改革动力，激发市场活力，从而为未来经济社会持续发展提供动力保障。同时，进入新常态后，我国的技术进步路径从技术模仿逐渐走向自主创新，在国际分工体系的位置从跟随走向引领，在对外开放中的比较优势也正在发生从低成本优势向高技术优势的转变，因此推动高水平开放的时机已经成熟，新时代下中国的开放型经济发展模式要从"高增速"转向"高质量"。要从低水平的开放走向高水平开放，更好利用全球资源和市场，推动我国产业迈向全球价值链中高端。

二、新常态下提高中国经济增长质量的基本改革导向

在新常态下，要提高经济增长质量，需要坚持用深化改革的办法，激发市场活力，推动经济在新常态下平稳运行。具体而言，新常态下提高经济增长质量的基本导向表现在以下七个方面。

1. 坚持质量效益取向的改革

新常态下经济增长质量比速度更能够代表中国经济的发展方向。因此，需要坚持追求质量和效益价值取向的改革：一是切实落实创新驱动发展战略，使新常态下中国经济增长中的创新机制从模仿创新向自主创新转型，从分离创新向协同创新转型。以新的创新机制形成中国经济增长的驱动力，把创新政策融入科技政策、产业政策、财税政策、金融政策、对外开放政策中，形成新常态下全面的创新政策体系。二是促进经济结构的高级化和合理化。一方面要依靠科技创新，促进产业结构不断向产品技术高级化、产品附加值高级化、产业加工高级化以及产业集约高级化的方向发展，进而实现产业比较优势逐步从劳动密集型优势向技术密集型优势转移。另一方面要基于经济发展的整体目标，优化第一、第二及第三产业在整个国民经济结构中的配置及投入产出比例，使各个产业朝着各自产业链的高端方向迈进。三是重视人力资本积累。新常态下中国经济增长的人口红利逐步消失，需要实现从人口红利向人力资本红利的转变，重视人力资本积累及其作用的发挥，通过优化教育结构、创新教育体制，使教育与新常态的现实需要结合起来，为新常态的经济增长培养高素质人才。

2. 坚持市场配置资源取向的改革

坚持市场配置资源导向的改革新常态意味着全面深化改革的新阶段和新时期，新常态下我们要正确处理政府与市场、政府与社会的关系，将市场在资源配置中的决定性作用落到实处，大力推进市场取向的改革，通过进一步推进市场化改革和完善市场机制，矫正依靠行政手段配置资源带来的要素低效配置和误配置。一是简政放权，最大限度地减少许可、审批和资质资格认定，激发市场主体投资创业的积极性。二是建立公开透明的市场规则，按照负面清单的思路制定统一的市场准入规则，通过深化要素市场改革建立能够反映稀缺程度和供求关系的价格体系。三是深化国有企业改革，从"管资产"向"管资本"转变，形成规范的公司治理结构，同时鼓励非公有制经济加快发展，特别是在服务业和高技术领域，并依法保护各种所有制经济公开、公平、公正参与市场竞争。四是完善对外开放体制，建立以追求对外开放质量和双向流动为特征的新型对外开放模式，完善对外开放体制机制，消除国内市场与国际市场接轨的制度性障碍。

3. 坚持创新驱动导向的改革

新常态下的中国经济增长需要实现从要素驱动向创新驱动的转变，加快完善以企业为主体、市场为导向、产学研相结合的自主创新机制，最大限度推动本国禀赋结构、产业结构和技术结构的同步升级，实现经济增长质量和效益的最大化。坚持创新驱动取向的改革：一是促进产业创新与科技创新的融合，构建以高端制造、创新驱动、品牌引领、低碳发展为特征的新型产业体系。在加快新兴产业发展的基础上，不断改造传统产业，为新常态下传统产业升级换代以及发展新一代信息技术、数字技术、新能源、高端装备制造、新型服务业等产业夯实基础，提高新常态下中国经济增长劳动生产率和全要素生产率。二是完善科技创新体制机制，把技术创新作为新常态创新驱动的核心，深化科技体制改革，坚持技术创新的市场导向，完善风险投资机制和商业模式，提高科技创新成果的转化率和产业化率。三是强化企业的技术创新主体地位，以企业和市场为核心完善技术创新的市场导向机制，充分调动企业积极性，发挥市场对技术研发方向、路线选择、要素价格、各类创新要素配置的决定性作用。四是促进科技与金融结合，加强知识产权保护和运用，充分发挥资本市场对创新创业的支持作用。五是完善创新驱动的制度环境，建立和完善规范技术创新交易秩序的制度体系，消除制度障碍，降低创新主体参与市场交易的成本。

4. 坚持生态文明导向的改革

新常态下中国经济增长面临着严重的资源环境约束，必须坚持生态取向的改革：首先，多管齐下促进企业节能减排，建立科学的节能减排指标体系、考核体系和监测体系，充分调动企业节能减排和资源综合利用的积极性，严格落实节能减排目标责任制，综合运用财政、税收、金融等经济政策和限制高能耗产品进出口的政策，对企业的节能减排形成有效的激励和约束机制。其次，发展绿色经济和循环经济，推广低碳技术，开发新能源和可再生能源，加强水污染、大气污染、固体废物污染的防治，建立资源循环利用机制，加强废弃物的回收再利用，实现经济与环境良性互动发展。最后，保护生态环境，继续推进天然林保护、退耕还林、退耕还牧等生态工程，促进经济与环境协调发展。

5. 坚持民生导向的改革

保障和改善民生是经济发展的出发点和落脚点，也是深化改革的目标和动力。新常态下坚持民生取向的改革，需做到：第一，切实提高企业和劳动者的收入水平，实现居民收入与社会财富的同步增长，改变不合理税种与税率，降低工薪阶层纳税比重，进一步实现藏富于民。第二，健全覆盖全民的基本公共服务体系，优先保障基本公共教育、劳动就业服务、社会保险、基本社会服务、基本医疗卫生、基本住房保障、公共文化体育等服务的提供，完善财政保障、管理运行和监督问责机制，形成保障基本公共服务体系有效运行的长效机制，不断提高基本公共服务的质量和效率。第三，着力发展民生经济，坚持公共财政的民生投向，建立民生投入持续稳步增长的长效机制，不断调整和优化财政支出结构，实现国家财政从经济建设型向民生建设型转变。大力扶持和重点发展民生相关产业特别是生活性服务业，促进经济发展和民生改善。

6. 坚持包容性导向的改革

新常态下的经济增长要从传统增长转向包容性增长，改革也要以包容性为取向。包容性增长更加注重以人为本而不是增长本身，其核心要义是"机会平等，成果共享"。新常态下要实现包容性增长和和谐发展，让经济增长的成果惠及所有地区和所有人群，就要实现以下包容性取向的改革：一是形成合理有序的收入分配格局，进一步提高劳动报酬在初次分配中的比重；加大垄断行业改革，减少垄断对收入分配格局的扭曲；改革国有企业利润分配格局，国有资本经营预算收入以更大比例调入公共预算，统筹用于民生支出，进入国民收入分配体系大循环，体现全民共享。二是促进教育公平和教育资源更加均衡配置，统筹城乡教育资源均衡配置，加快缩小区域、城乡、校际教育差距，促进基本公共教育服务均等化，改变当前财政支持教育的方式，推动优质师资的流动，从根本上消除不公平因素。三是统筹城乡养老保险制度，推进机关事业单位养老保险制度改革，建立与城镇职工统一的养老保险制度；改革退休费计发办法，从制度和机制上化解"双轨制"矛盾；同时加快整合城乡养老保险、为农村老龄人口提供合理的养老保障，使全民享受到更具包容性的机会均等的养老公共服务。

7. 坚持高水平开放导向的改革

建设更高水平开放型经济新体制，既是为了完善中国特色社会主义制度，也是为了以开放促改革促发展。随着我国在全球经济中的份额的不断上升与全球经济格局出现的新变化，传统对外开放战略的模式和思路也需要进行一些转变。一是从"单向引进"型开放向"双向循环"型开放转变。开放型经济的本质应是一种同时包括"引进来"和"走出去"的双向循环。改革开放初期，我国的外资政策方面主要是以"引进外资"为主，在贸易导向上也以鼓励出口为主，这也是由特定的历史阶段所决定的。随着中国经济实力的不断增强和在世界版图中地位的不断上升，未来更加强调"走出去"与"买进来"成为必然选择。二是从"主动融合"型开放向"积极引领"型开放转变。随着我国国际经济竞争力不断增强，传统的经济全球化则由于部分西方发达国家出现的逆全球化思潮和政策出现危机，在这样的背景下，我国作应当从融合型的开放转变为引领型的开放，积极参与全球经济治理体系变革，维护世界贸易组织在多边贸易体制中的核心地位，推动构建更高水平的国际经贸规则，努力促进全球经济再平衡。三是从"数量扩张"型开放向"质量升级"型开放转变。当前我国比较优势已经发生变化，向质量升级型开放转型的时机已经成熟。未来，要推动我国的产业和企业深度融入全球供应链、价值链和创新链，鼓励企业提升品牌形象，提升产品质量，走"专精特新"道路，推动对外开放高质量发展。

三、新常态下提高中国经济增长质量的重点改革措施

在中国经济发展从旧常态转入新常态的背景下，需要在一些重点领域和关键环节加快推进改革措施，从而加快中国经济增长质量水平的提高，具体而言，这些领域的重点改革措施包括以下七个方面。

1. 完善与新常态阶段相适应的市场经济体制改革

一是遵循市场经济规律，市场决定资源配置是市场经济的一般规律，这个规律要求大幅度减少政府对资源的直接配置，依据市场规律、市场规则、

市场标准、市场机制推动资源配置，实现资源配置的效益最大化和效率最优化。需要明确市场与政府边界，推进简政放权，完善由市场形成价格的机制，消除政府的不当干预。二是矫正要素价格形成机制，解决要素市场分割以及由此引起的要素价格形成中多轨制的弊端，加快形成全国统一大市场和"统一、开放、竞争、有序"市场体系，正确处理政府、企业和市场的关系，创造让企业和市场机制发挥作用的环境，要尊重企业的市场供给主体地位，进一步落实企业经营自主权，激发各类市场主体创业、创新活力，坚持市场经济的平等原则，遵循市场经济规律，取消各种形式的不合理规定对民营经济发展的制约，拓宽民营经济发展空间，促进民间投资的增长。

2. 推动科学合理更具针对性的宏观调控体制改革

一是从总量调控转向结构调控。坚持总量平衡与结构平衡相结合，从过去以总量调控为中心转向现在以结构调控为中心。结构调控是对总供给和总需求的结构平衡进行调控，具有跨周期调控，并兼顾短期经济波动和中长期经济发展调控的特征。二是实行以就业和宏观经济稳定为先导的宏观调控。更加注重扩大就业、稳定物价、调整结构、提高效益、防控风险、保护环境，围绕就业和宏观经济稳定完善以就业政策、产业政策、人力资本政策为主，区域政策、投资政策、收入分配政策、消费政策协调配合的，能够对供给结构进行有效调控的宏观经济政策体系。三是在宏观调控中建立以中长期宏观调控主体，短期调控为辅的宏观调控体系。供给侧结构性改革是着眼于长期因素的宏观经济措施，针对经济运行中的结构性矛盾，依据国家中长期发展目标实施结构性宏观调控。中长期宏观调控着眼于长期因素，调整经济结构。短期调控措施着眼于短期因素，主要保增长和保就业。

3. 推动促进政府职能转变的政绩考核体制改革

一是对政府执政能力的考核，要从以 GDP 增长为目标转向以经济增长质量为目标，把公共服务、环境治理、居民福利等内容纳入政府考核体系之中。二是严格约束政府财政收支，降低政府对国有企业的"无效"补贴，尤其是对能源、石化等行业的补贴，把教育、医疗、卫生等基础设施建设作为政府财政支出重点，有效弥补"软性"基础设施的短板。三是减少政府审批，消除政府行政垄断，完善市场机制建设，鼓励企业自由进入和退出市场，释放市场制度红利，为经济实现长期平稳可持续的增长创造条件。

4. 推动鼓励人口流动的户籍制度改革

要素自由流动是资源有效配置的前提，而人口自由流动更是解决收入差距、人力资本配置以及劳动力供求平衡的关键。所以：一是加强户籍管理部门的协调与沟通，降低城市和省份之间人口流动的障碍，尤其是降低农村进入城市的"隐性"门槛，为子女教育、劳动服务保障等提供便利条件，这不仅是解决城市"用工荒"的根本途径，也是提高农村居民收入和消费福利的重要方式。二是加大农业技术投入，提高农产品效率，提高农产品科技含量，延长农产品产业链，就地转移农业人口，拓宽农业人口收入渠道，为农村消费需求的扩张提供条件。三是建立有效的技能培训制度，加强对城乡失业人员的培训，提高失业人员再就业能力，为经济结构转型升级提供充足的劳动力供给。

5. 推动健全创新市场的科技体制改革

一是加大知识产权保护力度，维护创新主体的合法权益，保障创新主体能够从创新活动中受益，从而保持创新主体的积极性。二是建立健全创新市场，搭建创新技术交易平台，提高创新技术转化，为提高创新的增长效应提供条件。三是完善创新信息共享，加强不同创新主体之间的合作和交流，降低创新风险、分散创新成本，并保障创新成果满足市场需求，有效降低研发机构创新成本。四是增加研发资金和人员投入，加强对研发部门人员的培训，提高研发活动人力资本供给，为成功创新提供基础。

6. 推动生态文明法治建设的体制机制改革

一是加大对环境和生态方面的立法，为生态环境保护提供依据。二是执法部门要严格执法，严格按照法律规定对环境污染企业进行整顿治理，加速污染企业的技术改造。三是加强对执法部门和企业的监督，发挥非政府组织在环境保护方面的积极作用，为维护环境生态发展提供力量。四是强化对居民的生态补偿，减少污染对居民身体健康等方面造成的伤害。五是合理推进城市化进程，建立规范的城市发展规划，完善土地审批制度，强化环境基础设施建设，有效"去库存""补短板"，为城市建设和居民生活营造良好的氛围，实现"绿色"发展理念。

7. 推动高水平对外开放的体制机制改革

一是以"一带一路"建设和区域协同发展为重点，拓展更大范围的全面开放。充分发挥共建"一带一路"国际合作机制的作用，要加强在市场、规则、标准方面的"软联通"，依托各类开发区发展高水平经贸产业合作园区，推动共建"一带一路"走深走实，推动我国实现高质量的对外开放。二是以服务业开放为重点，促进更宽领域的全面开放。要分类放宽服务业准入限制，逐步开放服务要素市场和产品市场，提升服务业供给的质量和效率，以服务业开放促进产业全面开放。特别是在新经济领域，基于现代数字技术提升服务的可贸易性，推动数字内容服务贸易新业态、新模式快速发展，并探索完善跨境交付、境外消费、自然人移动等模式下服务贸易市场的相关规则，为提升服务业开放水平提供基础和支撑。三是以制度型开放为重点，促进更深层次的全面开放。充分发挥现有自贸试验区的先导作用，引导这些根据区域本地特征进行差异化的改革探索，加强改革试点经验的总结和推广，并进一步扩大试点，逐步将自贸试验区改革从区域推向全国，加快自由贸易区建设，努力形成立足周边区域、辐射"一带一路"沿线、面向全球的高标准自由贸易区网络。积极参与全球经济治理和国际公共产品供给，充分体现大国担当，积极引领构建国际经贸新规则，努力构建新的 WTO 规则为基础的多边贸易体系，特别要高度重视数字经济发展，充分发挥中国数字经济发展优势，推动建立公平公正的国际数字贸易规则，在国际经贸格局中发出更多的中国声音，提出更多中国倡议和中国方案。

第十四章　新常态下提升中国经济增长质量的政策支撑转型

　　新常态下中国经济的发展思路有三个表现，中高速增长下结构调整和创新驱动成为发展的新常态，真正转向市场推动经济增长成为宏观调控的新常态，以民生改善为重点的消费需求拉动投资需求成为发展动力转换的新常态。新常态的本质在于提高经济增长质量，重塑经济增长动力。为适应新常态发展的特征，应当构建提升中国经济增长质量的政策支撑体系。具体而言，这些政策支撑体系包括四大维度，即结构转化维度的政策支撑、创新驱动维度的政策支撑、经济社会协调发展维度的政策支撑、重构收入分配格局维度的政策支撑。结构转化维度，就是要依据各地区经济发展阶段的特殊性，从产业结构升级、城乡结构调整和区域结构转型等角度，破除传统经济发展中的结构失衡现象，提高地方经济增长的质量和效益。创新驱动维度，就是以创新实现地方经济增长动力的转换，通过创新环境、创新人才和创新体制等多层面的改革，为地方经济增长培育新动能。经济社会协调发展维度，就是要实现从"唯GDP"的一元化发展目标转变为以提升增长质量为导向的多元化发展目标，经济建设与社会建设同步发展。重构收入分配格局维度，就是针对传统经济发展过程中的收入差距和财富差距越来越大的情况，以改善国民收入初次分配格局为突破口，推进分配制度改革，使改革的成果能够被广大人民共享。

一、以结构转化提升中国经济增长质量的政策支撑

　　在新常态和供给侧结构性改革背景下，加快实现结构转化是各地提升经

济增长质量的关键点。结构转化能够提升各地经济发展中的资源配置效率，改善过去传统发展过程中的资源配置扭曲、产业同构与重复建设等经济增长效率低下的状况。各地加快经济结构转化的重点在于三个方面：一是产业结构要加快升级，实现高级化；二是城乡结构要加快调整，推动新型城市化；三是区域结构要加快整合，依据各地发展的不同阶段和禀赋结构，构建全国统一分工体系。

1. 产业结构转化的政策支撑

改革开放以来，中国各地方的产业结构演化实现了结构多元化，但是未能实现产业结构的高级化和合理化，造成了产业结构的低端锁定和结构失衡，导致了中国经济增长质量低下。在此背景下，应积极迎接第四次科技革命的发展趋势，推动创新型经济发展和战略性新兴产业的成长，打破产业结构的低端锁定，加快结构转变，创造结构红利，在实现产业结构多元化的基础上，推动产业结构高级化，通过产业结构调整提高地方经济增长的质量和效益。

（1）推进产业结构的高级化和合理化。一是积极稳妥促进后工业化时期产业重点从工业向现代服务业的转型；二是产品形态由以简单加工制造为主向以中间产品和最终产品设计和制造为主转型，提高产品附加；三是产业要素密集度由劳动密集型产业、资本密集型产业为主向技术知识密集型产业为主转型。

（2）推动工业结构内部的优化升级。以科技、人才、信息化为支撑，全面促进工业结构升级，提高工业竞争力，特别是要积极推动制造业内部结构的提升，推动智能制造、云计算和物联网信息产业在制造业中的应用、实现工业化与信息化相融合，实现工业行业内劳动生产率的提升，提升经济增长效率。

（3）要通过制造业高端化所引致的分工细化，有针对性地发展高附加值的现代生产性服务业，特别是积极发展金融业、商务服务业、信息服务业等领域及现代物流业等高度专业化的生产性服务业。强化专业化服务企业的分工优势，并加强产业关联，对生产性服务业发展进行引导，对影响大、带动作用强、具有示范效应的服务业重点项目予以支持，从而在产业结构维度上保持足够的生产率提升潜力，以提升地方经济增长的质量和效益。

（4）积极发展知识密集型的现代服务业，推进知识密集型服务业自主创新，充分发挥知识密集型服务业的人力资本积累效应，建立健全技术创新机制，鼓励知识密集型服务业企业建设各类研究开发机构和增加科技投入，使企业成为研究开发投入的主体，通过创新提升地方经济增长的质量和效益。

2. 城乡结构转化的政策支撑

在传统城市化发展模式下，中国各地也有工业化和城市化相互驱动，但城市化的聚集效应驱动产业升级并不明显，城市化远远落后于工业化。且由于财政分权和地方政府竞争激励的影响，出现了政府介入微观领域过多，导致要素市场扭曲等现象，一定程度上限制了经济增长质量的提升。新型城市化是结构调整中的重要一环，是经济保持中高速增长从而引领新常态的重要支撑。因此，应积极推动从传统城市化向新型城市化的转型。

（1）全面推进以内涵增长和以人为本为特征的新型城市化。一是优化国土空间利用为关键点，通过旧城改造，提高城市土地的利用率，形成集群化的城市产业布局和集约化的城市土地利用格局。二是以合理的城乡空间布局和便捷的联系渠道为依托，提高资源、要素和产业的配置和利用效率。三是改变过去依靠物质资本投入和资源大量消耗的做法，利用人力资本和创新要素促进城市化。

（2）改革城乡二元管理体制，消除城乡分割。一是实现城乡公共产品供给的成本分摊与收益分享对称，形成城乡统一的公共产品的供给制度。二是实现基本公共服务和社会保障在城乡之间的均衡配置，提升城乡公共服务质量，建立覆盖面更为广泛的社会保障体系。三是增强农村居民和城市新移民对公共事务决策的参与性，从而在政策的决定机制上消除城乡分割的形成基础。

（3）在经济发展过程中积极推进城乡发展一体化。把工业与农业、城市与乡村、城镇居民与农村村民作为一个整体，促进城乡在规划建设、产业发展、市场信息、政策措施、生态环境、社会事业各方面发展的一体化，实现城乡在政策上平等、产业上互补，使城乡人口、技术、资本、资源等要素相互融合，逐步达到城乡之间在经济、社会、文化、生态、空间上协调发展。

（4）在城乡结构转化过程中释放农村发展的潜力。一是探索农业基本经营制度新的实现形式，引入市场机制，通过农地入市等一系列市场化改革措施，实现规模化生产、合作化经营、产业化发展，建立更加适应农村生产力发展的新型农业生产关系，通过现代农业的发展发挥其对经济增长潜力的提升作用。二是建设农村信贷、农业投资、农业担保、农业保险和农村信用等农村金融支撑体系，与农业经营制度相配合，释放农村经济发展的潜力。

3. 区域结构转化的政策支撑

在经济旧常态的区域经济发展模式下，虽然中国的市场容量非常巨大，但各地之间存在市场分割和市场壁垒，相互并没有实现完全开放，从而影响了资源的空间配置效率，也保护了落后产业，对区域间贸易扩大形成了阻碍。而区域间的经济发展差距也随着市场的分割进一步扩大。同时，区域分割也造成了区域间普遍的产业同构现象，这就阻碍了更大分工体系的形成。区域结构从分割到整合的转型是结构调整中的重要一环，通过区域间的经济整合，能够改善经济增长的资源配置效率，从而提升地方经济增长的质量和效益。

（1）构建全国统一市场体系，消除要素在区域间流动的体制机制障碍。一要深化财税体制改革，健全政府绩效考核体系。二要明确政府和市场的边界，有效约束政府行为。三要大力发展现代流通组织，构筑促进区域要素流动的便捷通道。四要消除各种地方保护行为，打破地区封锁和行业垄断。

（2）深入实施区域总体发展战略，优化经济发展空间格局。推进京津冀协同发展、长江经济带发展、长三角一体化发展，推动黄河流域生态保护和高质量发展。缩小地区差距和贫困差距，形成几大区域战略互动的局面，打造新的经济支撑带和具有全球影响力的开放合作新平台。逐步建立区域协调发展长效机制，形成东中西互动发展的区域战略布局。

（3）明确不同区域的功能定位，并积极推动主体功能区建设，从而形成各具特色的区域发展格局。加大对限制开发和禁止开发区域的财政转移支付力度，并进一步完善相关政策，按照区域经济发展规律和各区域的不同功能定位，打破传统行政区划的界限，形成新的区域经济增长极，特别是通过丝绸之路经济带沿线地区和长江经济带沿线地区的发展，带动整个经济社会发展。

（4）建立区域利益协调机制，推进区域经济协调发展。一是加快构建区域分工合作的利益共享机制，建立健全资源开发有偿使用和补偿制度，并构建区域生态环境的补偿机制。二是中央财政要加大对中西部地区转移支付的力度，并通过一系列政策支持，引导资本、劳动和技术等生产要素向中西部地区流动。三是东部地区要加快产业高端化进程，而中西部地区加快承接东部产业转移，充分激发深化分工带来的增长潜力，促进各区域长期经济增长。

（5）消除区域产业同构，更大程度上推进区域产业梯次转移。各个区域处在不同的发展阶段，比较优势也有所不同。传统区域发展模式下造成了区域间普遍的产业同构现象，过度的产业同构造成了大量的重复建设和产能过剩，阻碍了更大分工体系的形成。各地应树立全国统一分工体系的理念，积极推动"雁阵模式"的产业梯次转移来破解产业同构，根据东中西部禀赋结构的不同，发挥各自区域不同的比较优势，从而实现产业梯次转移的"雁阵模式"，就能够充分激发增长的潜力，提升经济增长的质量效益。

二、以创新驱动提升中国经济增长质量的政策支撑

新常态势必将中国经济逐步推向一个依赖研发创新与品牌进行国际竞争的新舞台，使中国经济进入高效率、低成本、可持续的中高速增长阶段。因此，在新常态下，各地要加快实施创新驱动发展战略，鼓励自主研发，形成具有自主知识产权的创新型技术，为新常态下创新驱动增长模式的建立提供重要保障。要依靠自主创新和劳动力素质提高，切实增强地方产业竞争力和提高全要素生产率，推动地方产业向价值链中高端跃进。要依靠创新驱动有效克服资源环境制约，完成经济结构的调整和发展方式的转变，以实现地方经济增长和效益的全面提升。要紧紧抓住数字经济发展的趋势与机遇，以发展数字经济推动创新驱动发展。实施创新驱动，最重要的是构建创新驱动的平台支撑、人才支撑、环境支撑。

1. 创新驱动平台方面的政策支撑

构建中国经济创新驱动平台，以提升增长质量，关键就在于深化有利于产学研协同创新的科技体制改革，提高科技资源配置效率，建设基于创新链的完整的产学研合作创新平台，为创新驱动发展提供平台保障。创新链指

"知识创新—孵化高新技术—采用高新技术"的链条，其中大学和科研院所是知识创新的主体，提供原始创新的成果，各类孵化器将知识创新的成果孵化为高新技术，企业作为技术创新的主体将高新技术转化为现实的产品和生产力。通过完整的创新链，就解决了知识创新和技术创新的对接，从而具备了强大的科技创新能力。进一步通过将科技创新成果产业化，就能够实现科技创新与产业创新的对接，进而实现科技发展与经济发展的协同。

（1）建立产学研协同创新的长效机制。推动高校研究机构与企业共建创新平台和新技术孵化器，处理好知识创新与技术创新的关系，提高科技创新能力。要解决长期以来以大学和研究机构为主体的知识创新体系和以企业主体的技术创新体系所存在的"两张皮"的问题，改变过去以传统的技术转移的方式，推动大学和企业共同进入高新技术孵化领域，实现科学价值和商业价值的结合。要在重点领域尽快实现突破，围绕经济结构调整建设高校一流学科，聚焦国家战略性新兴产业，形成一批新的增长点。

（2）建立科技创新成果的产业化机制。作为创新型经济构建的主动力，科技创新要实，实就实在产业化创新。因此，要处理好科技创新与产业创新的关系，根据地方产业的不同特色和禀赋，对不同类型的产业采取不同的创新方式。具体来说，在人工智能、航空航天、生物制药、增材制造等需要突破型创新的领域，实施以知识创新带动型产业化创新，更偏重于以大学及其科学家的作用。而在高端装备制造、电子信息以及等需要渐进型创新的领域，实施技术创新带动型产业化创新，更偏重于企业自身创新的作用。同时，对服装、食品、家具等传统行业，实施采取新技术型产业化创新，特别是在数字经济时代注重以"上云用数赋智"来实现传统企业的数字化转型，重视"数据要素×"对传统产业的赋能提升作用。在每一类不同的产业中，都要积极引导科技创新资源和突破性数字技术向主导产业和骨干企业集聚，形成新的增长动力源泉。

（3）建立有效的创新创业激励机制。处理好科技创新与科技创业的关系，构建创新创业的"数据要素×"平台，将科技创新转化为增长动力。首先是建立创新创业风险共担机制和创新创业利益共享机制，利用风险分担机制来吸引风险投资，利用利益分担机制实现各类创新创业人才的价值共享，通过这两方面形成有效的创业激励。其次是建立创新创业的"数据要素×"平台，提供众创的无限平台，通过大数据和云计算降低市场和技术的门槛，既能够提供信息，也能够借助平台提供融资、研发、制造在内的创新团队，还能够借助平台解决新产品的市场问题，从而降低创新创业的风险。

2．创新驱动人才方面的政策支撑

在实施创新驱动发展战略中，最不可缺少的就是人才。未来各地方经济发展的竞争，最终都会演变为人才的竞争。因此，构建中国创新驱动发展的人才保障，关键就在于深化人才发展的体制机制改革，大力引进和培养高端创新创业人才，为创新驱动提升经济增长质量提供坚实的人力资源保障。传统经济增长中各种增长要素跟着资本走，现在重点在创新，各种创新要素跟着人才走，因此需要重点引进高端创新创业人才，依据人才是第一资源的思路建立集聚创新创业人才的制度，形成具有竞争力的人才制度优势。

（1）完善人才供求、价格和竞争机制，而在高端创新创业人才引进方面，要重点加大投入力度。传统的发展过程中强调低劳动力和土地成本作为比较优势。这种低成本比较优势在贸易领域是有效的，但在创新型经济中就不适用了。新经济条件下发展主要依靠知识要素和人力资本要素，这意味着传统经济发展过程中以低成本为主要特征的比较优势战略需要转变为以强调创新、人才和科技为特征的竞争优势战略。因此，在新常态和供给侧结构性改革背景下，各地经济发展战略要从比较优势战略转变为竞争优势战略，高度重视人力资本的供给。要加大投入，要把人才作为科技创新的最关键一环，加强人才引进，积极打破系统、地域等界限，整合各类人才资源，拓展人才发展平台，通过各种平台吸引高层次创新创业人才，为创新型经济提供强大人才支持和智力保障。

（2）建立以创新创业为导向的人才培养机制，完善产学研用结合的协同育人模式。要加快培育重点行业、重要领域、战略性新兴产业人才，加大对新兴产业以及重点领域、企业急需紧缺人才支持力度。建立基础研究人才培养长期稳定支持机制。建立产教融合、校企合作的技术技能人才培养模式。为构建全面创新体系构筑坚实的人力资本基础。

（3）强化人才创新创业激励机制，为创新创业人才提供宜居、宜研、宜产业化的环境。充分调动各种创新人才的积极性,形成尊重人才、用好人才的制度和机制保障,形成有利于"大众创业、万众创新"的创新创业生态。为创新创业人才提供相应的生活保障,提供体制机制和政策上的便利,解决高端创新创业人才发展的后顾之忧,最大限度激发广大科技人才的创新动力和创业人才的创业激情。

3. 创新驱动环境方面的政策支撑

创新环境建设是地方实施创新驱动发展战略的重点保障。创新环境建设中最重要的就是构建高效并有集成创新能力的创新型政府,改善创新治理,完善创新激励的政策体系。创新驱动的前提是体制机制创新,体制机制创新的发动者首先是政府,特别是地方政府。同时由于创新成果具有溢出效应,具有公共产品的属性。这就决定了政府作为社会代表来支付创新的社会成本,制订重大科技创新计划,并通过公共财政对此类创新进行直接的或引导性投入。政府的创新职责在于构建良好的创新环境,使创新系统中各个环节之间围绕某个创新目标能够实现高效协同和衔接,从而为创新驱动提升中国经济增长质量提供环境保障。

(1)提升政府的集成创新能力,完善有利于创新的体制机制。政府介入创新最重要的是对企业的技术创新与大学的知识创新两大创新系统的集成,因此要通过构建一系列有利于提升集成创新能力的体制机制,改善创新治理,完善创新激励。首先是高校和科研机构的创新激励机制,以保证其不断提供创新成果和科学突破。其次是科研成果转化机制,以保证带动新产业的繁育、新产品的生产和新技术的运用。再次新产品和创新的融资机制,以推动创新活动的发展。最后是严格的知识产权保护制度,以保证创新活动的生命力。

(2)建立现代创新政策体系,实现从"科技政策"向"创新政策"的转变,现代创新型经济中,创新政策的概念要大于科技政策。因此,要把创新政策融入科技政策、产业政策、财税金融政策、贸易和教育政策等各项政策中,使之形成全面有效的创新政策体系。同时,要促进创新政策体系中上各方面政策协调,通过加强各环节投入的协调性和连续性以实现全方位的协同创新。

(3)加强创新环境建设,也就是形成大众创业、万众创新的氛围。首先,要增强经济的活力，强化市场竞争，建设创新创业文化，增强企业进行技术创新的动力。其次，政府要提供自主创新的引导性和公益性投资，同时为创新成果的采用提供必要的鼓励和强制措施，包括政府优先采购自主创新的产品和服务、创新文化建设等。最后，要推进科技、金融融合，加大支持力度，培育更多投资、担保类市场主体，把更多社会资金引导到科技创新上来。

4. 以数字化转型推动创新驱动方面的政策支撑

在新的科技革命和产业变革的浪潮下，推动创新驱动发展，最关键的就是要紧紧抓住数字时代的特征，推动经济实现数字化转型。《中共中央关于制定国民经济和社会发展第十四个五年规划和二〇三五年远景目标的建议》指出："发展数字经济，推进数字产业化和产业数字化，推动数字经济和实体经济深度融合，打造具有国际竞争力的数字产业集群。"推动经济实现数字化转型，是实现经济创新驱动发展的重要举措，具体要从以下四个方面加以推进。

（1）加快新型数字基础设施建设。新型数字基础设施是一整套包括管网、基站、云平台、终端等一系列包含硬件与软件在内的基础设施体系，但与传统基础设施不同之处在于，新型数字基础设施中"软件"信息是主导的。加强数字时代的基础设施建设，构建智能敏捷、绿色低碳、互联互通、服务便捷的基建体系，其中重点在于三个方面：一是要加快构建全球领先、安全可靠的云数据中心平台，推进云计算的创新发展与应用，打造数字经济前沿空间阵地，满足数字经济与实体经济融合的存储空间与算力需求。二是要加快布局关键领域的工业互联网建设，提升实体经济各领域数据采集的质量，为数据决策提供支撑。三是要加快推进5G等网络基础设施建设，加快现有基础设施升级和数字化改造力度，做好数字基础设施与市政交通规划的有效衔接，加快提升数据传输速度与网络通行能力，为数字经济与实体经济融合提供硬件保障。

（2）以制造业的数字化转型为突破，打造数字经济产业生态体系。一是深化新型数字技术对传统制造业的渗透，构建基于工业互联网的全新产业生态，推动数字技术在制造业生产、研发、设计、制造等领域的深度应用，加快重点制造领域数字化的智能化，推动"中国制造"向"中国智造"的转型。二是引导企业和互联网企业开展深度合作，利用业务外包和个性定制等多种方式，合作开展基于大数据应用的创新业务，打造一批行业云平台和"上云"标杆企业，驱动更多中小企业数字化转型。三是努力延伸数字产业链，打造数字经济的全产业链条，把握数字化、网络化、智能化、平台化四个关键点，利用互联网等新型数字技术，对实体经济产业进行全方位、各领域、全链条的改造升级努力培育数字产业集群，在已有的"互联网 + 工业""互联网 + 农业""互联网 + 服务业"基础上，通过数字技术进一步升级为"数据要素 × 工业""数据要素 × 农业""数据要素 × 服务业"，推动高端软件产业、人工智能产业、区块链产业、大数据产业、云计算产业、信息安全产业、互联网产业、工业互联网产业等数字经济重点领域产业的发展，完善重点产业供应体系，推动重点数字产业服务平台的发展，拓展数字经济发展的新空间。

（3）推动构建优势互补高质量发展的数字经济—实体经济空间布局。一是要深入贯彻西部大开发、东北振兴、中部崛起、东部率先的区域发展总体战略，西部地区应发挥地理优势，承接东部地区的数字产业、数字技术以及数字人才等，全力推动中部地区传统产业数字化转型。二是西部地区创新资源相对匮乏，应该依据自身的区位优势，发展特色产业，融入东、中部地区产业链。三是发挥中心城市和城市群等头部区域的辐射带动作用，为周边地区输送数字技术、产品、服务和就业，带动周边区域数字经济发展，缩小区域之间、城乡之间的数字鸿沟，充分释放数字红利。四是要将"人的发展为中心"的理念嵌入数字经济发展过程中，为各个地区和群体提供开放式普惠式可负担的互联网接入，为所有人提供更加公平的发展机会，让更多人共享数字经济发展的果实。五是高度重视新型数字技术对就业的冲击，处理好公平与效率的关系，出台具有针对性的政策和措施，持续提升落后地区和低收入群体的数字技术知识，为数字经济时代创造更多就业机会。

（4）完善数字经济治理体系。一是强化市场竞争导向的数字治理，加快完善新型数字行业垄断的治理政策工具，特别是对在数字经济领域中滥用市场支配地位的不正当竞争行为予以坚决查处，为数字经济与实体经济融合创造公平的市场环境。二是加强科技伦理治理的研究与探索，针对底层算法应用所产生的价值观问题，基于社会公共利益建立相应的风险防范与激励约束机制，加强算法治理，推动"科技向善"。三是加快构建多元主体参与的数字治理体系，充分发挥政府、企业、行业协会的作用，其中政府聚焦于平台垄断、负外部性的治理，平台型企业致力于算法价值观构建和负面信息传播治理，行业协会聚焦于数据共享和行业自律，通过多主体参与来构建激励相容的协同治理格局，为经济社会高质量发展提供良好的环境保障。

三、以经济社会协调发展提升中国经济增长质量的政策支撑

改革开放以来，中国经济快速发展，而社会建设比较滞后。在经济发展水平相对不高的情况下，地方发展中以经济建设为中心是必要的，但在经济总量做大以后则要注意经济和社会之间的平衡，否则就会出现"中等收入陷阱""阿喀琉斯之踵"等病灶，引发一系列社会矛盾。因此，在进入新常态后，经济社会协调发展就成为新阶段发展的必然要求，也是中国经济增长质量提升的关键。因此，要先实现传统地方发展过程中增长目标的转型，要以改善民生和改善政府治理为重点，全面深化改革，推进地方经济建设与社会建设同步发展。

1. 以增长目标转型促进协调发展的政策支撑

在中国地方经济从数量型向质量型增长转变中，经济增长的目标要从"国富优先"到"民富优先"的转型，由经济总量导向向国民收入导向的转变。传统经济增长是以国富为导向，国富优先的优点在于集中力量办大事、扩展经济总量。但是国富优先使财富集中于国家，强化政府主导的投资扩张，扭曲市场，形成了经济发展方式转变的路径依赖，延缓了经济结构调整，加剧产能过剩的矛盾。这从另外一方面也要求经济增长的目标从实现规模扩张转向提升地方经济增长的质量和效益，从数量的一元化目标转变为质量的多元化目标。

（1）从"国富优先"目标向"民富优先"目标的转变。经济增长的最终目标定位于人的全面发展，经济增长的最终目的不是简单地追求物质的增长，而是要实现人的全面发展，大力发展民生事业，实现公共服务的均等化。经济增长成果分配的导向要由"让一部分人先富起来"转向共同富裕。经济增

长不是简单地追求一部分人的富裕，而是要把提高大多数人的幸福作为经济增长的终极目标。缩小收入分配差距，使增长成果惠及所有社会成员。

（2）从数量扩张型目标向质量效益型目标转变。经济增长的原则要实现数量、质量和效益的统一，改变过去单纯追求经济增长数量的做法，在经济增长中既要追求数量增长，同时要从结构优化、稳定性提高、代价最小化、收入分配改善几方面追求经济增长的质量，要把经济效益、社会效益和生态效益相结合追求经济增长的效益。

2. 以改善民生促进协调发展的政策支撑

居民实际生活水平提高是中国经济增长质量提升的应有之义。改善民生的关键就在于增加公共服务供给，要坚持普惠性、保基本、均等化、可持续方向，从解决人民最关心最直接最现实的利益问题入手，增强政府职责，提高公共服务共建能力和共享水平。在教育、就业、社会保障、医疗和公共卫生等基本公共服务方面努力实现全覆盖，努力实现全体人民共同迈入全面小康社会。

（1）提高教育质量，促进教育公平。推动义务教育均衡发展，全面提高教育教学质量，普及高中阶段教育，逐步分类推进中等职业教育免除学杂费。加快城乡义务教育公办学校标准化建设，加强教师队伍特别是乡村教师队伍建设，推进城乡教师交流。提高高校教学水平和创新能力，使若干高校和一批学科达到或接近世界一流水平。建设现代职业教育体系，推进产教融合、校企合作。鼓励具备条件的普通本科高校向应用型转变，优化学科专业布局和人才培养机制。

（2）促进就业创业。坚持就业优先战略，实施更加积极的就业政策，创造更多就业岗位，着力解决结构性就业矛盾。完善创业扶持政策，鼓励以创业带就业。统筹人力资源市场，打破城乡、地区、行业分割和身份、性别歧视，维护劳动者平等就业权利。加强对灵活就业、新就业形态的支持，促进劳动者自主就业。落实高校毕业生就业促进和创业引领计划，带动青年就业创业。加强就业援助，帮助就业困难者就业，建立和谐劳动关系，维护职工和企业合法权益，完善就业服务体系，提高就业服务能力。

（3）建立更加公平更可持续的社会保障制度。实施全民参保计划，基本实现法定人员全覆盖。适当降低社会保险费率，完善社会保险体系。进一步完善社会养老保障体系、促进养老服务业多层次多样化发展，有利于适应人口老龄化和就业形态新变化，满足人民群众日益增长的养老保障需求支持商业保险机构为个人和家庭提供个性化、差异化养老保障，积极提供企业和职业年金计划产品和服务。加大政策扶持，落实好国家支持保险和养老服务业发展的相关财税政策，支持商业养老保险机构有序参与基本养老保险基金投资管理，为商业养老保险资金参与国家重大项目和民生工程等建设提供绿色通道和优先支持。

（4）提升医疗和公共卫生服务水平。全面推进公立医院综合改革，坚持公益属性，破除逐利机制。优化医疗卫生机构布局，健全上下联动、衔接互补的医疗服务体系，完善基层医疗服务模式，发展远程医疗。促进医疗资源向基层、农村流动，推进全科医生、家庭医生、急需领域医疗服务能力提高、电子健康档案等工作。鼓励社会力量兴办健康服务业，推进非营利性民营医院和公立医院同等待遇。加强医疗质量监管，完善纠纷调解机制，构建和谐医患关系。提高药品质量，确保用药安全。倡导健康生活方式，加强心理健康服务。实施食品安全战略，形成严密高效、社会共治的食品安全治理体系。

3. 以改善政府治理促进协调发展的政策支撑

改善政府治理是促进经济社会协调发展的重要保障。在中国经济从数量型向质量型增长转变中，就必须处理好政府和市场的关系，特别是改善地方政府过度追求经济规模扩张而忽视社会建设的倾向，加快实现地方政府的转型。

（1）从全能型政府向有限政府转型。从"无所不为"转变为"有所为、有所不为"，做好政府职能的定位，把提供公共服务作为政府的基本职责，为各种市场主体提供良好的发展环境与平等竞争的条件，为社会提供安全和公共产品，为劳动者提供就业机会和社会保障服务。

（2）实现从增长主义政府向公共服务政府转型。在数量型增长背景下，政府实施的是增长主义原则，经济增长是政府的核心任务；在从数量型增长向质量型增长转变的过程中，要实现政府从增长主义原则向服务性原则的转变，以实现基本公共服务均等化的目标，并且以服务社会、服务公众为基本职能，协调处理好公共服务的覆盖面、保障和供给水平，创新公共服务体制，改进政府公共服务方式，形成公共服务供给的新机制。

（3）从管理型政府转变为治理型政府。传统的政府是一种管理型政府，干预了市场机制，损害了经济效率。治理型政府尊重市场经济规律，依靠法律治理经济和社会，把法治作为基础和制度保障，同时也把政府的诚信和责任作为伦理基础。以法律约束政府，控制政府权力，以法治整合公平与效率，实现公平与效率的统一。

4. 以全面深化改革促进协调发展的政策支撑

在中国地方经济从数量型向质量型增长转变中，为了实现经济建设与社会建设同步发展，改革要从单一经济方面的改革转向包含经济、社会与行政领域的全方位综合配套改革，从而为不断提升中国经济增长质量提供动力。

（1）以完善社会主义市场经济为目标进行经济体制改革。在过去 40 多年通过建立社会主义市场经济体制，发挥市场机制在资源配置中的职能，实现了中国经济的数量型增长，形成了经济增长的"中国奇迹"。在未来从数量型增长向质量型增长转变的过程中，以完善社会主义市场经济体制为动力，建设统一、开放、竞争有序的现代化市场体系，健全收入再分配体制，减少由于收入分配差距过大而导致的社会不稳定。理顺政府、企业、消费者、中介组织等市场经济相关主体的基本关系。适应经济发展、科技革命和对外开放的变化而积极推进体制创新。

（2）以公共需求为主线推进社会体制改革。随着经济数量的增长，私人需求已经基本得到了满足，而社会需求不足进一步凸显，表现为城乡公共设施建设、教育、科技、文化、卫生、体育等公共事业发展不足。在中国经济增长从数量增长向质量型增长转变的过程中，要以公共服务为主线推进社会体制改革，社会体制的改革是继经济体制改革以后一项影响深远的社会变革，将为经济增长质量的提高提供新的动力。未来社会体制的改革包括民生体制保障方面的改革、公共产品和公共服务供给的体制改革、社会分配体制的改革。

（3）以政府转型为主线推进行政体制改革。政府转型是行政体制改革的核心，在中国经济增长从数量型向质量型转变的过程中，要形成政府、市场和社会互相制衡、互相服务的新格局。推进政企分开、政资分开、政事分开、政社分开，建设职能科学、结构优化的服务型政府。推动政府职能向创造良好发展环境、提供优质公共服务、维护社会公平正义转变。在完善和健全市场机制，有效配置资源，减少政府行政干预的同时，对各种社会利益群体之间的利益关系进行有效调节，调节各种社会各种利益的冲突。

四、以推动共同富裕提升经济增长质量的政策支撑

高质量的经济增长必然要求均衡的分配结构，虽然改革开放以来中国经济一直处于快速增长的水平，但收入差距也正在不断地扩大，分配结构的失衡制约着中国经济增长质量的提高，距离共同富裕的目标还存在距离。进入新常态后，要通过共同富裕解决中国经济社会面临的不平衡不充分问题。当前，中国分配结构失衡的状态在宏观层面上表现为国民收入分配向政府和企业倾斜，劳动者报酬比重不断下降，在微观层面上表现为个体间收入差距不断扩大。因此，重构收入分配格局，是实现共同富裕目标的关键，是实现改革发展成果由大多数人共享的关键，也是经济增长质量提升的重要体现。因此，要发挥好初次分配、再分配和三次分配的作用，以改善分配机制推动共同富裕，提升经济增长质量。

1. 改善初次分配格局的政策支撑

初次分配是影响最终分配格局的重要因素，重构分配格局，最重要的就是改善初次分配，坚持居民收入增长和经济增长同步、劳动报酬提高和劳动生产率提高同步，持续增加城乡居民收入。以调整初次分配作为重构收入分配格局的出发点，使发展成果被全社会所有人共享，从而提升中国经济增长质量。

（1）应当促进收入分配体制的创新。要以共享发展为思想引领，引导财富结构和收入结构的再平衡，提高经济发展的协调性和包容性。要以人民为中心，给人民创造更多的发展机会和有效的发展激励。一是更加强调"机会公平"，推动基本公共服务均等化，给更多人创造公平创富的环境，实现阶层和收入的合理流动；二是在全社会营造"勤劳致富、创新致富"的氛围和环

境，做好"大众创业、万众创新"的普惠性政策配套，激发全社会创新潜能和创业活力；三是完善包括知识产权制度等在内的一系列制度体系，保障人民在劳动创造过程中能够获得应有成果，形成全社会勤劳创新致富的有效激励。

（2）通过"提低"与"扩中"来实现分配结构再平衡。通过健全工资合理增长机制，提高劳动报酬在初次分配中的比重等一系列有针对性的政策，使低收入者"增收"和"稳收"，特别是针对农民工和小微个体工商户等重点群体实施"精准育中"，扩大中等收入群体数量，包括给予农民工在就业、社保、子女入学等方面与城市居民的同等权利，进一步改善营商环境加强对小微创业者和个体工商户的扶持。另外，对已形成的中等收入群体进行托底，使他们进入中等收入群体后，防止再滑落到低收入群体，在教育、医疗和养老等公共服务领域增加公共投入，完善社会保障机制。通过相对贫困问题的解决和中等收入群体的持续扩张来实现分配结构再平衡。

（3）要完善形成劳动、资本、技术、管理、数据等要素按贡献参与分配的初次分配机制，应实施就业优先战略和更加积极的就业政策，扩大就业创业规模，创造平等就业环境，提升劳动者获取收入能力，实现更高质量的就业，扩大就业规模。健全科学的工资水平决定机制、正常增长机制、支付保障机制，推行企业工资集体协商制度。完善最低工资增长机制，完善市场评价要素贡献并按贡献分配的机制，完善适应机关事业单位特点的工资制度。

2. 健全再分配体制的政策支撑

健全再分配体制是调整国民收入分配格局的重要方面。除了调整国民收入的初次分配格局之外，应当通过相应的税收、社会保障、转移支付等手段，并加强对收入分配秩序的整顿，加大再分配调节力度，从而实现增长成果被社会共享。

（1）完善收入分配改革的各项软硬件基础设施。把握全社会的个人的收入信息，加快推行不动产登记和个人财产申报制度。构建涵盖个人家庭企业政府等全方位收入的信息系统，尤其是对个人收入信息的全覆盖，不仅要包括各种工资性收入，还要包括各种非工资性收入，为收入分配改革奠定信息基础。加快税收体制改革尤其是加快房地产税的立法工作，稳步推动房产税或者遗产税等开征工作，为收入分配改革提供必要的手段。全面推行非现金结算，建立健全自然人收入和财产信息系统，完善收入统计调查和监测体系。

（2）加快健全以税收、社会保障、转移支付为主要手段的再分配调节机制，健全公共财政体系，完善转移支付制度，调整财政支出结构。推进户籍制度改革和城乡一体化，稳步提升农村居民的养老保险、医疗保险，实现社会保障全覆盖。加大税收调节力度，改革个人所得税，完善财产税，为收入二次分配的改革提供一些必要的手段。降低中低收入者的税收负担，加大对高收入者的调节力度，在适当时机可研究推行对高收入者实行合理额度的累进税制，既可以调节社会收入差距，又不至于影响其创造社会财富的积极性。

（3）大力整顿和规范收入分配秩序，加强制度建设，健全法律法规，加强执法监管，加大反腐力度，保护合法收入，规范隐性收入，取缔非法收入。加快建立综合和分类相结合的个人所得税制。多渠道增加居民财产性收入。规范收入分配秩序，保护合法收入，规范隐性收入，遏制以权力、行政垄断等非市场因素获取收入，取缔非法收入。

3. 健全三次分配的政策支撑

第三次分配是收入分配制度体系的重要组成部分，慈善捐赠等公益事业作为第三次分配的核心，在我国经济和社会发展中具有重要地位。在重构收入分配格局过程中，既要在第一次分配中充分发挥好市场的作用，也要在第二次分配中重视发挥政府的作用，还要在第三次分配中重视发挥好社会的作用。党的十九届四中全会通过的《中共中央关于坚持和完善中国特色社会主义制度、推进国家治理体系和治理能力现代化若干重大问题的决定》中指出，"重视发挥第三次分配作用，发展慈善等社会公益事业"。因此，健全三次分配的政策支撑体系，对推进社会主义共同富裕、提升中国经济增长质量具有至关重要的作用。

（1）支持慈善事业发展，统筹推进社会救助体系建设。慈善事业的发展和第三次分配是完善我国收入和财富调节、促进全体人民共同富裕的重要手段，也是第一次分配和第二次分配的重要补充。要支持社会福利和慈善事业发展，健全以扶老、助残、爱幼、济困为重点的社会福利制度。加快公办福利机构改革，加强福利设施建设，优化布局和资源共享。大力支持专业社会工作和慈善事业发展，健全经常性社会捐助机制。统筹推进城乡社会救助体系建设，完善最低生活保障制度，强化政策衔接，推进制度整合，确保困难群众基本生活。

（2）充分激发对于慈善捐赠行为的有效激励，完善鼓励回馈社会、扶贫济困的税收政策。从税收角度看，应进一步加大对个人、企业捐赠的优惠力度，如提高对个人捐赠所能享受的个人所得税最高扣除比例，对部分捐赠金额较大的，允许在以后若干年内结转扣除；同时适当降低慈善捐赠税收激励的门槛限制，包括适当扩大公益性社会团体的范围等。此外，还应当合理简化享受免税退税的程序，让企业和个人真正享受到捐赠相关税收优惠的好处，提高投身慈善事业的积极性，助力改善收入和财富分配格局，推进实现共同富裕。

（3）完善慈善事业的组织队伍和监督机制。慈善组织队伍建设方面，应着重建立专业化和职业化的慈善组织团队，努力推动提升慈善组织的信息公开，对慈善资金的使用过程进行跟踪反馈，提升慈善捐赠资金和物资的使用透明度。除了加强内部监管之外，更要建立健全新闻媒体和社会公众等社会力量监督约束机制，加强社会对慈善组织运行的外部监督。特别是要高度关注筹募后善款善物使用的规范性和高效性，防范可能存在的相关风险。通过加强慈善事业的组织建设和制度建设，推动三次分配的实施和共同富裕目标的实现。

参考文献

［1］白俊红，张艺璇，卞元超．创新驱动政策是否提升城市创业活跃度——来自国家创新型城市试点政策的经验证据［J］．中国工业经济，2022（6）：61－78．

［2］蔡昉．中国经济增长如何转向全要素生产率驱动型［J］．中国社会科学，2013（1）：56－71，206．

［3］蔡跃洲，王玉霞．投资消费结构影响因素及合意投资消费区间——基于跨国数据的国际比较和实证分析［J］．经济理论与经济管理，2010（1）：24－30．

［4］钞小静，惠康．中国经济增长质量的测度［J］．数量经济技术经济研究，2009（6）：75－86．

［5］钞小静．经济增长质量：一种理论解释及中国的实证分析［D］．西安：西北大学，2009．

［6］钞小静，任保平．城乡收入差距与中国经济增长质量［J］．财贸研究，2014（5）：1－9．

［7］钞小静，任保平，许璐．中国经济增长质量的地区差异研究——基于半参数个体时间异质模型的检验［J］．江西财经大学学报，2016（1）：10－20．

［8］钞小静，任保平．中国的经济转型与经济增长质量：基于TFP贡献的考察［J］．当代经济科学，2008（4）：23－29，124－125．

［9］钞小静，任保平．中国公共支出结构对经济增长影响的实证分析：1978－2004［J］．经济评论，2007（5）：33－41．

［10］钞小静，任保平．中国经济增长结构与经济增长质量的实证分析［J］．当代经济科学，2011（6）：50－56，123－124．

［11］钞小静，任保平．中国经济增长质量的时序变化与地区差异分析［J］．经济研究，2011（4）：26-40．

［12］钞小静，任保平．资源环境约束下的中国经济增长质量研究［J］．中国人口．资源与环境，2012（4）：102-107．

［13］钞小静，沈坤荣．城乡收入差距、劳动力质量与中国经济增长［J］．经济研究，2014（6）：30-43．

［14］钞小静，薛志欣，王宸威．中国新经济的逻辑、综合测度及区域差异研究［J］．数量经济技术经济研究，2021（10）：3-23．

［15］陈斌开，林毅夫．发展战略、城市化与中国城乡收入差距［J］．中国社会科学，2013（4）：81-102，206．

［16］陈丹丹，任保平．制度变迁与经济增长质量：理论分析与计量检验［J］．当代财经，2010（1）：17-23．

［17］陈佳美．组织创新对中国经济增长质量提高的影响分析［J］．经济学家，2013（12）：36-41．

［18］陈星宇．中国西部地区经济增长质量的评价［J］．产经评论，2010（5）：69-80．

［19］程虹，李丹丹．一个关于宏观经济增长质量的一般理论——基于微观产品质量的解释［J］．武汉大学学报（哲学社会科学版），2014（3）：79-86．

［20］戴魁早，黄姿，王思曼．数字经济促进了中国服务业结构升级吗？［J］．数量经济技术经济研究，2023，40（2）：90-112．

［21］丁志帆．数字经济驱动经济高质量发展的机制研究：一个理论分析框架［J］．现代经济探讨，2020（1）：85-92．

［22］董敏杰，梁泳梅．1978—2010年的中国经济增长来源：一个非参数分解框架［J］．经济研究，2013（5）：17-32．

［23］刚翠翠，任保平．经济风险视角下中国经济增长质量的评价研究［J］．产经评论，2011（1）：89-96．

［24］葛枫，任保平．技术选择、技术结构失衡与经济增长质量［J］．科技与经济，2014（3）：1-5．

［25］管卫华，姚云霞，彭鑫，等.1978～2014 年中国城市化与经济增长关系研究——基于省域面板数据［J］.地理科学，2016（6）：813－819.

［26］郭晗，高煜.城乡双向流通的动力机制：一个新兴古典框架［J］.商业经济与管理，2011（10）：20－26.

［27］郭晗.结构变化与增长潜力——中国潜在经济增长率的测算及其结构转换路径研究［M］.北京：中国经济出版社，2016.

［28］郭晗，全勤慧.数字经济与实体经济融合发展：测度评价与实现路径［J］.经济纵横，2022（11）：72－82.

［29］郭晗，任保平.从排斥性增长到包容性增长——分权体制下利益和谐的视角［J］.当代经济研究，2011（11）：42－47.

［30］郭晗，任保平.基本公共服务均等化视角下的中国经济增长质量研究［J］.产经评论，2011（4）：95－103.

［31］郭晗，任保平.结构变动、要素产出弹性与中国潜在经济增长率［J］.数量经济技术经济研究，2014（12）：72－84.

［32］郭晗，任保平.经济发展方式转变的路径依赖及其破解路径［J］.江苏社会科学，2013（4）：70－75.

［33］郭晗，任保平.人口红利变化与中国经济发展方式转变［J］.当代财经，2014（3）：5－13.

［34］郭晗，任保平.中国劳动报酬比重的变化规律与变化机制［J］.经济经纬，2011（1）：120－124.

［35］郭晗.以供给侧改革促进创新型经济发展的机理与保障措施［J］.黑龙江社会科学，2017（3）：66－70.

［36］韩峰，王琢卓，阳立高.生产性服务业集聚、空间技术溢出效应与经济增长［J］.产业经济研究，2014（2）：1－10.

［37］郝颖，辛清泉，刘星.地区差异、企业投资与经济增长质量［J］.经济研究，2014（3）：101－114，189.

［38］何帆，刘红霞.数字经济视角下实体企业数字化变革的业绩提升效应评估［J］.改革，2019（4）：137－148.

［39］何强.要素禀赋、内在约束与中国经济增长质量［J］.统计研究，

2014（1）：70 - 77.

[40] 贺铿. 中国投资、消费比例与经济发展政策 [J]. 数量经济技术经济研究，2006（5）：3 - 10.

[41] 洪银兴. 产学研协同创新的经济学分析 [J]. 经济科学，2014（1）：56 - 64.

[42] 洪银兴. 产业化创新及其驱动产业结构转向中高端的机制研究 [J]. 经济理论与经济管理，2015（11）：5 - 14.

[43] 洪银兴. 关于创新驱动和协同创新的若干重要概念 [J]. 经济理论与经济管理，2013（5）：5 - 12.

[44] 洪银兴. 关于市场决定资源配置和更好发挥政府作用的理论说明 [J]. 经济理论与经济管理，2014（10）：5 - 13.

[45] 洪银兴. 经济新常态下的经济发展 [N]. 新华日报，2015 - 01 - 06（016）.

[46] 洪银兴. 科技创新与创新型经济 [J]. 管理世界，2011（7）：1 - 8.

[47] 洪银兴. 论创新驱动经济发展战略 [J]. 经济学家，2013（1）：5 - 11.

[48] 洪银兴. 论市场对资源配置起决定性作用后的政府作用 [J]. 经济研究，2014（1）：14 - 16.

[49] 洪银兴. 论新阶段的全面深化改革 [J]. 南京大学学报（哲学·人文科学·社会科学），2015（4）：5 - 16，157.

[50] 洪银兴. 论中高速增长新常态及其支撑常态 [J]. 经济学动态，2014（11）：4 - 7.

[51] 洪银兴. 以创新的理论构建中国特色社会主义政治经济学的理论体系 [J]. 经济研究，2016（4）：4 - 13.

[52] 洪银兴. 准确认识供给侧结构性改革的目标和任务 [J]. 中国工业经济，2016（6）：14 - 21.

[53] 胡翠，许召元. 对外负债与经济增长 [J]. 经济研究，2011（2）：19 - 30，58.

［54］黄群慧．论新时期中国实体经济的发展［J］．中国工业经济，2017（9）：5 - 24．

［55］惠康，钞小静．经济增长质量研究：一个文献述评［J］．求索，2010（2）：5 - 8，23．

［56］纪明，刘志彪．中国需求结构演进对经济增长及经济波动的影响［J］．经济科学，2014（1）：10 - 22．

［57］纪明．需求结构演进逻辑及中国经济持续均衡增长［J］．社会科学，2013（2）：44 - 53．

［58］纪玉俊，韦晨怡．数字经济对我国服务业集聚空间格局的重塑：基于区域与行业异质性的分析［J］．西安交通大学学报（社会科学版），2023，43（1）：51 - 64．

［59］贾康，苏京春．论供给侧改革［J］．管理世界，2016（3）：1 - 24．

［60］江小涓．高度联通社会中的资源重组与服务业增长［J］．经济研究，2017，52（3）：4 - 17．

［61］姜松，孙玉鑫．数字经济对实体经济影响效应的实证研究［J］．科研管理，2020（5）：32 - 39．

［62］焦帅涛，孙秋碧．我国新经济发展测度及其影响因素研究［J］．调研世界，2021（9）：1 - 11．

［63］焦勇．数字经济赋能制造业转型：从价值重塑到价值创造［J］．经济学家，2020（6）：87 - 94．

［64］金碚．关于“高质量发展”的经济学研究［J］．中国工业经济，2018（4）：5 - 18．

［65］荆林波，王雪峰．消费率决定理论模型及应用研究［J］．经济学动态，2011（11）：71 - 79．

［66］荆文君，孙宝文．数字经济促进经济高质量发展：一个理论分析框架［J］．经济学家，2019（2）：66 - 73．

［67］康铁祥．中国数字经济规模测算研究［J］．当代财经，2008（3）：118 - 121．

［68］李变花．中国经济增长质量研究［D］．长春：吉林大学，2005．

［69］李海舰，李燕．对经济新形态的认识：微观经济的视角［J］．中国工业经济，2020（12）：159－177．

［70］李京文．新经济及对中国经济与企业的挑战［J］．中国工业经济，2000（11）：5－10．

［71］李娟伟，刚翠翠．供给侧结构性改革提高经济增长质量的机制、路径与政策［J］．黑龙江社会科学，2017（1）：57－62．

［72］李娟伟，任保平，刚翠翠．提高中国经济增长质量与效益的结构转化路径研究［J］．经济问题探索，2014（4）：161－167．

［73］李娟伟，任保平．国际收支失衡、经济波动与中国经济增长质量［J］．当代财经，2013（1）：23－31．

［74］李平，付一夫，张艳芳．生产性服务业能成为中国经济高质量增长新动能吗［J］．中国工业经济，2017（12）：5－21．

［75］李宪印．城市化、经济增长与城乡收入差距［J］．农业技术经济，2011（8）：50－57．

［76］李晓华．数字经济新特征与数字经济新动能的形成机制［J］．改革，2019（11）：40－51．

［77］李永友．我国需求结构失衡及其程度评估［J］．经济学家，2012（1）：64－73．

［78］李永友．需求结构失衡的财政因素：一个分析框架［J］．财贸经济，2010（11）：63－70．

［79］梁炜．提升中国经济增长质量的创新扩散机制研究［J］．开发研究，2016（2）：58－63．

［80］廖筠，赵真真．中国经济增长质量的区域比较研究［J］．北京工商大学学报（社会科学版），2015（4）：118－126．

［81］林毅夫，蔡昉，李周．中国经济转型时期的地区差距分析［J］．经济研究，1998（6）：5－12．

［82］林毅夫，李永军．比较优势、竞争优势与发展中国家的经济发展［J］．管理世界，2003（7）：21－28，66－155．

［83］林毅夫，刘培林．中国的经济发展战略与地区收入差距［J］．经济

研究，2003（3）：19-25，89.

［84］林毅夫，任若恩．东亚经济增长模式相关争论的再探讨［J］．经济研究，2007（8）：4-12，57.

［85］刘瑞翔，安同良．中国经济增长的动力来源与转换展望——基于最终需求角度的分析［J］．经济研究，2011（7）：30-41，64.

［86］刘瑞翔，安同良．资源环境约束下中国经济增长绩效变化趋势与因素分析——基于一种新型生产率指数构建与分解方法的研究［J］．经济研究，2012（11）：34-47.

［87］刘伟，蔡志洲，郭以馨．现阶段中国经济增长与就业的关系研究［J］．经济科学，2015（4）：5-17.

［88］刘文革，周文召，仲深，等．金融发展中的政府干预、资本化进程与经济增长质量［J］．经济学家，2014（3）：64-73.

［89］刘小瑜，汪淑梅．基于集对分析法的我国经济增长质量综合评价［J］．江西社会科学，2014（12）：48-53.

［90］刘燕妮，安立仁，金田林．经济结构失衡背景下的中国经济增长质量［J］．数量经济技术经济研究，2014（2）：20-35.

［91］刘玉荣，杨柳，刘志彪．跨境电子商务与生产性服务业集聚［J］．世界经济，2023，46（3）：63-93.

［92］刘志彪．实体经济与虚拟经济互动关系的再思考［J］．学习与探索，2015（9）：82-89.

［93］卢福财，徐远彬．互联网对生产性服务业发展的影响——基于交易成本的视角［J］．当代财经，2018，409（12）：92-101.

［94］卢中原．关于投资和消费若干比例关系的探讨［J］．财贸经济，2003（4）：5-12，95.

［95］鲁晓东，连玉君．中国工业企业全要素生产率估计：1999-2007［J］．经济学（季刊），2012，11（2）：541-558.

［96］吕健．城市化驱动经济增长的空间计量分析：2000~2009［J］．上海经济研究，2011（5）：3-15，43.

［97］马颖，李静，余官胜．贸易开放度、经济增长与劳动密集型产业结

构调整 [J]. 国际贸易问题, 2012 (9): 96-107.

[98] 马永开, 李仕明, 潘景铭. 工业互联网之价值共创模式 [J]. 管理世界, 2020 (8): 211-222.

[99] 毛其淋. 二重经济开放与中国经济增长质量的演进 [J]. 经济科学, 2012 (2): 5-20.

[100] 孟维福, 刘婧涵. 绿色金融促进经济高质量发展的效应与异质性分析——基于技术创新与产业结构升级视角 [J]. 经济纵横, 2023 (7): 100-110.

[101] 裴长洪. 我国新经济相关部门的现状与发展 [J]. 中国工业经济, 2001 (3): 55-61.

[102] 戚聿东, 李颖. 新经济与规制改革 [J]. 中国工业经济, 2018 (3): 5-23.

[103] 戚聿东, 刘翠花, 丁述磊. 数字经济发展、就业结构优化与就业质量提升 [J]. 经济学动态, 2020 (11): 17-35.

[104] 钱颖一. 现代经济学与中国经济 [M]. 北京: 中信出版社, 2017.

[105] 任保平. 包容性增长的特征及其后改革时代中国的实践取向 [J]. 西北大学学报 (哲学社会科学版), 2011 (2): 9-13.

[106] 任保平, 钞小静. 从数量型增长向质量型增长转变的政治经济学分析 [J]. 经济学家, 2012 (11): 46-51.

[107] 任保平, 魏婕, 郭晗, 等. 超越数量: 质量经济学的标准与范式研究 [J]. 人民出版社, 2017.

[108] 任保平, 郭晗, 魏婕, 等. 供给侧结构性改革促进经济增长的理论探索与实践探索 [M]. 北京: 中国经济出版社, 2016.

[109] 任保平, 魏婕, 郭晗, 等. 经济增长质量的理论探索与实践观察 [M]. 北京: 中国经济出版社, 2013.

[110] 任保平, 高煜. 中国经济增长质量报告 2010 [M]. 北京: 中国经济出版社, 2011.

[111] 任保平, 钞小静, 魏婕, 等. 中国经济增长质量报告 2014——创

新驱动背景下的中国经济增长质量［M］. 北京：中国经济出版社，2014.

［112］任保平，钞小静，魏婕，等. 中国经济增长质量报告 2013——失衡背景下的中国经济增长质量［M］. 北京：中国经济出版社，2013.

［113］任保平，魏婕，郭晗，等. 中国经济增长质量报告 2018——新时代背景下的中国经济增长质量［M］. 北京：中国经济出版社，2018.

［114］任保平，钞小静，魏婕，等. 中国经济增长质量报告 2015——中国产业和行业增长质量评价及排名［M］. 北京：中国经济出版社，2015.

［115］任保平等. 中国经济增长质量报告 2011——中国经济增长包容性［M］. 北京：中国经济出版社，2011.

［116］任保平，钞小静，魏婕，等. 中国经济增长质量报告 2012——中国经济增长质量指数及省区排名［M］. 北京：中国经济出版社，2012.

［117］任保平，魏婕，郭晗，等. 中国经济增长质量发展报告 2017——地方经济增长质量的评价与思考［J］. 北京：中国经济出版社，2017.

［118］任保平，郭晗，魏婕，等. 中国经济增长质量发展报告 2019——新时代下中国经济的高质量发展［M］. 北京：中国经济出版社，2019.

［119］任保平，甘海霞. 中国经济增长质量提高的微观机制构建［J］. 贵州社会科学，2016（5）：111 – 118.

［120］任保平，刚翠翠. 社会转型促进经济增长质量提高的机理及路径［J］. 陕西师范大学学报（哲学社会科学版），2014（1）：21 – 28.

［121］任保平. 供给侧改革与需求管理相结合的经济增长路径［J］. 甘肃社会科学，2016（4）：208 – 212.

［122］任保平，巩羽浩. 数字经济发展驱动服务业转型升级的理论机理与实现路径［J］. 江汉论坛，2023（2）：68 – 74.

［123］任保平，郭晗. 红利变化背景下中国经济发展方式转变的路径转型［J］. 西北大学学报（哲学社会科学版），2012（4）：5 – 9.

［124］任保平，郭晗. 经济发展方式转变的创新驱动机制［J］. 学术研究，2013（2）：69 – 75，159.

［125］任保平，郭晗. 新常态下创新驱动经济发展思考［J］. 中国特色社会主义研究，2016（3）：24 – 29.

[126] 任保平，郭晗. 新常态下提高我国经济增长质量的路径选择与改革取向 [J]. 天津社会科学，2015（5）：84-90.

[127] 任保平，郭晗. 新增长红利时代我国大国发展战略的转型 [J]. 人文杂志，2013（9）：30-37.

[128] 任保平，韩璐，崔浩萌. 进入新常态后中国各省区经济增长质量指数的测度研究 [J]. 统计与信息论坛，2015（8）：3-8.

[129] 任保平，韩璐. 中国经济增长新红利空间的创造：机制、源泉与路径选择 [J]. 当代经济研究，2014（3）：20-26，96.

[130] 任保平. 结构失衡新特征背景下加快中国经济发展方式转变的机制 [J]. 社会科学战线，2013（3）：73-80.

[131] 任保平. 经济增长质量的内涵、特征及其度量 [J]. 黑龙江社会科学，2012（3）：50-53.

[132] 任保平. 经济增长质量：经济增长理论框架的扩展 [J]. 经济学动态，2013（11）：45-51.

[133] 任保平. 经济增长质量：理论阐释、基本命题与伦理原则 [J]. 学术月刊，2012（2）：63-70.

[134] 任保平. 经济增长质量提高的人本原则及其实现途径 [J]. 改革与战略，2010（5）：37-40.

[135] 任保平，李娟伟. 实现中国经济增长数量、质量和效益的统一 [J]. 西北大学学报（哲学社会科学版），2013（1）：110-115.

[136] 任保平，刘丽. 中国30年"经济增长奇迹"：描述、界定与理论解释 [J]. 西北大学学报（哲学社会科学版），2008（1）：13-22.

[137] 任保平，宋文月. 新常态下中国经济增长潜力开发的制约因素 [J]. 学术月刊，2015（2）：15-22，66.

[138] 任保平，宋文月. 中国经济增速放缓与稳增长的路径选择 [J]. 社会科学研究，2014（3）：22-27.

[139] 任保平，宋雪纯. 中国新经济发展的综合评价及其路径选择 [J]. 中南大学学报（社会科学版），2020（1）：13-21.

[140] 任保平，田丰华. 我国地方经济增长质量评价及其战略选择 [J].

天津社会科学，2016（4）：104 – 109.

［141］任保平，王蓉. 经济增长质量道德基础构建［J］. 当代经济研究，2013（1）：32 – 36.

［142］任保平，王蓉. 经济增长质量价值判断体系的逻辑探究及其构建［J］. 学术月刊，2013（3）：88 – 94.

［143］任保平，王蓉. 中国东部地区的经济增长质量评价［J］. 江苏社会科学，2011（1）：101 – 107.

［144］任保平，王竹君，周志龙. 中国经济增长质量的国际比较［J］. 西安财经学院学报，2015（1）：42 – 49.

［145］任保平，魏婕. 经济增长质量：一种全新增长命题的理论阐释［J］. 福建论坛（人文社会科学版），2012（9）：5 – 12.

［146］任保平，魏婕. 中国经济增长中数量和质量的不一致性及其理论解释［J］. 社会科学研究，2012（3）：6 – 10.

［147］任保平，魏婕. 追求质量是未来中国经济增长的主题［J］. 经济纵横，2012（4）：45 – 48.

［148］任保平，魏语谦.“十三五”时期我国经济质量型增长的战略选择与实现路径［J］. 中共中央党校学报，2016（2）：31 – 39.

［149］任保平. 新常态要素禀赋结构变化背景下中国经济增长潜力开发的动力转换［J］. 经济学家，2015（5）：13 – 19.

［150］任保平. 以创新驱动提高中国经济增长的质量和效益［J］. 黑龙江社会科学，2013（4）：45 – 49.

［151］任保平，张蓓. 新常态下我国地方经济增长质量的转型及其宏观调控的转向［J］. 人文杂志，2017（8）：22 – 29.

［152］任保平. 中国经济增长质量的观察与思考［J］. 社会科学辑刊，2012（2）：80 – 85.

［153］任保平，周志龙. 新常态下以工业化逻辑开发中国经济增长的潜力［J］. 社会科学研究，2015（2）：35 – 41.

［154］邵晓，任保平. 结构偏差、转化机制与中国经济增长质量［J］. 社会科学研究，2009（5）：14 – 20.

［155］沈坤荣，傅元海．外资技术转移与内资经济增长质量——基于中国区域面板数据的检验［J］．中国工业经济，2010（11）：5－15.

［156］沈坤荣．供给侧结构性改革是经济治理思路的重大调整［J］．南京社会科学，2016（2）：1－3.

［157］沈坤荣，滕永乐．"结构性"减速下的中国经济增长［J］．经济学家，2013（8）：29－38.

［158］沈坤荣，滕永乐．中国经济发展阶段转换与增长效率提升［J］．北京工商大学学报（社会科学版），2015（2）：1－7.

［159］沈坤荣，徐礼伯．中国产业结构升级：进展、阻力与对策［J］．学海，2014（1）：91－99.

［160］沈利生．最终需求结构变动怎样影响产业结构变动——基于投入产出模型的分析［J］．数量经济技术经济研究，2011（12）：82－95，114.

［161］师博，任保平．中国省际经济高质量发展的测度与分析［J］．经济问题，2018（4）：1－6.

［162］宋文月．新常态下提高中国经济增长质量的动力机制研究［D］．西安：西北大学，2016.

［163］随洪光．外商直接投资与中国经济增长质量提升——基于省际动态面板模型的经验分析［J］．世界经济研究，2013（7）：67－72，89.

［164］汤向俊，任保平．福利分配平等性与中国经济增长质量——基于新中国六十周年数据的理论和实证分析［J］．社会科学战线，2009（9）：11－21.

［165］汤向俊，任保平．劳动力有限供给、人口转变与中国经济增长可持续性［J］．南开经济研究，2010（5）：84－94.

［166］王华．中国 GDP 数据修订与全要素生产率测算：1952－2015［J］．经济学动态，2018（8）：39－53.

［167］王军．投资的需求效应和供给效应分析［J］．财经科学，2001（4）：8－11.

［168］王军，朱杰，罗茜．中国新经济发展水平及演变测度［J］．数量经济技术经济研究，2021（7）：26－42.

［169］王宁，史晋川．要素价格扭曲对中国投资消费结构的影响分析［J］．财贸经济，2015（4）：121 – 133．

［170］王薇，任保平．数量型经济增长与质量型经济增长的比较及转型路径［J］．人文杂志，2014（4）：24 – 30．

［171］王薇，任保平．提高我国经济增长质量的公共管理创新机制研究［J］．湖北经济学院学报，2015（5）：77 – 81．

［172］王薇，任保平．我国经济增长数量与质量阶段性特征：1978 ~ 2014 年［J］．改革，2015（8）：48 – 58．

［173］王薇．中国经济增长中创新驱动的区域差异研究［J］．西北大学学报（哲学社会科学版），2015（1）：132 – 137．

［174］王文翌，安同良．产业集聚、创新与知识溢出——基于中国制造业上市公司的实证［J］．产业经济研究，2014（4）：22 – 29．

［175］王辛欣，任保平．以城乡关系的协调推进经济增长质量的提高［J］．财经科学，2010（9）：115 – 124．

［176］王欣亮，严汉平．我国全要素生产率的测算、分解及演进研究：1952 ~ 2012［J］．人文杂志，2014（3）：38 – 44．

［177］王竹君．中国技术创新对经济增长质量的影响分析［J］．生产力研究，2014（6）：1 – 6，35．

［178］魏婕，李勇．中国经济增长的新机制：基于文献综述的思考［J］．经济与管理评论，2013（1）：24 – 29．

［179］魏婕，任保平．改革开放 30 年人的发展：评价与反思［J］．中国人口．资源与环境，2011（8）：1 – 8．

［180］魏婕，任保平，李勇．双重结构扭曲下的经济失衡：理论与经验证据［J］．南开经济研究，2016（5）：89 – 109．

［181］魏婕，任保平．要素生产率和经济增长质量的理论与实证分析——基于 1952 ~ 2007 年的数据［J］．山西财经大学学报，2009（11）：36 – 44．

［182］魏婕，任保平．中国各地区经济增长质量指数的测度及其排序［J］．经济学动态，2012（4）：27 – 33．

［183］魏婕，魏语谦，任保平．世界各国追求经济增长质量的得失以及对中国的启示［J］．经济问题，2016（9）：33－40.

［184］魏婕，许璐，任保平．财政偏向激励、地方政府行为和经济增长质量［J］．经济科学，2016（3）：5－18.

［185］魏敏，李书昊．新常态下中国经济增长质量的评价体系构建与测度［J］．经济学家，2018（4）：19－26.

［186］魏修建，陈恒．物流发展驱动要素对经济增长贡献度的区域差异性研究——基于丝绸之路经济带西北地区面板数据模型的实证分析［J］．上海经济研究，2014（6）：14－22.

［187］维诺德·托马斯．增长的质量［M］．北京：中国财政经济出版社，2001：147－153.

［188］吴忠群，张群群．中国的最优消费率及其政策含义［J］．财经问题研究，2011（3）：9－13.

［189］席强敏，陈曦，李国平．中国城市生产性服务业模式选择研究——以工业效率提升为导向［J］．中国工业经济，2015（2）：18－30.

［190］项本武，张鸿武．城市化与经济增长的长期均衡与短期动态关系——基于省际面板数据的经验证据［J］．华中师范大学学报（人文社会科学版），2013（2）：47－54.

［191］谢兰云．创新、产业结构与经济增长的门槛效应分析［J］．经济理论与经济管理，2015（2）：51－59.

［192］许宪春，张美慧．中国数字经济规模测算研究——基于国际比较的视角［J］．中国工业经济，2020（5）：23－41.

［193］杨斐，任保平．中国经济增长质量：碳排放视角的评价［J］．软科学，2011（11）：89－93.

［194］易宪容，陈颖颖，位玉双．新经济中的几个重大理论问题的研究——基于现代经济学的一般性分析［J］．社会科学文摘，2019（9）：41－43.

［195］易信，刘凤良．中国技术进步偏向资本的原因探析［J］．上海经济研究，2013，25（10）：13－21.

［196］余泳泽，杨晓章，张少辉．中国经济由高速增长向高质量发展的

时空转换特征研究［J］．数量经济技术经济研究，2019（6）：3－21．

［197］俞晓松．新经济与全球化给企业带来的机遇与挑战［J］．管理世界，2002（9）：1－2，63．

［198］袁航，夏杰长．数字基础设施建设对中国服务业结构升级的影响研究［J］．经济纵横，2022（6）：85－95．

［199］昝廷全．系统经济：新经济的本质——兼论模块化理论［J］．中国工业经济，2003（9）：23－29．

［200］詹新宇，崔培培．中国省际经济增长质量的测度与评价——基于"五大发展理念"的实证分析［J］．财政研究，2016（8）：40－53，39．

［201］张斌，茅锐．工业赶超与经济结构失衡［J］．中国社会科学，2016（3）：80－98，206．

［202］张德荣．"中等收入陷阱"发生机理与中国经济增长的阶段性动力［J］．经济研究，2013（9）：17－29．

［203］张鹏．数字经济的本质及其发展逻辑［J］．经济学家，2019（2）：25－33．

［204］张中元．论全球化、政治稳定性对经济增长的影响［J］．世界经济与政治，2014（4）：136－155，160．

［205］赵宸宇，王文春，李雪松．数字化转型如何影响企业全要素生产率［J］．财贸经济，2021，42（7）：114－129．

［206］赵春雨．生产率增长、要素重置与中国经济增长质量研究［D］．西安：西北大学，2012．

［207］赵春雨，朱承亮，安树伟．生产率增长、要素重置与中国经济增长——基于分行业的经验研究［J］．中国工业经济，2011（8）：79－88．

［208］郑玉歆．全要素生产率的再认识——用TFP分析经济增长质量存在的若干局限［J］．数量经济技术经济研究，2007（9）：3－11．

［209］周少甫，陈亚辉．数字经济对经济高质量发展的影响研究：基于服务业结构升级的视角［J］．工业技术经济，2022，41（5）：111－121．

［210］朱楠，郭晗．我国东部沿海地区经济增长质量的测度与评价研究［J］．西北大学学报（哲学社会科学版），2014（1）：162－168．

［211］邹卫星，房林. 为什么中国会发生投资消费失衡？［J］. 管理世界，2008（12）：32 - 42，50.

［212］Accemoglu D.，Cao D. Innovation by Entrants and Incumbents［R］. NBER Working Paper 16411，2011.

［213］Adolfson M.，et al. Monetary Policy Trade-Offs in an Estimated Open-Economy DSGE Model［R］. NBER Working Paper 14510，2008.

［214］Aghion P.，Howitt P. A Model of Growth through Creative Destruction［J］. Econometrica，1992，60（2）：323 - 351.

［215］Akeigit U.，Kerr W. Growth Through Heterogeneous Innovations［R］. NBER Working Paper 16443，2010.

［216］Altimai S. N. Does Money Lead Inflation in the Euro Area？［R］. ECB Working Paper Series，No. 6，2001.

［217］Amore M. D.，Schneider C.，Žaldokas A. Credit Supply and Corporate Innovation［J］. Journal of Financial Economics，2013，109（3），835 - 855.

［218］Banerjee A.，Newman A. Occupational Choice and the Process of Development［J］. Journal of Political Economy，1993，101：274 - 299.

［219］Barnard H.，Chaminade C. Global Innovation Networks：What are they and Where Can We Find Them？（Conceptual and Empirical issues）［R］. CIRCLE，Lund University Working Paper，No. 201104，2011.

［220］Barro R. J. Inequality and Growth in a Panel of Countries［J］. Journal of Economic Growth，2005，5（1）：5 - 32.

［221］Barro R. J. Quantity and Quality of Economic Growth［R］. Working Papers of Central Bank of Chile，2002.

［222］Bartelsman E.，Scarpetta S.，Shivardi F. Comparative Analysis of Firm Demographics and Survial：Evidence from Micro-Level Sources in OECD Countries［J］. Industrial and Corporate Change，2005，14（3）：365 - 391.

［223］Baxton M.，King R. G. Measuring Business Cycles：Approximate Band-Pass Filters for Economic Time Series［R］. NBER Working Paper，No. 5022，1995.

［224］ Benfratello L. , Schiantarelli F. , Sembenelli A. Banks and Innovation: Microeconometric Evidence on Italian Firms ［J］. Journal of Financial Economics, 2008, 90 (2), 197 – 217.

［225］ Blanchard O. , Quah D. The Dynamic Effects of Aggregate Supply and Demand Disturbances ［J］. American Economic Review, 1989 (79) : 655 – 673.

［226］ Bruton G. D. , Rubanic Y. Resources of the Firm, Russian High-Technology Startups and Firm Growth ［J］. Journal of Business Venturing, 2002, 17 (6): 553 – 576.

［227］ Bukht R. , Heeks R. Defining, Conceptualizing and Measuring the Digital Economy ［J］. International Organisations Research Journal, 2018, 13 (2): 143 – 172.

［228］ Camba-Mendez G. , Rodriguez-Palenzuela D. Assessment Criteria for Output Gap Estimates ［J］. Economic modelling, 2003 (3): 529 – 562.

［229］ Card D. , Kluve J. , Weber A. Active Labour Market Policy Evaluations: A Meta-Analysis ［J］. Economic Journal, Royal Economic Society, 210, 120 (548): 452 – 477.

［230］ Chang C. , Chen K. , Waggoner, D. F. , et al. Trends and Cycles in China's Macroeconomy ［J］. NBER Macroeconomics Annual, 2015, 30 (1): 1 – 84.

［231］ Chava S. , Oettl A. , Subramanian A. , et al. Banking Deregulation and Innovation ［J］. Journal of Financial Economics, 2013, 109 (3), 759 – 774.

［232］ Chemmanur T. J. , Fulghieri P. Entrepreneurial Finance and Innovation: An Introduction and Agenda for Future Research ［J］. Review of Financial Studies, 2014, 27 (1), 1 – 19.

［233］ Chenery H. B. Patterns of Industrial Growth ［J］. American Economic Review, 1960 (50): 624 – 654.

［234］ Chenery H. B. The Structuralist Approach to Development Policy ［J］. American Economic Review, 1975, 65 (2): 310 – 316.

［235］ Chenery H. Moises S. Patterns of Development, 1950 – 1970 ［M］. New York: Oxford University Press, 1975.

［236］Chen Shiyi, Jefferson G. H. , Zhang J. Structural Change, Productivity Growth and Industrial Transformation in China ［J］. China Economic Review, 2011 (1): 133 – 150.

［237］Claus I. Estimating Potential Output for New Zealand ［J］. Applied Economics, 2003 (35): 751 – 760.

［238］Dupasquier C. , Guay A. , St-Amant P. A Survey of Alternative Methodologies for Estimating Potential Output and the Output Gap ［J］. Journal of Macroeconomics, 1999 (3): 577 – 595.

［239］Ehrmann M. , Smets F. Uncertain Potential Output: Implication for Monetary Policy ［J］. Journal of Economic Dynamic and Control, 2003, 27 (9): 1611 – 1638.

［240］Eichengreen B. , Park, D. , Shin K. When Fast-Growing Economies Slow Down: International Evidence and Implications for China ［J］. Asian Economic Papers, 2012, 11 (1): 42 – 87.

［241］Evsey D. D. Capital Expansion, Rate of Growth, and Empolyment ［J］. Econometrica, 1946, 14 (2): 137 – 147.

［242］Fan Shenggen Zhang Xiaobo, Robinson Sherman. Structural Change and Economic Growth in China ［J］. Review of Development Economics, 2003 (3): 360 – 377.

［243］Feigenbuam A. V. Total Quality Control. Harvard Business Review (Cambridge, Massachusetts: Harvard University Press), 1956, 34 (6): 93 – 101.

［244］Forbes K. J. A Reassessment of the Relationship Between Inequality and Growth ［J］. American Economic Review, 2000, 90 (4): 869 – 887.

［245］Friedman M. The Role of Monetary Policy ［J］. American Economic Review, 1968 (58): 1 – 17.

［246］Galí J. , Gertler, M. Macroeconomic Modeling for Monetary Policy Evaluation ［J］. Journal of Economic Perspectives, American Economic Association, 2007, 21 (4), 25 – 46.

［247］Galor O. , Joseph, Z. Income Distribution and Macroeconomics ［J］.

Review of Economic Studies, 1993, 60: 35 −52.

[248] Garavaglia C. , Malerba F. , Orsenigo L. , et al. Technological Regimes and Demand Structure in the Evolution of the Pharmaceutical Industry [J]. Journal of Evolutionary Economics, 2012, 22 (4): 677 −709.

[249] Goldsmith R. Financial Structure and Development [M]. Connecticut: Yale University Press, 1969.

[250] Gordon R. R. Endogenous Technological Advance in an Econometric Model Implications for Productivity and Potential Output in the United States [J]. Economic Modelling, 2000 (17): 13 −34.

[251] Gosselin M. A. , Lalonde R. An Eclectic Approach to Estimating U. S. Potential GDP [J]. Empirical Economics, 2006 (31): 951 −975.

[252] Greenfield H. I. Manpower and the Growth of Producer Services [M]. NewYork: Columbia University Press, 1966.

[253] Harrod R. F. An Essay in Dynamic Theory [J]. The Economic Journal, 1939 (49): 14 −33.

[254] Harvey A. C. , Henry B. , Peters S. , et al. Stochastic Trends in Dynamic Regression Models: An Application to the Employment-Output Equation [J]. Economic Journal, 1986 (96): 975 −986.

[255] Hayashi, F. C. , Prescott E. C. The 1990 in Japan: A lost Decade [J]. Review of Economic Dynamics, 2002, 5 (1): 206 −235.

[256] Henderson V. The Urbanisation Process and Economic Growth: The So-What Question [J]. Journal of Ecnomic Growth, 2003 (8) .

[257] Holz C. The Quantity and Quality of Labor in China 1978 −2000 −2025 [R]. Working Paper, 2005.

[258] Hsu P. , Tian X. , Xu Y. Financial Development and Innovation: Cross-Country Evidence [J]. Journal of Financial Economics, 2014, 112 (1), 116 −135.

[259] Huang Yiping, Wang Bijun. Cost Distortions and Structural Imbalances in China [J]. China & World Economy, 2010, 18 (4): 1 −17.

[260] Islam N. Growth Empirics: A panel Data Approach [J]. Quarterly Journal of Economics, 1995, 110: 1127 - 1170.

[261] Klette J. , Kortum S. Innovating Firms and Aggregate Innovation [J]. Journal of Political Economy, 2004, 112 (5): 986 - 1018.

[262] Kuttner K. N. Estimating Potential Output as a Iatent Variable [J]. Journal of Business & Economic Statistics, 1994 (12): 361 - 368.

[263] Levine R. Finance and Growth: Theory and Evidence [M]. Elsevier Science Press, 2005.

[264] Lucas R. Some International Evidence on Inflation-output Tradeoffs [J]. American Economic Review, 1973 (3): 326 - 334.

[265] Lutkepohl H. New Introduction to Multiple Time Series Analysis [M]. Springer-Verlag, 2005.

[266] Machlup F. The Production and Distribution of Knowledge in the United States [M]. New Jersey: Princeton University Press, 1962.

[267] Maddison A. The World Economy [M]. OECD, Paris, 2007.

[268] Mankiw N. G. , Romer D. , Weil, D. N. A Contribution to the Empirics of Economic Growth [J]. The Quarterly Journal of Economics, 1992, 107: 407 - 438.

[269] McKinnon R. I. Money and Capital in Economic Development [M]. Published by Brooking Institution Press, 1973.

[270] Mguyen T. T. , Vandijk M. A. Corruption, Growth, and Governance: Private Vs. State-Owned Firms in Vietnam [J]. Journal of Banking & Finance, 2012, 36 (11): 2935 - 2948.

[271] Murphy K. , Shleifer A. , Vishny R. Income Distribution, Market Size and Industrialization [J]. Quarterly Journal of Economics, 1989, 104: 537 - 64.

[272] Orphanides A. The Quest for Prosperity without Inflation [R]. Sveriges Riksbank Working Paper Series 93, 1999.

[273] Phillips A. W. The Relationship Between Unemployment and the Rate of Change of Money Wages in the United Kingdom 1862 - 1957 [J]. Economica,

1958 (25): 238 – 259.

[274] Prahalad C. K. , Ramaswamy V. Coopting Customer Competence [J]. Harvard Business Review, 2000 (1): 79 – 87.

[275] Proietti T. , Mussoy A. , Westermanny, T. Estimating Potential Output and the Output Gap for the Euro Area: A Model-Based Production Function Approach [R]. Empirical Economics, 2007.

[276] Quinn R, Dennis P. The Correlates of Change in International Financial Regulation [J]. American Political Science Review, 1997, 91, 531 – 551.

[277] Rudebusch G. Is the Fed too Timid? Monetary Policy in an Uncertain World? [R]. Federal Reserve Bank of San Francisco Working Paper, 99 – 05. 1999.

[278] Samuelson P. A. , Solow R. Analytical Aspects of Anti-Inflationary Policy [J]. American Economic Review, 1960 (1): 177 – 94.

[279] Scherer F. M. Size of Firm, Oligopoly and Research: A Comment [J]. The Canadian Journal of Economics and Political Science/Revue Canadienned Economique et de Science Politique, 1965, 31 (2), 256 – 266.

[280] Soininen J. , Martikainen M. , Puumalaiene K. , et al. Entrepreneurial Orientation: Growth and Profitability of Finish Small and Medium-Sized Enterprises [J]. International, 2012, 140 (2): 614 – 621.

[281] United Nations Human Habitat. The State of the World's Cities Report 2001 [R]. New York: United Nations Publications, 2002: 116 – 118.

[282] Weiss C. Evaluation (2nd Edition) [M]. Upper Saddle, River, NJ: Prentice Hall, 1998.

[283] Zheng Song, Storesletten, K. , Zilibotti, F. Growing Like China [J]. The American Economic Review, 2011, 101 (1): 196 – 233.

后　记

　　党的十八大召开以来，中国进入了经济发展的"新常态"阶段，新常态是中国经济发展中的一个特殊阶段，如何理解这一特殊阶段的理论和现实特征，是需要回答的重要命题。只有深刻认识新常态，主动适应新常态，积极引领新常态，才能更加准确地把握当前及今后很长一个时期内经济发展的大逻辑，实现经济结构的不断优化、增长动力的持续转换和发展方式的有效转变。党的二十大报告指出，高质量发展是全面建设社会主义现代化国家的首要任务。因此，在新常态背景下，提高经济增长质量已经成为中国经济发展中需要解决的突出问题。而积极引领新常态，推动以经济增长质量提升为导向的结构性改革，也是当前和今后一段时期中国经济转型的重点任务。

　　本书正是立足于这一重大命题所开展的研究。全书从"理论解释—经验测算—实践路径"的思路出发，主要从新常态下中国经济增长质量提升的理论机制、经验观察和路径转型三个方面对中国经济增长质量提升中的关键性问题进行了研究和探索。全书总计 14 章，其中第 1 ~ 5 章为理论机制研究，第 6 ~ 11 章为经验实证研究，第 12 ~ 14 章为路径转型研究。主要研究了三个层次问题：第一，从理论层面研究了新常态下中国经济增长质量的理论特征和提升机制，将经济增长质量的基础理论和新常态背景结合起来，具体分析了新常态的理论解释及其禀赋特征的变化，并研究了新常态下提升中国经济增长质量的主要任务和关键问题。在此基础上，研究了新常态下提升中国经济增长质量的创新驱动机制、结构转化机制和路径依赖破解机制。第二，从经验层面针对新常态下提升中国经济增长质量的经济增长潜力开发、数字经济发展、区域协调发展、经济结构调整等重大问题，从经验实证的角度进行评价和检验，为明确中国提升中国经济增长质量的路径提供依据。第三，从政策实践层面，依据新常态下中国经济增长质量提升的机制，进一步从发展战略转型、改革取向转型和政策支撑转型三个角度研究了新常态下提升中国经济增长质量的转型路径。

新常态意味着中国经济增长阶段的重大转变，而强调经济增长质量意味着经济增长理念和目标的重大转变。本书的研究重点，正在于将经济增长质量理论与中国经济新常态的总体特征和关键问题相结合，提出在新常态禀赋条件变化的背景下如何提升中国经济增长质量，并进一步探讨具体的机制和路径。

本书是由我和我的研究团队共同完成的，具体由我提出研究框架，并在集体讨论后分工完成。全书任务分工如下：导论，郭晗。第 1 章到第 7 章，郭晗。第 8 章，常昕怡。第 9 章，侯雪花。第 10 章，刘欢。第 11 章，王晨阳。第 12 章到第 14 章，郭晗。本书提出了以创新驱动、结构转化、破解旧常态数量型增长的路径依赖来提升中国经济增长质量的机制，并在经验实证基础上提出相应的发展战略、改革取向和政策支撑转型，希望这些研究所形成的观点和结论，能够为新常态下提升中国经济增长质量提供一定参考价值。

郭　晗

2024 年 11 月于西安